# CURIOSITÉS HISTORIQUES

SUR

# LOUIS XIII, LOUIS XIV, LOUIS XV,

M<sup>me</sup> DE MAINTENON,

M<sup>me</sup> DE POMPADOUR, M<sup>me</sup> DU BARRY, ETC.,

PAR J. A. LE ROI,

CONSERVATEUR DE LA BIBLIOTHÈQUE DE VERSAILLES,
CORRESPONDANT DU MINISTÈRE DE L'INSTRUCTION PUBLIQUE POUR LES TRAVAUX HISTORIQUES;

PRÉCÉDÉES D'UNE INTRODUCTION

PAR M. THÉOPHILE LAVALLÉE.

PARIS

HENRI PLON, IMPRIMEUR-ÉDITEUR

RUE GARANCIÈRE, 8.

—

1864

# CURIOSITÉS HISTORIQUES

SUR

# LOUIS XIII, LOUIS XIV, LOUIS XV,

Mᵐᵉ DE MAINTENON,

Mᵐᵉ DE POMPADOUR, Mᵐᵉ DU BARRY, ETC.

L'auteur et l'éditeur déclarent réserver leurs droits de reproduction et de traduction à l'étranger.

Ce volume a été déposé au ministère de l'intérieur (direction de la librairie), en mars 1864.

PARIS. — TYPOGRAPHIE DE HENRI PLON
IMPRIMEUR DE L'EMPEREUR
RUE GARANCIÈRE, 8

# INTRODUCTION.

Les *curiosités historiques* que renferme ce volume se rapportent principalement au château de Versailles et aux règnes de Louis XIII, de Louis XIV et de Louis XV. Malgré les essais qui en ont été tentés, on peut dire que l'histoire du château de Versailles est encore à faire, et il serait heureux, par le temps de révolutions, de démolitions, de transformations où nous sommes, que cette histoire pût se faire promptement; car cette grande création de Louis XIV, ce théâtre de tant de splendeurs, de tant d'événements, « ce temple de la monarchie absolue qui devait, avant que le temps eût noirci ses marbres, en être le tombeau », a subi, surtout depuis l'établissement des *galeries historiques*, des remaniements si malheureux qu'il n'est plus reconnaissable qu'à l'extérieur, et que son histoire passera bientôt, avec ses grandeurs et ses magnificences, à l'état de fable ou de légende. Il n'est personne qui, en arpentant les dix ou douze kilomètres de tableaux qu'on a entassés dans ce palais, n'ait « désiré connaître l'histoire de chacune de ces chambres, surtout de ces petits appartements dans lesquels on vit l'amour, la jalousie, l'ambition, la haine, toutes les plus mauvaises passions du cœur humain s'agiter si longtemps pour donner le spectacle de ces élévations et de ces chutes de favoris et de maîtresses qui ont eu tant d'influence sur les destinées de la France[1] ».

En attendant que se fasse l'histoire du château de Versailles, un redresseur infatigable des faussetés et des falsifications historiques, M. Le Roi, conservateur de la bibliothèque de Versailles, a porté ses investigations sur quelques événements, sur quelques personnages, sur quelques localités de Versailles, et, en fouillant les pièces originales, les actes authentiques, les documents incontes-

---

[1] *Curiosités historiques,* p. 86.

tables, il est parvenu à mettre en lumière des faits restés obscurs ou douteux, à réduire à néant ou à leur juste valeur des allégations mensongères, enfin à porter la vérité dans un petit coin de ce vaste champ historique si mal exploré, si mal connu, où l'erreur et la calomnie poussent si bien, poussent si vite, et par tous les climats!

Voici les questions ou problèmes historiques que s'est posés M. Le Roi et qu'il a heureusement résolus :

1° Où était le château de Versailles construit par Louis XIII, et dans quelle partie du château s'est passée la *journée des Dupes?*

2° Quels événements particuliers ont marqué la naissance du duc de Bourgogne?

3° Quels événements particuliers ont marqué la grande opération faite à Louis XIV en 1686?

4° Louvois est-il mort de poison ou de mort naturelle?

5° Quel a été le véritable inventeur de la machine de Marly? De Ville ou Rennequin Sualem?

6° Où était, dans le château de Versailles, l'appartement de madame de Maintenon?

7° Quelles sont les paroles adressées au Dauphin par Louis XIV à son lit de mort?

8° A quelle somme s'élèvent les dépenses de madame de Pompadour pendant tout son *règne?*

9° Qu'était-ce que le Parc aux cerfs?

10° A quelle somme s'élèvent les dépenses faites par madame du Barry? Quel était son vrai nom?

Nous allons dire en quelques mots comment M. Le Roi a résolu ces *curiosités historiques.*

1° Le château de Versailles, bâti par Louis XIII, en 1624, est le pavillon central qui existe encore aujourd'hui. C'était un simple rendez-vous de chasse, flanqué de quatre petits pavillons, avec un balcon de fer tournant tout autour. Une fausse braie l'entourait et était précédée d'un fossé à fond de cuve, revêtu de pierres et terminé par une balustrade. La pièce principale était la salle ou salon du premier étage, dont Louis XIV fit plus tard sa chambre à coucher et où il mourut. Des fenêtres de cette salle d'où Louis XVI se montra au peuple dans la journée du 6 octobre, on se figure aisément l'aspect que présentait alors Versailles : la vue dominait sur un pays accidenté, presque entièrement boisé, coupé de quelques étangs, marqué seulement par un pauvre village d'une cinquantaine de feux, pays triste, monotone, un peu sauvage, qui inspirait la mélancolie, qui était parfaitement en rapport avec les goûts et l'humeur de Louis XIII.

Quant aux lieux illustrés par la journée des Dupes, M. Le Roi nous montre que la chambre à coucher de Louis XIII était dans la pièce dite plus tard de l'Œil-de-bœuf, et qui fut aussi pendant longtemps la chambre à coucher de Louis XIV; que la pièce où coucha Richelieu, au-dessous de la chambre du roi, est aujourd'hui la salle des Portraits des rois de France; que l'escalier dérobé par lequel le duc de Saint-Simon le conduisit dans la chambre de Louis XIII existe encore dans un coin de cette salle; enfin que l'entretien qu'il eut avec ce prince et d'où l'on peut dire qu'ont dépendu les destinées de la France, se passa dans le cabinet voisin de la chambre à coucher du roi et qui fait partie du salon de l'Œil-de-bœuf.

Louis XIV conserva religieusement le château construit par son père; il ne fit que l'agrandir successivement, à mesure que Versailles lui plaisait davantage. Il n'avait pas d'abord l'intention d'en faire l'immense palais qui existe aujourd'hui ; il n'avait pas l'intention de faire de Versailles son séjour ordinaire. Les plans de construction furent plusieurs fois changés ; de nombreuses démolitions furent nécessaires ; de là le disparate si marqué entre la façade des jardins, si noble, si belle, si harmonieuse, et la façade de la ville, si compliquée, si travaillée, si irrégulière.

2° Saint-Simon nous a donné un tableau précieux de l'aspect du château de Versailles, le jour de la naissance du duc de Bourgogne, de la joie du roi, des transports de la cour, de l'enthousiasme populaire. M. Le Roi, d'après des documents originaux, ajoute quelques traits à ce tableau, et qui l'achèvent. Il nous apprend que ce fut la première fois qu'on confia à un médecin le soin d'accoucher une reine ou une Dauphine, que jusqu'alors les sages-femmes avaient eu cet office, et qu'elles cessèrent de l'avoir. Il entre alors dans des détails très-curieux sur l'art des accouchements à cette époque, sur le choix des nourrices, etc. L'accoucheur fut Clément, dont le roi avait éprouvé l'habileté, car c'était lui qui avait assisté madame de Montespan dans ses nombreuses grossesses. Il devint, dès lors, l'accoucheur de la Dauphine, puis de la duchesse de Bourgogne, de la reine d'Espagne, etc. C'était un très-habile et excellent homme, que le roi traita comme il traitait tous les hommes de mérite, c'est-à-dire avec cette gracieuse dignité qui doublait le prix des récompenses. Outre qu'il l'enrichit, il lui donna des lettres de noblesse, avec une clause, dit M. Le Roi, qui honore au même degré l'homme de mérite auquel s'adressait cette distinction et le souverain qui l'accordait. Cette clause portait « qu'il ne pourrait abandonner la pratique de son art, ni refuser ses conseils, ni ses secours aux femmes qui les réclameraient ».

3° On sait qu'en 1686 Louis XIV fut affligé d'une hideuse maladie, la fistule, qu'on regardait alors comme à peu près incurable ou mortelle. Les mémoires du temps parlent peu de ce grave accident dans la vie du roi, cette maladie ayant été longtemps tenue secrète, et l'opération qui la termina ayant été faite avec le plus grand mystère, et divulguée seulement quand la guérison fut assurée. M. Le Roi a retrouvé sur ce sujet des détails importants, soit au point de vue médical, soit au point de vue historique, dans les mémoires du médecin Dionis. L'opérateur fut Félix de Tassy, chirurgien très-habile, qui le premier a fait connaître les moyens de guérir par l'incision cette triste maladie. C'est dans la chambre du roi, qui formait, comme nous l'avons dit, une partie du salon appelé plus tard l'OEil-de-bœuf, qu'eut lieu cette opération qui paraissait alors si périlleuse. Il n'y avait d'autres témoins que madame de Maintenon, le père de la Chaise, le ministre Louvois, les quatre médecins ou chirurgiens du roi, avec un garçon ou élève. La famille royale et la cour n'avaient pas le moindre soupçon de la grave résolution prise par Louis XIV; le Dauphin était à la chasse. Le roi montra le calme et la fermeté qui le distinguaient dans toutes ses actions: il ne poussa pas un cri, ne dit pas un mot. Une heure après, il tenait son lever comme à l'ordinaire, et les courtisans apprenaient avec effroi ce qui venait de se passer; quelques heures plus tard, il tenait conseil dans son lit, et le soir il y eut dans sa chambre la réception qu'on appelait *appartement*. On suit avec anxiété, dans le récit de M. Le Roi, les détails de cette opération chirurgicale qui marque dans les annales de la science, puisque la méthode inventée en cette circonstance par Félix est encore celle qu'on suit de nos jours, opération qui tint pendant quelques jours la France dans l'anxiété; car à la vie du roi tenaient le salut du royaume et le repos de l'Europe. On peut voir aussi, dans les Lettres de madame de Maintenon à madame de Brinon (*Lettres historiques et édifiantes*, t. I) quelles furent ses angoisses et ses craintes en cette circonstance; elles sont une réponse à cette calomnie, qu'elle n'aimait point Louis XIV, de même que sa présence au chevet du roi pendant la dégoûtante opération était le témoignage du lien sacré qui les unissait.

4° On sait que la mort subite de Louvois à l'âge de cinquante ans excita le plus grand étonnement. Tout le monde le crut empoisonné. Saint-Simon le dit ouvertement en entrant dans des détails qui semblent plausibles. La princesse Palatine, dans l'aveuglement de ses haines, va plus loin: elle accuse de cette mort madame de Maintenon. Les historiens protestants ont seuls répété cette calomnie; mais les plus modérés, même les plus modernes, s'arrêtent au récit de Saint-Simon, et pour eux tous, Louvois est mort empoisonné, on ne sait par quel ennemi. Le récit de M. Le Roi fait justice de cette accusation au moyen d'un témoignage incontestable, celui de Dionis, médecin de Louvois, qui assista à sa mort, et fit, de concert avec trois autres médecins, l'ouverture de son corps. Il en résulte clairement que Louvois est mort d'une attaque d'apoplexie pulmonaire.

5° Dans quelle partie du château de Versailles était l'appartement de madame de Maintenon, cet appartement où Louis XIV travaillait avec ses ministres, et où, pendant trente ans, se sont décidées les destinées de la France? A première vue il semble qu'une telle recherche soit facile, et qu'il ne puisse y avoir de doute à ce sujet. Il n'en est pas ainsi, grâce au Musée national qui a fait subir à l'intérieur du château de Versailles une transformation complète. L'intention de ce musée était excellente, l'exécution n'y a pas répondu. Entreprise par des hommes peu versés dans l'histoire du dix-septième siècle, elle a bouleversé malheureusement les parties les plus intéressantes du château, et c'est ainsi que l'appartement de madame de Maintenon, presque méconnaissable aujourd'hui, est occupé par trois salles des campagnes de 1793, 1794 et 1795. L'aspect de ces pièces témoigne que madame de Maintenon était logée fort à l'étroit et fort incommodément. Je ne sais si la femme de chambre de quelque parvenu de nos jours se contenterait de cette chambre unique où Louis XIV venait travailler, où madame de Maintenon mangeait, couchait, s'habillait, recevait toute la cour, où tout le monde passait, disait-elle, comme dans une église. Au reste, les princesses, les princes, le roi lui-même n'étaient pas plus commodément logés. Tout avait été sacrifié au faste, à l'éclat, à la représentation dans ce magnifique château ; Louis XIV était perpétuellement en scène et y tenait sans interruption son rôle de roi, mais au milieu de toutes ces peintures, ces dorures, ces marbres, ces splendeurs, on n'avait pas une seule des aisances de nos jours; on gelait dans ces immenses pièces, dans ces grandes galeries, dans ces chambres ouvertes de toutes parts, où d'ailleurs il fallait vivre continuellement en public. Aussi Louis XV, qui n'avait pas la santé de fer de son aïeul, abandonna ces vastes magnificences et se fit une existence plus commode et surtout plus secrète dans les petits appartements qu'on voit encore aujourd'hui.

6° Quel est le véritable inventeur de la machine de Marly? On sait que, d'après toutes les histoires et biographies, cet inventeur serait un ouvrier liégeois, Rennequin Sualem. L'ouvrage de M. Le Roi nous démontre, d'après des documents authentiques et des témoignages irréfutables, que c'est une erreur. L'inventeur, l'architecte, le gouverneur de la machine qui passait au dix-septième siècle pour une merveille du monde, est un gentilhomme liégeois nommé le chevalier de Ville; Rennequin Sualem en aurait été seulement le constructeur, et plus exactement le charpentier. M. Le Roi donne à ce sujet une description de la machine qui montre quel était l'état de la science hydraulique à cette époque et qui témoigne que cette œuvre lourde, coûteuse, compliquée, n'en était pas moins digne d'admiration.

7° On sait que le grand roi, sur le point de mourir, se fit apporter son arrière-petit-fils et lui adressa quelques paroles pleines de dignité. Ces paroles, recueillies par les assistants et qui furent mises au chevet du lit du jeune Louis XV, ont été reproduites par les historiens avec des variantes considérables. M. Le Roi a retrouvé une pièce très-curieuse qui fait cesser toute incertitude à cet égard et nous donne définitivement le texte authentique.

8° Ce morceau curieux est tout simplement l'analyse d'un manuscrit composé par quelque secrétaire de madame de Pompadour, d'après les notes mêmes de la marquise, et qui a pour titre : *État des dépenses faites pendant le règne de madame la marquise de Pompadour, à commencer le 9 septembre 1745 jusqu'au 15 avril 1764* (c'est le jour de sa mort). Disons tout de suite que le total général est d'environ trente-six millions et demi pendant dix-neuf ans; donc, de moins de deux millions par an. « Voilà, sur sa déclaration, dit M. Le Roi, le relevé de ce que madame de Pompadour a coûté à la France. » C'est beaucoup, sans doute, mais j'avoue que, d'après tout ce qu'on a écrit sur les prodigalités de Louis XV envers ses maîtresses, sur le faste, le luxe de la marquise de Pompadour, je m'attendais à un chiffre plus élevé, et je ne sais si pour les dépensiers de nos jours ce chiffre ne paraîtra pas mesquin. D'ailleurs, il faut remarquer que madame de Pompadour tenait une sorte de cour, qu'elle donnait des fêtes, qu'elle faisait des pensions. Aussi je lis sans étonnement cette réflexion qui termine le manuscrit : « Voici un fait que personne ne voudra croire, qui est qu'à sa mort l'on n'ait trouvé à cette femme que 37 louis d'or dans sa table à écrire, et se trouve devoir la somme de 1,700,000 livres. »

Voici comment se décomposent les trente-six millions. On sait que la marquise était une femme de beaucoup d'esprit et de goût, aimant les bâtiments, les tableaux, les sculptures, cultivant elle-même les arts, et qui avait une cour d'écrivains et d'artistes. L'état des dépenses entre à ce sujet dans des détails intéressants pour l'histoire des arts, et donne un total de plus de neuf millions. On sait aussi que madame de Pompadour aimait les chevaux, qu'elle fit acheter des étalons dans plusieurs pays, et qu'elle fonda dans sa terre de Pompadour le beau haras qui existe encore aujourd'hui. L'état de ses dépenses sur cet article s'élève à plus de trois millions. On trouve encore pour médailles, 400,000 livres; pour une collection de pierres gravées, 400,000 livres; pour fêtes, voyages du roi, comédies, opéras, quatre millions. Le chapitre des aumônes est malheureusement plus modeste, il est ainsi marqué : *Donné aux pauvres pendant tout mon règne*, 150,000 livres. Il est vrai qu'il y faut ajouter de nombreux secours et pensions donnés à des maisons religieuses.

9° « Il n'est aucun fait historique, dit M. Le Roi, qui ait rendu plus odieux le nom de Louis XV, et qui, d'un autre côté, ait donné lieu à plus de divagations parmi les écrivains, que le mystérieux établissement du *Parc aux cerfs*. » On peut ajouter qu'il n'y en a pas qui ait excité plus de haine contre l'ancien régime, qui ait valu à la cour des Bourbons plus d'imprécations et de déclamations, qui ait eu plus d'influence sur la révolution. M. Le Roi, pièces en main, réduit cette monstruosité à sa juste valeur. Le nom seul de Parc aux cerfs est en grande partie la cause des exagérations débitées à ce sujet. A ce nom, on se figure une sorte de sérail à la façon orientale, un immense jardin avec bosquets mystérieux, pelouses fleuries, pavillons enchantés, et un essaim de biches plus ou moins timides, poursuivies par un lubrique monarque. Il n'est rien de tout cela : le *Parc aux cerfs* était le nom d'un quartier de Versailles, du quartier aujourd'hui appelé Saint-Louis, qui avait été bâti sous Louis XIV, sur l'emplacement d'un parc à bêtes fauves, datant de Louis XIII, et qui en avait gardé le nom. Quant au sérail, voici à quoi il se réduit. Louis XV avait acheté secrètement, dans une impasse déserte de ce quartier, une petite maison bourgeoise où pouvaient à peine loger trois personnes, et dans laquelle son valet de chambre faisait élever quelques jeunes filles ordinairement vendues par leurs parents. « Il

n'y en avait que deux en général, dit madame du Hausset, très-souvent une seule; quelquefois le Parc aux cerfs était vacant cinq ou six mois de suite. Lorsqu'elles se mariaient on leur donnait des bijoux et une centaine de mille francs. »
Il ne paraît pas que le nombre de ces victimes, immense d'après tous les historiens, ait dépassé une trentaine, le roi n'ayant gardé cette maison que de 1755 à 1771. M. Le Roi appuie cette curieuse découverte historique de pièces irréfutables, mais cela n'empêchera pas les historiens de scandales de parler des centaines de millions, et même des milliards que coûta le Parc aux cerfs.

10º Si la dissertation sur le Parc aux cerfs atténue, sans le rendre moins odieux, le libertinage de Louis XV, il n'en est pas de même du morceau suivant qui renferme une notice biographique sur madame du Barry, d'après des cartons et des liasses de documents appartenant aux archives de la préfecture de Seine-et-Oise et à la bibliothèque de Versailles. On sait qu'un gentilhomme débauché et ruiné, Jean du Barry, ayant rencontré dans un mauvais lieu une fille d'une merveilleuse beauté, parvint à la faire connaître au roi qui en devint follement épris, que pour en faire une maîtresse en titre et lui donner un rang à la cour, il la fit épouser à son frère le comte du Barry. M. Le Roi nous donne *in extenso* l'étrange contrat de mariage conclu à cet effet, où l'on stipule la séparation des deux époux, où la future prend le nom de Jeanne Gomard de Vaubernier, nom faux, comme nous le dirons tout à l'heure; enfin, où elle apporte en dot 30,000 livres « provenant de ses économies », et consistant, pourrait-on dire, en outils de son métier, c'est-à-dire en diamants, perles, dentelles, « un lit complet, trente robes et six douzaines de chemises ».

Après cette édifiante énumération, M. Le Roi nous donne l'état des richesses accumulées par madame du Barry lorsqu'elle fut devenue la maîtresse en titre du roi : 100,000 livres de rentes sur la ville de Paris, la terre de Louveciennes, 40,000 livres de rentes sur la ville de Nantes, etc. Madame du Barry n'avait reçu presque aucune éducation et avait les goûts de son ancienne vie, l'amour effréné de la toilette, des jolis meubles, des colifichets, des futilités. Son appartement n'était qu'un boudoir : M. Le Roi nous en donne la description, et les détails dans lesquels il entre sont à faire pâmer, à faire mourir d'envie les plus charmantes dépensières de nos jours. Qu'on en juge par ce qu'il dit des lieux les plus secrets de cet appartement :

« Dans la garde-robe on voyait un meuble de toilette secrète à dossier, en marqueterie, fond blanc à mosaïques bleues et filets d'or, avec rosettes rouges, garni de velours bleu brodé d'or, et sabots dorés d'or moulu, la boîte à éponges et la cuvette d'argent, deux tablettes d'encoignure aussi en marqueterie, garnies de bronzes dorés d'or moulu, et une chaise de garde-robe en marqueterie pareille aux autres meubles, la lunette recouverte de maroquin, et les poignées et les sabots dorés d'or moulu. »

Le rêve de madame du Barry dura à peine six ans. Le roi mourut. Madame du Barry, exilée d'abord dans un couvent, revint ensuite habiter son château de Louveciennes. Ses créanciers l'y poursuivirent. Légère, insouciante et prodigue malgré les libéralités du roi, elle avait

1,200,000 livres de dettes. Louis XVI se fit donner l'état des dons faits à la maîtresse de son aïeul, et l'on trouva qu'elle avait reçu en six ans six millions et demi, sans compter les maisons, les 150,000 livres de rente viagère, etc. Sur cette somme les bijoutiers avaient reçu 2,280,000 livres, les marchands de dentelles, soieries, etc., 758,000 livres; les tailleurs et brodeurs, 551,000 livres, etc. Madame du Barry n'avait fait de mal à personne pendant sa faveur; elle était d'une bonté extrême, d'une humeur charmante, et avait laissé à la cour des amis qui lui restèrent très-dévoués. Grâce à eux, elle parvint à payer ses dettes au moyen d'un échange de 60,000 livres de rente viagère contre 1,250,000 livres qui lui furent données par le trésor.

Mais madame du Barry ne s'était pas corrigée de son goût de dépenses et de sa négligence à compter; elle fit de nouvelles dettes, et à l'époque de la Révolution elle fut obligée de songer à vendre ses bijoux. Elle réunit les plus précieux dans une chambre où, pendant une nuit, des voleurs s'introduisirent et firent main basse sur le précieux dépôt. Madame du Barry fit publier la liste des objets volés. Cette liste est donnée par M. Le Roi : c'est une rivière continue, une cascade éblouissante de diamants, de perles, de bagues, de colliers, de girandoles, de bracelets, d'*esclavages*, d'étuis, de boîtes, à faire tourner la tête des dames qui la liront.

Le vol des bijoux de madame du Barry fut la cause de sa mort. Ayant appris que les voleurs avaient été arrêtés à Londres et qu'on instruisait leur procès, elle voulut suivre cette affaire et alla en Angleterre avec un passe-port régulier. C'était au mois d'octobre 1792. Son absence s'étant prolongée, on la regarda comme émigrée et l'on mit le scellé sur ses biens. Dès qu'elle l'apprit, elle revint en France; mais au mois de juin 1793 elle fut arrêtée comme suspecte et traduite (novembre 1793) au tribunal révolutionnaire, comme ayant fourni aux émigrés réfugiés à Londres des secours pécuniaires, et entretenu avec eux des correspondances. L'occasion était belle à faire de la déclamation révolutionnaire; aussi Fouquier Tainville accumula les accusations les plus forcenées, les plus emphatiques

« contre cette moderne Aspasie, cette sultane du crime couronné, contre cette surintendante des honteuses débauches du Sardanapale moderne, etc. » On sait que, condamnée à mort, elle fut conduite au supplice le 8 décembre 1793.

M. Le Roi fait suivre cette lugubre histoire de détails intéressants sur les biens confisqués de madame du Barry. Le total de l'appréciation des effets mobiliers s'élève à 1,246,000 livres, sans compter les objets d'art qui sont aujourd'hui répartis dans les musées de l'État. Le château de Louveciennes fut vendu six millions.

Cette notice biographique si pleine de faits inconnus, de chiffres éloquents, se termine par un dernier détail qui n'est pas le moins inattendu : c'est que l'acte de naissance présenté par madame du Barry pour son mariage était faux; qu'elle n'était pas la fille légitime de Gomard de Vaubernier et de Jeanne Bécu, née en 1746, mais la fille naturelle d'une pauvre paysanne appelée Anne Bécu, et qu'elle était née en 1743. Elle avait donc vingt-six ans lorsqu'elle fut présentée à Louis XV et cinquante ans quand elle mourut.

Telle est, à la place des lieux communs débités sur cette femme trop célèbre, la vérité qui ressort des documents authentiques consultés par M. Le Roi. Espérons que le savant bibliothécaire ne bornera pas à ces dix morceaux ses investigations intéressantes et que, au grand plaisir du public affriandé par ces révélations, il tirera bientôt de ses cartons de nouvelles *Curiosités historiques*.

Th. Lavallée.

# I.

## LE CHATEAU DE VERSAILLES SOUS LOUIS XIII
## ET LA JOURNÉE DES DUPES.
### 1627-1630.

A quelle époque faut-il faire remonter la construction du château que Louis XIII fit élever à Versailles? Comme les divers écrivains qui ont traité ce point historique ne sont point d'accord entre eux, et que nous nous proposons de fournir des documents nouveaux pouvant servir à éclaircir la question, nous allons entrer dans quelques détails à ce sujet.

Les deux premiers auteurs qui s'occupèrent de l'époque de la fondation du château, furent l'architecte Blondel, dans son livre de l'*Architecture française*, t. IV<sup>e</sup>, 1756, et l'abbé Lebeuf, dans l'*Histoire du diocèse de Paris*, t. VII<sup>e</sup>, 1757.

Voici d'abord ce que dit l'abbé Lebeuf. Après avoir fait l'énumération des divers seigneurs de Versailles, il ajoute :

« Jean de Soisy prend, dans son contrat de mariage avec Antoinette Postel, du 22 janvier 1640, la qualité de seigneur de Soisy, sous Montmorency, et de Versailles au val de Galie. Ce fut lui qui vendit cette terre au roi Louis XIII, vers l'an 1627. »

Voici maintenant comment s'exprime Blondel, sur le même sujet :

« La terre et seigneurie de Versailles était possédée, en 1560, par plusieurs particuliers : *Philippe Colas*, écuyer, en possédait la plus grande partie; une autre appartenait à *Antoine Poart*, maître des comptes à Paris : ce dernier était aussi propriétaire de la seigneurie de la Grange Lessart; enfin une autre partie appartenait à *Roberte de Soisy*, femme de Jean de la Porte, et à *Marguerite de Soisy*, sa sœur, veuve de Jean Dizy, en qualité d'héritières d'Antoinette de Portet, leur mère.

» *Martial de Loménie*, secrétaire du roi et de ses finances, devint, en 1561, propriétaire de cette terre et de celle de la Grange Lessart, par les acquisitions qu'il en fit, et en a joui jusqu'à sa mort, arrivée en 1572; il avait épousé Jacqueline Pinault, décédée avec lui.

» Les tuteur et curateur de leurs enfans mineurs vendirent cette terre et seigneurie de Versailles, et celle de la Grange Lessart, par contrat du 27 juin 1573, à M. Albert de Gondi, comte de Retz. Son fils, Jean-François de Gondi, archevêque de Paris, la vendit ensuite à Louis XIII, par contrat passé le 8 avril 1632. »

Blondel donne ensuite un extrait du contrat de vente, puis il ajoute :

« Quoiqu'il paraisse, par la date de ce contrat, que Louis XIII n'acheta la seigneurie de Versailles qu'en 1632, il est cependant certain que, dès l'année 1624, il avait commencé à y faire bâtir un rendez-vous de chasse, qu'il avait élevé sur le lieu le plus éminent, et où était situé ci-devant un moulin à vent. »

Ainsi voilà deux graves auteurs, écrivant tous deux à la même époque, paraissant s'autoriser de documents authentiques, et qui tous deux donnent une date différente à un fait qu'il semble au premier abord si aisé de constater.

Presque tous ceux qui, depuis cette époque, ont écrit sur l'origine du château de Versailles, puisant leurs renseignements dans l'abbé Lebeuf, ont donné l'année 1627 comme date de sa fondation [1]. Cette date est encore indiquée dans les descriptions modernes de Versailles, que l'on trouve dans toutes les mains des visiteurs du musée historique.

Quelle est donc la véritable date de la construction du château de Louis XIII? Est-ce 1624, 1627 ou 1632?

M. Eckard, dans ses recherches historiques sur Versailles, frappé de cette différence, et voulant tout

---

[1] Les Almanachs de Versailles avant 1789. — Le Cicerone de Versailles (avril 1804, etc.)

concilier, accepte les trois dates et cherche à les expliquer.

Ainsi, d'après lui, en 1624, Louis XIII, *ennuyé, et sa suite encore plus, d'y avoir souvent couché dans un méchant cabaret à rouliers, ou dans un moulin à vent* [1], fit d'abord construire à Versailles un pavillon pour servir de rendez-vous de chasse.

Et il ajoute : « Ce pavillon, inconnu au duc de Saint-Simon, était oublié lorsqu'il écrivait un siècle après cette construction : une partie, celle donnant sur l'avenue de Saint-Cloud, a été démolie en 1827, et une maison bâtie sur l'emplacement; l'autre partie, sur la rue de la Pompe, subsiste toujours : le tout appartient à M. Amaury, et porte encore aujourd'hui le nom de *Pavillon royal;* il est situé presqu'à l'angle que forment l'avenue de Saint-Cloud et la rue de la Pompe, aboutissant sur celle du Plessis. Il était donc sur le chemin qui conduisait à la forêt de Saint-Léger-en-Yveline, à l'époque où la chaussée d'Auteuil et l'ancien pont de bois, à Sèvres, n'existant pas encore, la grande route de Paris à Brest passait par Saint-Cloud, d'où un chemin secondaire partait et se dirigeait sur Ville-d'Avray, Montreuil, le territoire de Versailles et les autres, jusqu'à cette forêt. Quoique engagé dans les maisons voisines, ce pavillon était naguère encore facile à reconnaître par la tourelle, ou lanterne, qui dominait et éclairait un

---

[1] Mémoires de Saint-Simon.

grand escalier, et qui, ensuite, forma la coupole de la synagogue qu'on y a vue pendant quelques années. Je me souviens très-bien qu'en 1780, un habile professeur d'écriture, Hachette, qui en occupait le premier étage, et dont la classe fort élevée et très-spacieuse donnait en partie sur la rue de la Pompe, nous dit plusieurs fois que cette pièce avait été la chambre à coucher de Louis XIII. Cette partie conservée du pavillon a seulement subi quelques changements dans sa distribution intérieure. De plus, *le Cicerone de 1804* contient, dans sa description des édifices de Versailles, ce passage remarquable : — *Le Pavillon royal.* — On assure qu'une portion, celle où se trouve son vaste escalier, est véritablement la première propriété de Louis XIII, qui en faisait son retour de chasse avant l'acquisition de la terre seigneuriale. Enfin M. Guignet, ancien architecte des bâtiments du roi à Versailles, à qui j'ai communiqué mes observations, et qui les a vérifiées, a adopté entièrement mon opinion. »

M. Eckard ajoute qu'en 1627, Louis XIII, ayant jugé qu'aucun pays ne pouvait présenter en aussi peu d'espace, plus de variété pour les courses à cheval, dans lesquelles consiste le plaisir de la chasse à cor et à cris, acheta de Jean de Soisy un fief et des terrains à Versailles, et y fit élever *un petit château de cartes* [1] sur un monticule qui était occupé par un

---

[1] Mémoires de Saint-Simon.

moulin à vent. Enfin, qu'en 1632, le roi fit l'acquisition de la terre et seigneurie de Versailles, de Jean-François de Gondi, archevêque de Paris, ainsi qu'il résulte du contrat cité par Blondel. Donc en résumé :
1624, construction du Pavillon royal ;

1627, Acquisition d'un fief de Jean de Soisy. — Louis XIII construit un petit château sur l'emplacement du moulin, comme le point le plus éminent.
1632, vente par l'archevêque de Paris, du vieux château et de la seigneurie de Versailles.

Ainsi, le travail de M. Eckard avait résolu la question et les trois différentes dates de la fondation du château se trouvaient expliquées.

En 1839, l'auteur de l'essai historique intitulé : *Versailles, seigneurie, château et ville,* s'empressa d'adopter l'explication de M. Eckard, surtout en ce qui concerne le Pavillon royal [1]. Quant au château qui n'aurait été commencé qu'en 1627, l'auteur de *Versailles, seigneurie, château et ville* se demande si c'est bien à ce château qu'il faut attribuer le mot de

---

[1] Jusqu'en 1836, dit cet auteur, époque de la publication du livre de M. Eckard, on avait cru et répété que Jean de Soisy était le seigneur de Versailles. En 1833, lorsque nous écrivîmes pour la première fois cet ouvrage, nous avancions sous la forme du doute, que Jean de Soisy n'avait dû vendre que le *Pavillon royal,* puisque le château appartenait aux Gondi. Toutefois, les dates nous embarrassaient. Grâce à M. Eckard, la lumière a été jetée sur l'ordre des acquisitions, et nous n'y ajouterons que ce que nous croirons indispensable de faire connaître.

*chétif Versailles*, prononcé par Bassompierre, ainsi que l'ont fait beaucoup d'autres auteurs et M. Eckard lui-même? Si l'on adopte, en effet, l'opinion de l'abbé Lebeuf, qui donne cette année 1627 comme celle où Louis XIII fit commencer la construction du château sur les terrains vendus à cette époque par Jean de Soisy, il est impossible de ne pas supposer que Bassompierre se soit trompé en parlant d'un château n'existant pas encore; et cependant le récit de Bassompierre est positif. Voici ce que l'on trouve dans le journal de sa vie [1].

Après avoir raconté, jour par jour, ce qui lui était arrivé pendant le mois de décembre 1626, il ajoute :

« Les choses étoient en cet état, lorsque nous entrâmes en l'année 1627, au commencement de laquelle le roy fit tenir une assemblée de notables, en laquelle il me fit l'honneur de me choisir pour y estre un des présidents. Monsieur, frère du roy, fut le chef et le premier, et ensuite M. le cardinal de la Valette, le maréchal de la Force et moi. »

Bassompierre indique ensuite la composition de cette assemblée; puis, après avoir parlé des divers objets mis en délibération, il raconte qu'il lui arriva peu d'occasions de parler : « Hormis une seule fois, dit-il, que nous estant proposé si le roy cesseroit

[1] *Mémoires du maréchal de Bassompierre*, contenant l'histoire de sa vie et de ce qui s'est fait de plus remarquable à la cour de France pendant quelques années. Cologne, 1665, t. III, p. 53.

ses bastimens jusques dans une meilleure saison, et que ses finances fussent en meilleur estat, M. d'Osembray fut d'advis que l'on le devoit conseiller au roy. »

Il crut alors devoir prendre la parole, et prononça un discours qu'il donne en son entier. C'est dans ce spirituel discours, épigramme adroite contre la parcimonie de Louis XIII, parcimonie dont il se servit habilement pour faire changer d'avis tous ceux qui avaient déjà voté pour la proposition de M. d'Osembray, que se trouve ce fameux mot de *chétif château de Versailles,* cité depuis si diversement. Après avoir fait observer qu'il n'est pas nécessaire de conseiller à Louis XIII de ne point faire une chose qu'il ne fait pas, il ajoute : « Le feu roy nous eust pû demander cet advis, et nous eussions eu loisirs de le lui donner, car il a employé des sommes immenses à bastir. Nous avons bien pû connoistre en celui-cy la qualité de destructeur, mais non d'édificateur. Saint-Jean-d'Angely, Clérac, Les Tonnains, Monheur, Négrepelisse, Saint-Antonin, et tant d'autres places rasées, démolies ou bruslées, me rendent preuve de l'un et le lieu où nous sommes, auquel, depuis le décès du feu roy son père, il n'a pas ajouté une seule pierre [1]; et la suspension qu'il a faite depuis seize années au parachèvement de ses autres bastimens commencez, me font voir clairement que son inclination n'est point portée à bastir, et que les finances de la France

[1] Le palais des Tuileries. L'assemblée se tenait dans la grande salle de ce palais.

ne seront point épuisées par ses somptueux édifices;
si ce n'est qu'on lui veuille reprocher le *chétif chasteau de Versailles*, de la construction duquel un simple gentilhomme ne voudroit pas prendre vanité. »
Dans cette assemblée des notables, furent traités les plus grands intérêts de l'État. Elle tient une place importante dans le règne de Louis XIII, et ne peut être mise en doute, pas plus que le discours si remarquable qu'y prononça Bassompierre, et qu'il ne pouvait avoir oublié lorsqu'il écrivit ses mémoires très-peu d'années après [1]. Aussi l'auteur de *Versailles, seigneurie, château et ville*, pense-t-il que ce discours, prononcé au commencement de 1627, n'a dû s'appliquer qu'au Pavillon royal, bâti dès 1624. Mais cependant, peu certain que le maréchal de Bassompierre ait parlé avec tant d'assurance d'une maison si peu importante, il ajoute : « Ou bien si l'on veut que Bassompierre ait appliqué son mot de *chétif* au château bâti sur le tertre de Jean de Soisy, il faudra convenir que son discours aura été fait après coup, c'est-à-dire depuis 1631, époque où le maréchal fut enfermé à la Bastille, et où il commença pour se désennuyer, et fort souvent de mauvaise humeur, à écrire les mémoires qu'il a laissés; il aura donc donné l'épithète de chétif au nouveau château, par la raison que tout ce que devait faire le roi, alors sous l'influence de Richelieu, l'ennemi juré du ma-

---

[1] En 1631, pendant qu'il était enfermé à la Bastille.

réchal, devait paraître, aux yeux de ce dernier, mauvais, tyrannique ou chétif, et le pauvre château aura été enveloppé dans une commune disgrâce avec les actes despotiques du cardinal. »

Il paraît donc à peu près certain, d'après tout ce que nous venons de rapporter, que Louis XIII avait une habitation à Versailles dès l'année 1624, et certainement avant 1627. Cette habitation, Blondel assure qu'*elle était élevée sur le lieu le plus éminent, et où était situé ci-devant un moulin à vent*, par conséquent à la place même où se trouve le château actuel, tandis que M. Eckard, et après lui l'auteur de *Versailles, seigneurie, château et ville*, pensent que c'était le Pavillon royal; c'est pour éclairer cette question que nous nous sommes livré à quelques recherches, qui nous ont procuré la connaissance de nouveaux documents propres à la résoudre.

M. Eckard, lorsqu'il écrivit son livre sur Versailles, fit de nombreuses visites aux Archives du royaume et aux Archives de la couronne, pour avoir quelques renseignements sur les faits dont il s'agit; mais là comme à Versailles, il ne put trouver aucun acte, aucun titre qui se rapportât aux acquisitions de Louis XIII à Versailles; ce qui lui fit penser « que les contrats primordiaux, soit du vieux château et de la seigneurie de Versailles, soit du fief vendu par Jean de Soisy, ont été détruits, de même qu'une foule d'autres documents plus importants encore pour notre histoire l'ont été dans toute la France, parce qu'ils établissaient des droits féodaux et des redevances seigneuriales supprimés, sans indemnité, par différents décrets. »

« En effet, une loi du 17 juillet 1793, a ordonné le brûlement de tous les titres énonciatifs de ces droits, et existants entre les mains des anciens seigneurs, ou qui, pour les domaines nationaux, avaient été déposés dans les secrétariats des districts. Or, cette loi, qui prononçait cinq années de fers contre ceux qui auraient caché ou soustrait et recelé des minutes, ou des expéditions des actes qui devaient être brûlés, fut rigoureusement exécutée à Versailles, d'où relevaient en outre trente-quatre seigneuries. »

Il était donc nécessaire de suivre une autre direction dans les recherches nouvelles que l'on voulait faire sur ce sujet; et comme il s'agissait surtout de constater l'époque de la construction du Pavillon royal, regardé comme la première habitation de Louis XIII, ce fut particulièrement de ce côté que nous portâmes nos investigations.

Nous nous adressâmes au propriétaire de ce pavillon, M. Peert, avoué à Versailles, et grâce à son extrême obligeance, nous avons trouvé, parmi les titres de propriété, deux pièces qui établissent d'une manière positive l'époque de la construction du *Pavillon royal*.

La première de ces pièces est ainsi conçue :

« Don de place à Versailles pour les héritiers de la veuve Hérault.

» Aujourd'hui, 2 aoust mil sept cent un, le Roy étant à Versailles, les héritiers de la veuve Hérault lui ont fait représenter que Sa Majesté lui auroit accordé, il y a environ 25 ans, une place scize en ce lieu, sur laquelle elle a fait bastir une maison appelée le *Pavillon royal;* mais comme il ne luy en a pas été expédié de brevet pour en assurer la propriété à ses héritiers, ils l'ont très-humblement suppliée de vouloir sur ce leur pourvoir, à quoy ayant égard, Sa Majesté a, en tant que de besoin, accordé et fait don aux héritiers de ladite veuve Hérault de ladite place, contenant 24 toises 4 pieds de face sur la rue de la Pompe, 29 toises de face sur l'avenue de Saint-Cloud, 3 troises 2 pieds de face à la pointe aboutissant par le côté opposé à ladite pointe, au mur de l'hostel de Guise, et ayant 17 toises de profondeur, le long dudit mur, à la charge par eux de payer au domaine de Versailles le droit de cens sur le pied de 5 sols par arpens, au jour de Saint-Michel, et d'entretenir en bon état et cimétrie la maison qui y a été bastie, et pour assurance de sa volonté, Sa Majesté m'a commandé de leur en expédier le présent brevet, qu'elle a signé de sa main et fait contresigner par moy, conseiller secrétaire d'État et de ses commandements et finances, signé : Louis et plus bas Phelypeaux; et au dos est écrit : Paraffé *ne varietur,* au désir du partage passé devant les notaires soussignés, ce 20 mars 1720. Signé : Bergeret, Delaroche, Delaroche avec Besnier et Junot, notaires, en l'original des présentes, paraffé et demeuré ánnexé à la minute d'un partage passé devant les notaires soussignés, ce 20 mars 1720, dont la minute envers ledit Junot. Signé : Besnier et Junot, avec paraffes et scellé ledit jour. »

La deuxième donne le plan du terrain, et au milieu est écrit :

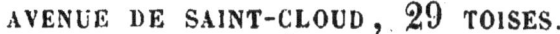
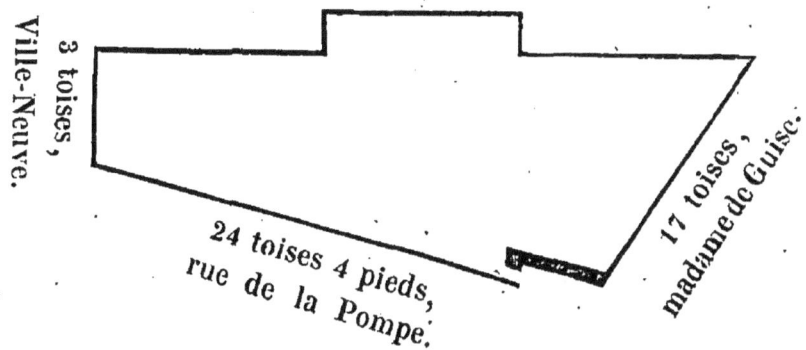

« Le Roy a accordé, il y a environ 25 ans, à la veuve Hérault une place scize à Versailles, ayant 24 toises 4 pieds de face sur la rue de la Pompe, 29 toises de face sur l'avenue de Saint-Cloud, 3 toises 2 pieds de face à la pointe où se joignent ladite rue de la Pompe avec ladite avenue, aboutissant par le côté opposé à ladite pointe, au mur de l'hostel de Guise, et ayant 17 toises de profondeur le long dudit mur, le tout ou environ, sur laquelle place elle a fait bastir une maison appelée le *Pavillon royal*, suivant les décorations réglées par Sa Majesté, dont n'ayant point eu ci-devant de brevet, Sa Majesté m'a commandé de donner le présent certificat aux héritiers de ladite veuve Hérault, pour obtenir sur iceluy tous brevets nécessaires.

» Fait à Versailles, le 10 juillet 1701, signé : Hardouin Mansart. »

Et plus bas : « Première inventoriée. »

Deuxième, et au dos est écrit : « Paraffé *ne varietur*, au désir du partage passé devant les notaires soussignés, ce 20 mars 1720. Signé : Delaroche, Bergeret, Delaroche avec Besnier et Junot, notaires.

» Est l'original des présentes demeuré annexé à la minute d'un partage, passé devant les notaires soussignés, dont Junot, l'un d'eux, a la minute, ce 20 mars 1720. Signé : Besnier et Junot, avec paraffes, et scellés ledit jour. »

Il résulte de ces documents authentiques, que M. Eckard se trompe quand il affirme que le Pavillon royal a été bâti par Louis XIII; que ce pavillon, l'une des plus anciennes maisons de Versailles, ne remonte cependant qu'à l'année 1676, c'est-à-dire au règne de Louis XIV, et que ce qui a sans doute induit en erreur M. Eckard, et avant lui le *Cicerone de Versailles*, sur l'origine de ce bâtiment, c'est le nom de *Pavillon royal*, qu'on lui supposait venir du séjour qu'y aurait fait anciennement Louis XIII, tandis que les pièces citées prouvent que ce nom lui a été donné au moment de sa construction par la veuve Hérault, probablement pour le distinguer des hôtels des grands seigneurs qui l'environnaient de tous côtés.

Il reste donc établi, par tout ce qui précède, que Louis XIII avait une habitation à Versailles avant l'année 1627, date à laquelle l'abbé Lebeuf fait remonter la vente du fief de Jean de Soisy; que cette habitation n'est point le *Pavillon royal*, ainsi que le croyait l'auteur des *Recherches sur Versailles;* et qu'alors il faut bien en revenir à l'opinion de Blondel, établissant comme certain que, dès l'année 1624, *Louis XIII avait commencé à y bâtir un rendez-vous de chasse, qu'il avait élevé sur le lieu le plus éminent, et où était situé ci-devant un moulin à vent.*

Quant à la date de 1632, Louis XIII ne devint véritablement seigneur de Versailles qu'à cette époque, en achetant de l'archevêque de Paris la terre et seigneurie de Versailles.

Louis XIII aimait beaucoup Versailles; il y prolongeait ses séjours pendant la saison des chasses; aussi le *Rendez-vous* devint une habitation qui alla en s'agrandissant jusqu'à la fin de son règne.

Ce château, construit par *Lemercier*, architecte du roi, était flanqué de quatre pavillons bâtis de pierres et de briques, avec un balcon de fer tournant tout autour, et dégageant les appartements du premier étage. Suivant l'usage de ce temps, quelques moyens de défense le mettaient à l'abri d'un coup de main.

Une fausse braie ou basse enceinte l'entourait et était précédée d'un fossé à fond de cuve, revêtu de briques et de pierres de taille, terminé par une balustrade. Ce petit édifice était environné de bois, de plaines et d'étangs, dont la nature faisait seule les frais [1].

Tel était encore le château de Louis XIII, lorsque, au mois de novembre 1630, s'y passa le curieux événement qui porte dans l'histoire le nom de *journée des Dupes*.

Ce fut le seul événement politique de quelque importance qui eut lieu dans le château de Versailles pendant le règne de Louis XIII; il est donc intéressant de s'y arrêter un moment, d'autant plus qu'il va servir à faire reconnaître quelques-unes des distributions du château à cette époque.

Dans le mois de septembre 1630, Louis XIII venait de diriger sur l'Italie une armée considérable : « Toutes les troupes avaient passé par Lyon, et le roi les avait voulu voir l'une après l'autre. S'y trouvant beaucoup de soldats bien nouveaux et mal façonnés au métier, pour les mieux former, il montrait à quelques-uns comment il fallait porter et manier les armes, y prenant un singulier plaisir. Il ne s'occupait pas à ceci, néanmoins, sans beaucoup de travail, s'y adonnant pendant la chaleur du jour le plus souvent, et pendant les pluies et le mauvais temps. Le vingt-

---

[1] *Architecture française*, par Blondel, t. IV, p. 93.

deuxième jour du mois de septembre, sur les deux à trois heures après midi, ayant été toute la matinée bien gai, il se sentit attaqué d'un frisson qui fut suivi d'une fièvre continue, avec des redoublements chaque nuit, qui donnèrent à ses gens de bien grandes appréhensions, sans qu'on lui fît connaître que la fièvre dont il était atteint fût si maligne [1]. » La maladie du roi allait toujours en augmentant; les médecins en désespéraient, et avaient même dit qu'il ne passerait pas le 30 septembre. A chaque instant on croyait le voir expirer, lorsque *Sénéles,* médecin du commun de la reine, proposa de lui administrer un remède qui, disait-il, devait, en moins de quatre heures, ou sauver le roi ou le faire périr. « Les deux reines, dit Valdori [2], qui raconte ce fait, voyant l'une son fils, l'autre son époux sans espérance, et entièrement abandonné des médecins, consentirent à faire l'épreuve, laquelle réussit si heureusement que ce monarque, déjà à demi mort, revint dans peu en convalescence [3]. »

La reine Anne d'Autriche était depuis longtemps fort en froid avec Louis XIII; les soins qu'elle lui rendit dans le cours de sa maladie avaient amené

---

[1] *Histoire du roi Louis XIII,* par Ch. Bernard, 1646, l. XII, p. 223.

[2] *Anecdotes du ministère du cardinal de Richelieu.*

[3] Ch. Bernard (*Histoire de Louis XIII*) dit que ce qui sauva le roi fut l'ouverture d'un abcès qu'il avait intérieurement, ce qui le mit aussitôt hors de fièvre.

entre eux une espèce de réconciliation. Anne en profita pour seconder sa belle-mère, Marie de Médicis, dans la guerre que celle-ci avait déclarée au cardinal de Richelieu. On ne laissa pas respirer le roi pendant sa pénible convalescence. Les deux reines profitèrent de sa faiblesse, l'étourdirent de violentes accusations contre Richelieu, qui, selon elles, n'avait entrepris cette guerre que pour se rendre nécessaire, et avait ainsi sacrifié la santé et la vie du roi à son ambition ; Louis XIII ne trouva d'autre moyen de se débarrasser des obsessions de sa mère qu'en lui promettant de prendre un parti définitif après son retour à Paris.

Le roi ne tarda pas à quitter Lyon. « Il en sortit sur un brancard, dit Ch. Bernard [1], pour aller prendre la rivière à *Rouane,* d'où il arriva en peu de temps à Briare et de là à Versailles, maison qu'il avait fait bâtir à quatre lieues de Paris et à deux lieues de Saint-Germain-en-Laye. « Elle était petite, » pour n'y admettre que peu de gens et n'être point » troublé dans le repos qu'il cherchait loin des » importunités de la cour, et afin d'être plus libre » dans l'exercice de ses chasses, lorsqu'il s'y voulait » adonner. » Il fut là quelque temps et alla après à Saint-Germain, ne pouvant loger dans son Louvre à Paris, d'autant que l'on travaillait à la grande salle, dont jusqu'alors le plancher n'avait été construit que de poutres et de solives, qui offraient si peu de

[1] *Histoire de Louis XIII,* liv. XIV, p. 226.

sûreté que lorsqu'on s'y réunissait l'on était obligé d'y mettre des étais, et que Sa Majesté avait ordonné de remplacer par des voûtes en pierre. »

A peine arrivée à Paris, Marie de Médicis recommence ses instances auprès du roi, pour faire éloigner le cardinal. Louis oppose une vive résistance aux importunités de sa mère, et insiste sur le besoin qu'il a des services de Richelieu. Marie paraît d'abord se rendre ; mais, toujours poussée par sa haine contre le premier ministre, elle se résout enfin à prendre un parti décisif. Cet événement est raconté comme il suit par l'auteur des *Anecdotes du ministère du cardinal de Richelieu* :

« La reine-mère ayant résolu de mettre le feu le jour de saint Martin, 11 novembre 1630, à la mine qu'elle avait creusée, pour faire sauter en l'air et détruire jusqu'aux fondements de la fortune du cardinal, et ayant pris ses mesures, pour mieux effectuer son dessein, de se trouver seule avec le roi son fils, afin de lui faire toucher au doigt et à l'œil, pour me servir de ses propres termes, toutes les fautes énormes que ce prélat avait commises pendant son ministère, les dommages et le préjudice que l'État en avait souffert, la mine joua et eut un succès bien différent de celui qu'elle et ceux qui l'avaient aidée à la fabriquer avaient espéré, car elle écrasa tous les architectes qui en avaient donné le plan, et ensevelit sous ses ruines tous ceux qui avaient contribué à sa construction.

» Mais cette intrigue mérite bien que l'on fasse un détail un peu circonstancié d'une scène qui fait la plus curieuse époque du règne de Louis XIII, et qui a fait donner le nom de *journée des dupes* au jour où elle se passa.

» La reine-mère étant donc convenue avec le roi son fils qu'il la viendrait voir le jour de saint Martin, dans la matinée, à son palais du Luxembourg, à l'insu du cardinal, feignit d'avoir pris médecine ce jour-là, afin d'avoir un prétexte apparent de défendre l'entrée de sa chambre à qui que ce fût, pour pouvoir entretenir ce monarque en particulier plus à son aise. Ce prince faisait cependant cette visite secrètement, de concert avec son premier ministre, du moins à ce qu'en publia pour lors la renommée; mais, quoi qu'il en soit, cette princesse mit en ce moment tout en usage, et employa tout l'art du monde pour persuader à son fils qu'il était trompé et trahi par le cardinal. Elle lui fit là-dessus une longue énumération de toutes les fautes, de toutes les bévues et de tous les manquements de ce ministre. Elle fit ensuite tous ses efforts, pour tirer parole de lui qu'il le chasserait, qu'il ne l'admettrait jamais plus à ses conseils. Elle n'eut aucun scrupule d'exiger du roi, au milieu des acclamations publiques qu'il recevait pour son heureuse convalescence et l'heureux succès de ses armes en Italie, où ce prélat avait eu tant de part, une chose aussi honteuse pour sa réputation, qui était celle de sacrifier un si digne serviteur, et de le faire servir de victime au ressentiment de sa mère, et de faire voir à toute l'Europe, par la disgrâce de celui qui était l'âme de tous ses conseils, qu'il se repentait de ce qu'il avait fait pendant tout le temps qu'il avait été son premier ministre. Comme la reine était au plus fort de son discours, et qu'elle pressait vivement son fils de lui accorder ce qu'elle désirait de lui avec tant d'instances, le cardinal entra brusquement dans sa chambre; il en avait trouvé, à la vérité, la porte fermée, avec défenses très-expresses à l'huissier de l'ouvrir à personne et surtout à lui, s'il s'y présentait; mais comme il connaissait toutes les issues de ce palais, il s'en fut à la garde-robe de cette princesse, et se fit introduire par là dans la chambre, ayant gagné pour cet effet une de ses femmes nommée *Zuccole*, qui, étant dans la confidence de sa maîtresse, était restée seule de garde en cet endroit-là[1]. Voilà de quelle manière il parvint jusqu'au lieu

---

[1] Voici ce que dit à ce sujet Bassompierre : « Le lundi 11, jour de la Saint-Martin, je vins de bonne heure chez le roi, qui me dit qu'il s'en retournoit à Versailles; je ne sçay point quel dessein j'en avois fait d'aller dîner chez M. le cardinal, que je n'avois pû voir chez luy depuis son arrivée, et m'en alloyt vers midi en son logis. On me dit qu'il n'y estoit pas, et qu'il partoit ce jour-là pour aller à Pontoise. Encore jusques-là je ne pensoy à rien, ni moins encore, quand étant entré au Luxembourg, M. le cardinal y arrivant, je le conduisis jusques à la porte de la reine, et qu'il me dit : Vous ne ferez plus de cas d'un défavorisé comme moy. Je m'imaginai qu'il vouloit parler du mauvais visage qu'il avoit reçu

où la mère et le fils s'entretenaient tête à tête sur son sujet et où il servait d'ample matière à leur conversation. Ce fut la faute de la reine, si elle fut ainsi interrompue; car ses plus fidèles domestiques lui avaient conseillé, pour obvier à toutes sortes d'inconvénients, de faire fermer cette porte de communication dans sa chambre, et d'en tenir elle-même les clefs sous sa main. »

L'auteur des *Anecdotes* raconte ensuite la scène qui eut lieu entre la reine Marie de Médicis et le cardinal, la soumission apparente de Richelieu, les cris et les emportements de la reine; puis il ajoute : « Le cardinal se tourna du côté du roi et le supplia de vouloir bien lui permettre de se retirer quelque part pour y passer le reste de ses jours en repos, n'étant pas juste que Sa Majesté se servît de lui et le continuât dans le ministère contre les volontés de la Reine. A ces paroles, ce monarque, témoignant avoir envie de déférer aux désirs de sa mère, lui accorda sa demande et lui ordonna de sortir. Il ne fut plus question que du choix d'un nouveau ministre; mais cette princesse, qui l'avait déjà désigné en elle-même, proposa à son fils le garde des sceaux, de Marillac, dont le roi approuva l'élection et consentit qu'il fût

---

de Monsieur. Sur cela, je voulus attendre pour aller dîner avec lui; mais M. de Longueville me débaucha pour aller dîner chez M. de Créqui avec Monsieur, comme il m'en avoit prié. » (*Mémoires du maréchal de Bassompierre*, t. III, p. 273.)

revêtu de la dignité de premier ministre. Après quoi la mère et le fils se séparèrent.

» La reine, pleine de joie et de contentement, resta dans son palais du Luxembourg, s'applaudissant en elle-même d'avoir si bien réussi dans son dessein. Le bruit de la disgrâce du cardinal et de l'élévation de Marillac s'étant répandu dans un instant de tous côtés, les affections des courtisans changèrent d'objets dans le moment, la faveur ayant coutume d'attirer à soi les cœurs, de même que la lumière d'un nouvel astre attire les regards de tout le monde ; aussi le cardinal se vit tout d'un coup délaissé de toute la cour, à l'exception de ses parents et d'un petit nombre d'amis qui étaient le plus avant dans sa confidence.

» Le roi, au partir du Luxembourg, s'en alla tout droit à son château de Versailles, où la reine-mère ne le suivit point, contre le sentiment de tous ses serviteurs, et particulièrement du vicomte *Fabroni*, qui lui conseillait d'y accompagner son fils et de ne le point perdre de vue qu'elle n'eût mis la dernière main à la disgrâce du cardinal, et qu'elle ne l'eût fait chasser de Paris et de la cour. Énivrée de sa prospérité présente, elle en voulut goûter toutes les douceurs, et s'amusa à recevoir les compliments et les congratulations que tout Paris lui venait faire sur le recouvrement de son autorité perdue. Mais, tandis qu'elle avalait à longs traits le doux poison de la flatterie, qu'elle écoutait avec plaisir toutes les louanges qu'un chacun lui donnait sur l'admirable conduite qu'elle avait tenue dans cette affaire, et qu'elle disposait déjà des principaux emplois de l'État en faveur de ses confidents, le cardinal de Richelieu, conseillé et encouragé par le cardinal de la Valette, qui vivait dans une étroite amitié avec lui, de faire une dernière tentative auprès du roi pour essayer de se maintenir dans le poste qu'il occupait, en dépit de ses ennemis, et de ne leur pas céder une victoire si aisée, s'en fut trouver ce prince à Versailles.

» Entre plusieurs raisons dont ce véritable ami se servit pour lui persuader ce voyage, il employa celle de ce commun proverbe des Français, que, *qui quitte la partie la perd.* Le cardinal et le garde des sceaux de Marillac arrivèrent en même temps à la cour : le premier sous prétexte de prendre congé de Sa Majesté, et le second à dessein de remplir sa place et de prendre possession de l'emploi de premier ministre; *les fourriers lui avaient déjà marqué dans le château le logement qui était attaché aux fonctions de cette charge;* mais les choses changèrent bientôt de face, et bien des gens furent pris pour dupes. On reconnut alors que les courtisans s'étaient lourdement abusés dans l'empressement qu'ils avaient témoigné à congratuler le nouveau ministre, et que le cœur et la conduite des princes sont impénétrables; car le cardinal de Richelieu ayant été bien servi auprès du roi par M. de Saint-Simon, qui était lors son favori, il arriva que, comme ce premier ministre prenait congé de lui en compagnie du cardinal de la Valette, Sa Majesté, au lieu de lui octroyer la permission qu'il lui demandait de se retirer, lui ordonna, au contraire, de demeurer et de continuer l'exercice de son emploi, lui disant de plus « de ne point s'inquiéter, qu'il trouverait bien le moyen d'apaiser sa mère, et de la faire consentir à ce qu'il faisait, en ôtant d'auprès d'elle les personnes qui lui donnaient de pernicieux conseils. »

» Cette scène se passa publiquement dans la chambre du roi; mais le cardinal avait été secrètement introduit, un peu avant, *par un escalier dérobé dans le cabinet de ce monarque,* avec lequel il avait eu un assez long entretien qui avait produit tout l'effet qu'il en pouvait attendre; car ce prince, persuadé, par toutes les raisons qu'il lui avait alléguées pour sa justification, qu'il était fidèlement et uniquement attaché à sa personne et au bien de son royaume, lui avait redonné son affection et toute sa confiance. Il était, de plus, convenu avec lui de toutes les choses qui se passèrent ensuite dans sa chambre, afin que la victoire qu'il remportait sur ses ennemis en parût plus éclatante. Ce fut M. de Saint-Simon qui lui rendit un service si important, en ménageant cette secrète entrevue entre Sa Majesté, et en le conduisant lui-même, à l'insu de tout le monde, dans le cabinet du roi. »

Charles Bernard, racontant le même fait dans son Histoire de Louis XIII, dit : « Le roi, qui recognoissait bien d'où le mal pouvoit venir, résolut de le terminer. Il savoit qui estoient les artisans de ces divisions, si bien que s'en allant en sa maison de Versailles, il commanda au cardinal et au garde des sceaux, chacun à Paris, de l'y suivre. Il n'avoit encore mené en ce lieu pas un conseil, ayant fait bastir cette petite maison pour se distraire entièrement des affaires.....

» Cependant, les deux personnages qui estoient les premiers du conseil du roy, pour obéir au commandement de Sa Majesté, le suivirent et eurent un divers événement de leur arrivée : le garde des sceaux ayant eu commandement d'aller *loger à Glatigny*, le roy lui ayant fait dire qu'il lui ferait le lendemain savoir sa volonté; au lieu que le cardinal fut logé dans le chasteau de Versailles, sous la chambre du roy, en celle où l'on avoit coutume de loger M. le comte de Soissons [1], et dès le soir il entra en conseil avec Sa Majesté. ».

Telle fut cette *journée*, dans laquelle les Marillac [2], les Guise, la princesse de Conti et les autres partisans de la reine-mère, qui se croyaient arrivés au sommet des grandeurs par la chute du cardinal, se

---

[1] Comme grand-maître de la maison du roi.

[2] L'ordonnance royale par laquelle Louis XIII ôte les sceaux à Marillac pour les donner à Charles de Laubespin, sieur de Chasteau-Neuf, est datée de Versailles, au mois de novembre 1630, et l'on y voit que Chasteau-Neuf y prêta serment entre les mains du roi, le 14 du même mois.

virent, les uns destitués de leurs emplois; d'autres chassés de la cour, et plusieurs emprisonnés.

« Le pauvre maréchal de Bassompierre lui-même, dit Valdori, tout fin et délié courtisan qu'il était, se trouva, par les engagements qu'il avait avec l'incomparable princesse de Conti, compris au nombre des malheureux. Il fut envoyé à la Bastille, d'où il ne sortit qu'après la mort du cardinal. »

Ce récit éclaire plusieurs détails intéressants du château de Versailles. Et d'abord, on voit que Louis XIII avait fait bâtir une petite maison *pour n'y admettre que peu de gens et n'être point troublé dans le repos qu'il y cherchait loin des importunités de la cour;* et, par conséquent, on conçoit très-bien que Bassompierre ait pu l'appeler le *chétif château de Versailles.* Ce fut plus tard, et quand il eut acheté le domaine de Versailles de Jean-François de Gondi, qu'il y ajouta de nouvelles constructions et en fit un palais de quelque importance.

Ce qui vient d'être dit peut aussi servir à retrouver dans le château quelques anciennes distributions existant encore aujourd'hui.

Quand Louis XIV fit faire ses grands travaux de Versailles, il voulut conserver religieusement le château de son père. Dans les premières années de son règne, il fit commencer les embellissements des jardins, et y donna les grandes fêtes de 1664 et 1668; la distribution des appartements du château de Louis XIII était restée la même, et les chefs-d'œuvre de peinture et de sculpture que Louis XIV commençait à y accumuler, étaient tout ce que l'on y voyait de nouveau.

En 1671, Félibien, historiographe des bâtiments du roi, donna la première description du château de Versailles et des embellissements qu'y faisait exécuter Louis XIV. On voit dans cette description que la pièce du milieu, qui devint plus tard la chambre à coucher de Louis XIV, et dans laquelle mourut ce roi, formait alors un salon comme au temps de Louis XIII; que ce qui est devenu depuis le salon de l'Œil-de-Bœuf, était divisé en deux pièces, dont l'une, la plus près du salon central, formait la chambre à coucher du roi, et dont l'autre était un cabinet ou antichambre; que dans cette antichambre ouvrait un escalier dérobé communiquant avec les appartements du rez-de-chaussée. Ces pièces, de l'ancien château de Louis XIII, étaient donc restées comme au temps de ce roi.

Voyons dans le récit précédent ce qui se rapporte aux appartements du château.

« Cette scène, dit Valdori, se passa publiquement dans la chambre du roi; mais le cardinal avait été secrètement introduit, un peu auparavent, par un escalier dérobé, dans le cabinet de ce monarque. »

Charles Bernard ajoute de son côté : « Que le cardinal fut logé dans le château de Versailles, sous la chambre du roi, en celle où l'on avoit coustume de loger M. le comte de Soissons, et que dès le soir il entra en conseil avec Sa Majesté. »

Ainsi l'appartement *où l'on avait coutume de loger M. le comte de Soissons*, comme grand-maître de la maison du roi, était au-dessous de la chambre à coucher de Louis XIII; conséquemment à l'endroit occupé aujourd'hui par la salle des portraits des rois de France, et c'est là que Richelieu coucha la nuit de ce célèbre événement. L'*escalier dérobé*, par lequel Saint-Simon vint le chercher pour le conduire dans le *cabinet du roi*, existe encore dans un petit couloir placé à l'angle sud-ouest de cette salle, et aboutit au premier étage à l'angle correspondant du salon de l'OEil-de-Bœuf, et par conséquent à la partie du cabinet précédant la chambre à coucher du roi. Il est donc évident que dans l'état actuel du château de Versailles, et malgré toutes les transformations qu'il a subies depuis son origine, on peut suivre encore, dans ses détails les plus intéressants, la principale scène de cette grande comédie historique appelée *la journée des dupes* [1].

---

[1] Cette année 1630, Louis XIII retira au seigneur de Glatigny les droits d'aides de Versailles, qui avaient été aliénés en 1619, et les fit recevoir par le concierge de son château. (Rapport de M. Coste, 1790.)

Le concierge du château et le jardinier avaient chacun six cents livres de gages. (Manuscrits de Narbonne, premier commissaire de Versailles.)

## II

## LA NAISSANCE DU DUC DE BOURGOGNE.
### 1682.

Anne-Marie-Victoire de Bavière, princesse d'une constitution délicate, épousa, au mois de janvier 1680, le dauphin, fils de Louis XIV. La première année de ce mariage ne fut qu'une longue série de fêtes pour la jeune dauphine. Mais quand, vers la fin de 1681, l'on eut la certitude de sa grossesse, de grandes précautions, commandées par la faiblesse de son organisation, lui furent imposées. Tout le monde s'intéressait à cette princesse et attendait avec anxiété l'époque de sa délivrance. La naissance d'un petit-fils était surtout le désir le plus ardent de Louis XIV, et il voyait approcher ce moment avec une joie mêlée de quelques inquiétudes.

Une première pensée dut se présenter à lui dans une conjoncture aussi grave : à qui remettrait-on le soin d'accomplir cette opération importante ? à un accoucheur ou à une sage-femme ?

Aujourd'hui le choix serait bientôt fait, ou plutôt

il n'y en aurait pas. Mais il n'en était pas ainsi à cette époque. Les accoucheurs n'étaient pas répandus comme ils le sont actuellement, et la science obstétricale était presque entièrement confiée à des femmes. Non pas que depuis longtemps d'illustres chirurgiens n'eussent pratiqué des accouchements, mais en général c'était dans des cas exceptionnels et difficiles, et dans l'ordre ordinaire des choses, l'on voyait les accouchements confiés presque exclusivement à des sages-femmes. Déjà, cependant, les femmes avaient moins de répugnance à se remettre dans les mains des hommes, et quelques accoucheurs célèbres étaient parvenus à se faire une brillante réputation parmi les dames de la cour, de la magistrature et de la haute bourgeoisie. Mais le plus grand nombre des femmes grosses choisissaient des accoucheuses pour les délivrer, et les reines, Marie de Médicis, épouse de Henri IV; Anne d'Autriche, épouse de Louis XIII; et Marie-Thérèse, épouse de Louis XIV, avaient été accouchées par des femmes. Il semblait donc tout naturel que dans cette circonstance, le roi choisît une sage-femme pour accoucher la dauphine. Il n'en fut cependant pas ainsi, et un chirurgien fut chargé de cette importante opération. On a déjà dit que la dauphine était d'une constitution délicate, et que le roi redoutait beaucoup ce moment; il voulut donc la remettre entre les mains d'un homme habile et ayant toute sa confiance, et il désigna pour accoucheur *Clément*.

*Clément* (Julien) était alors l'accoucheur le plus célèbre de Paris. Né en 1638, à Arles, il vint fort jeune à Paris pour étudier l'art des accouchements. Gendre et élève de *Lefebvre*, autre accoucheur en renom de la même époque, il acquit bientôt une grande réputation; et par son habileté et le talent qu'il montra dans quelques occasions dangereuses, il contribua beaucoup à la véritable révolution qui fit préférer les accoucheurs aux sages-femmes, révolution achevée surtout par le choix que Louis XIV fit de lui pour la dauphine.

La réputation de Clément ne l'avait pas seule indiqué au choix de Louis XIV. Amené mystérieusement auprès de madame de Montespan quand elle mit au monde le duc du Maine, il avait continué de l'assister dans ses autres accouchements, et le roi avait pu ainsi apprécier ses talents [1].

L'accoucheur choisi, il fallait s'occuper de prendre une nourrice. Celles-ci ne manquèrent point; et il en vint s'offrir de tous côtés. On était dans l'usage de les choisir vers le septième mois de la grossesse.

Peut-être paraîtra-t-il curieux de connaître les conditions exigées alors pour être la nourrice d'un prince. — Elle devait être âgée de vingt-deux à trente ans, — avoir un lait de trois mois, — avoir déjà fait une nourriture étrangère, — être d'un tempérament sanguin, — avoir les cheveux noirs ou

---

[1] Voir *Histoire amoureuse des Gaules*, par Bussi Rabutin.

d'un châtain brun, — avoir une constitution forte et robuste, — être assez grasse, — avoir bon appétit, — et n'être délicate ni sur le boire, ni sur le manger, — être gaie et de bonne humeur, — avoir toujours le mot pour rire, — n'être sujette à aucune incommodité, — ne sentir mauvais ni de la bouche, ni des aisselles, ni des pieds, — n'avoir point de dents gâtées et les avoir toutes, — avoir la peau blanche et nette, — enfin avoir tous les signes d'une bonne santé. — Il fallait de plus qu'elle fût assez jolie, — gracieuse dans son parler, — bien faite dans sa taille, — ni trop grande, ni trop petite, ni bossue, ni boiteuse, et qu'elle n'eût aucun accent prononcé. — Mais ce qu'on exigeait surtout, c'était que la gorge fût bien faite et contînt suffisamment de lait. — Quant au lait, on n'avait pas alors les moyens que l'on possède actuellement pour juger de sa bonté, et l'on s'en rapportait à son aspect et à son goût.

Quand une nourrice réunissait toutes ces qualités, on exigeait encore d'elle, et par-dessus tout, qu'elle fût de bonne vie et mœurs. C'était sans doute, et c'est encore aujourd'hui une très-bonne précaution de s'informer de la sagesse de la femme à laquelle on va confier son bien le plus cher. Mais comment le savoir positivement? Et d'ailleurs, ne se peut-il pas que quelque grave affection soit venue atteindre une nourrice, sans que pour cela elle ait en rien manqué à une conduite sage et réglée? Une histoire arrivée dans une circonstance analogue, et racontée par *Louise Bourgeois*, la célèbre accoucheuse de Marie de Médicis, montre combien l'on peut être encore trompé malgré toutes ces précautions : « La reine étant grosse de madame sa fille aînée, dit madame Bourgeois, alla à Fontainebleau pour y faire ses couches, et partit en octobre de Paris après la moitié du mois, où étant arrivée l'on avait quantité de nourrices qui importunaient tellement le roi et la reine, et tout le monde, que Leurs Majestés en remirent l'élection à Fontainebleau, où il ne manqua d'en venir de tous côtés. L'on attendit proche de l'accouchement de la reine à en faire l'élection. Il vint un homme, lequel avait envoyé sa femme pour être nourrice, laquelle avait une petite fille fort délicate et menue. La femme était bien honnête, et de gens de bien, en faveur de quoi il se trouva des plus signalés seigneurs de la cour qui en parlèrent d'affection aux médecins. Ce fut une affaire qui me donna bien de la peine. Elle logea chez une de mes amies, laquelle s'employa de bon cœur pour elle; elle me priait aussi d'y faire ce que je pourrais. Je voyais son enfant extrêmement menu, mais elle était appropriée à son avantage, de sorte que la hard parait le fagot. Quand on m'en parlait, je ne pouvais répondre gaiement, à cause que sa nourriture ne m'agréait guère. Je fus un jour, comme j'avais coutume, la voir, où j'entendis nommer cette nourrice du nom de son mari. Je me ressouvins que c'était le nom d'un jeune homme que mon mari [1] avait traité de la v....., lequel avait voulu sortir sans attendre qu'il eût été guéri... Je fus bien empêchée et eusse voulu ne l'avoir jamais vue... Elle fut retenue, et aussitôt on fit état de renvoyer toutes les autres; c'était l'heure du dîner. Je fis chercher M. du Laurens [2], lequel était allé dîner en compagnie. Comme je vis qu'il ne se trouvait pas, et qu'il n'eût pas été à propos de le dire quand les autres nourrices eussent été renvoyées, je priai mademoiselle Cervage, femme de chambre de la reine, de lui aller dire de ma part... La reine le dit aussitôt au roi, lequel dit tout haut « que des » nourrices venaient de loin pour le tromper », devant tout le monde. Il envoya chercher M. du Laurens et les autres médecins, lesquels me vinrent trouver pour savoir la vérité, et comment, si je vérifierais cela. Je leur dis le tout, et que pour preuve, il y avait un valet de chambre de M. *de Beaulieu-Rusé* qui, demeurant en notre logis, l'avait aidé à panser, qui en pourrait dire la vérité, et un autre qui était chirurgien à Auxerre, qui avait été en même temps chez nous. Comme cela fut vérifié, l'on fit une autre élection de nourrice. »

La conséquence à tirer de cette histoire, c'est que, malgré tous les certificats, on peut encore être trompé; car, si le hasard n'avait pas fait connaître à l'accoucheuse de la reine l'état antérieur du mari de

---

[1] Son mari était chirurgien à Paris.
[2] Le premier médecin du roi.

cette femme, elle aurait été parfaitement acceptée pour nourrice de la fille du roi. Ainsi donc, s'il est bon, en tout état de choses, de tâcher d'avoir les meilleurs renseignements sur la vie antérieure d'une nourrice; il faut cependant, sous ce rapport, s'en remettre un peu à la grâce de Dieu.

Voici, du reste, comment on s'y prit pour la Dauphine : On choisit d'abord les quatre meilleures nourrices, c'est-à-dire celles qui remplissaient le mieux les conditions déjà indiquées, et l'on prit leurs noms et leurs demeures; puis, le premier médecin envoya un homme de confiance pour procéder aux informations. Cet homme s'adressa aux curés pour avoir un certificat constatant *qu'elles étaient de la religion catholique, qu'elles servaient bien Dieu, et qu'elles fréquentaient les sacrements*. Il obtint ensuite un certificat des chirurgiens de chacune d'elles, assurant qu'ils n'avaient connu dans leurs familles aucune personne atteinte de maladies contagieuses, ni écrouelles, ni épilepsie. Après avoir obtenu ces deux certificats, il assembla les voisins, qui attestèrent qu'elles étaient de bonne conduite, et qu'elles avaient toujours bien vécu avec leurs maris et leurs voisins. Une fois cette enquête terminée, on les mit chez la gouvernante des nourrices, où chacune d'elles avait une chambre et nourrissait son enfant en attendant l'accouchement de la Dauphine; et sitôt qu'elle fut accouchée, les médecins vinrent visiter ces nourrices, choisirent celle qu'ils considérèrent alors comme la meilleure, et les trois autres restèrent chez la gouvernante, pour n'en pas manquer en cas qu'on fût dans la nécessité d'en changer. La nourrice choisie fut ensuite gardée à vue par une femme qui ne la quittait point, pour qu'elle ne pût approcher de son mari, car on craignait qu'elle ne devînt grosse et ne donnât à l'enfant de mauvais lait.

On était très-rigide sur cette séparation des maris, et *Dionis*[1] raconte à ce sujet ce qui arriva à l'une des premières nourrices de Louis XIV. — Cette nourrice était de Poissy. La cour habitait à cette époque le château neuf de Saint-Germain. Louis XIII, ravi d'avoir un fils, l'allait voir tous les jours et s'entretenait avec la nourrice. Celle-ci lui raconta plusieurs aventures amoureuses arrivées entre les dames de Poissy et les mousquetaires de quartier. Le roi en fit quelques réprimandes à leur commandant, en lui ordonnant de mieux veiller sur leur conduite. Un jour le mari de la nourrice, impatient de voir sa femme, rôdait autour du château. La nourrice l'ayant aperçu descendit un moment pour lui parler sur une des terrasses du jardin. Malheureusement pour elle, elle fut vue du mousquetaire en sentinelle sur cette terrasse. Ne voulant pas perdre une si belle occasion de se venger des discours tenus par elle au roi sur leurs aventures, il la dénonça, et elle fut immédiatement changée.

---

[1] Premier chirurgien de la Dauphine.

L'accouchement tant désiré de la Dauphine eut lieu au mois d'août 1682. Le roi venait de fixer depuis quelques mois son séjour à Versailles, et cette ville présenta alors le plus curieux spectacle.

Depuis près d'un mois, Clément était établi dans les appartements du château, lorsque le mardi 4, dans la soirée, la Dauphine ressentit les premières douleurs. Depuis ce moment jusqu'au jeudi 6, jour de la délivrance, l'accoucheur ne quitta plus la princesse. Aussitôt les premières douleurs, la Dauphine fit prévenir la reine et la pria de n'en rien dire, pour éviter dans ces premiers moments le trouble que cette nouvelle allait jeter parmi tout le monde. Le Dauphin vint aussi et ne quitta pas la chambre de la nuit. Cependant, comme elle souffrait de plus en plus, vers une heure du matin le bruit s'en répandit dans tout le château.

Lorsque les reines accouchaient, on préparait près de leur chambre ordinaire une autre chambre où devait se terminer l'accouchement, et dans laquelle se tenaient toutes les personnes ayant le droit d'y assister. C'était dans cette dernière chambre qu'étaient le lit où elles restaient après l'accouchement et le lit de travail. Celui-ci était placé dans une espèce de petite tente pour la reine, le roi, l'accoucheuse et les aides. Cette tente était entourée d'une autre, beaucoup plus grande, pour les assistants. Ce cérémonial ne fut pas suivi pour la Dauphine, et l'accouchement se fit dans sa chambre à coucher.

Bientôt toute la cour fut en mouvement. Les princes et les princesses du sang se rendirent aussitôt chez la Dauphine. Les cours, les places, le chemin de Versailles à Paris, furent éclairés presque comme en plein jour par la grande quantité de torches et de lumières de toute espèce des allants et des venants.

Les antichambres de l'appartement de la Dauphine et la galerie qui y menait ne tardèrent pas à être encombrées par tous les habitants du château et de ses environs. Cet appartement était situé à l'extrémité de l'aile du sud, vis-à-vis la pièce d'eau des Suisses, dans le pavillon de la surintendante de la maison de la reine [1].

Malgré tout ce mouvement, on n'avait pas encore jugé nécessaire d'éveiller le roi. Cependant, sur les cinq heures du matin, on vint lui apprendre l'état de la princesse. Il se leva aussitôt, et après l'assurance que rien ne pressait encore, il ordonna d'adresser des prières au ciel, et entendit immédiatement la messe. Vers six heures, il se rendit chez la Dauphine, afin de savoir par lui-même où tout en était.

La cour grossissait à tout moment. Les moins diligents se rendaient de toutes parts aux environs

---

[1] C'est ce qui a fait dire à plusieurs historiens, et entre autres à M. Vatout, dans son livre du *Palais de Versailles*, que la Dauphine était accouchée à la surintendance. La surintendance était complétement séparée du château, et l'on a évidemment confondu le pavillon de la surintendante avec ce bâtiment. Sous Louis XVI ce pavillon portait le nom de *Pavillon de Monsieur.*

de l'appartement de la jeune malade, d'où l'on ne pouvait approcher, tandis que le reste du château paraissait désert.

Vers neuf heures, le roi, voyant diminuer les douleurs de sa belle-fille, sortit de chez cette princesse pour aller au conseil; et la plupart des princes et princesses, ayant veillé toute la nuit, profitèrent de ce moment pour prendre quelques heures de repos.

La reine passa toute cette matinée en prière ou auprès de la princesse. Le roi y revint encore aussitôt que le conseil fut terminé. Il la trouva assez calme, y demeura quelque temps, voulut qu'elle mangeât pendant qu'il était là et sortit ensuite avec la reine, chez laquelle il vint dîner accompagné de tous les princes. Vers la fin du dîner, on lui annonça que la Dauphine reposait. Jugeant alors sa présence inutile, il laissa la reine dans son appartement, et alla, selon sa coutume, travailler dans son cabinet.

L'un des premiers soins de ce prince avait été d'ordonner des prières dans toutes les églises de Paris et de Versailles, et de faire distribuer des aumônes considérables dans ces deux villes.

Les douleurs de la Dauphine la reprirent avec force vers l'après-dînée; le roi revint immédiatement auprès d'elle.

Pendant tout ce temps, la plupart des ambassadeurs, des envoyés et des résidents des princes étrangers se rendirent à Versailles, afin d'être prêts à faire partir des courriers à leurs cours aussitôt après l'accouchement.

La reine n'avait point quitté l'appartement de la Dauphine depuis ses premières douleurs; les voyant se continuer avec énergie, elle fit apporter dans la chambre les reliques de sainte Marguerite, que l'on était dans l'usage d'exposer dans la chambre des reines quand elles accouchaient; puis on dressa le lit de travail. Ce lit, conservé dans le garde-meuble du roi, avait déjà servi aux reines *Anne d'Autriche* et *Marie-Thérèse* [1].

Les femmes de la Dauphine entrèrent alors, arrangèrent ses cheveux, et lui mirent sur la tête de grosses cornettes, comme c'était l'usage, pour qu'elle n'attrapât point de froid.

Toute la nuit du 5 au 6 se passa encore dans des douleurs de plus en plus vives et prolongées, surtout vers le matin.

Les soins et les prières de la reine redoublèrent. Tous les services qu'une femme est si heureuse de

---

[1] Il était composé de deux matelas, sans lit de plumes, placés sur un lit de repos, large de trois pieds. Une planche était placée entre les deux matelas, afin que le siége ne fût pas dans un creux. On étendait dessus deux draps et une couverture. Un double traversin était placé sous les épaules et la tête. Enfin il était complété par deux chevilles d'un pied de long, placées l'une à droite et l'autre à gauche, que la princesse devait saisir pendant les douleurs, et par une barre au pied, pour servir d'appui à ses pieds pendant le travail.

recevoir dans cet instant solennel furent rendus à la Dauphine avec empressement par la reine et les princesses du sang.

Le roi lui-même cherchait à l'encourager et était rempli d'attentions pleines de bonté. A plusieurs reprises, aidé du Dauphin, il la soutint pendant qu'elle se promenait dans sa chambre, et comme les douleurs ne discontinuèrent plus, il y passa la nuit sans vouloir prendre un moment de repos.

Pendant cette soirée du mercredi, la nuit du mercredi au jeudi et la matinée du jeudi jusqu'à l'heure de la délivrance, il n'est sorte de mots doux et affectueux qui n'aient été échangés entre Louis XIV et la Dauphine. Le jeudi, le roi ne se reposa pas un moment. Le matin, il entendit la messe; puis il tint conseil comme à l'ordinaire; car l'on sait que c'était un des devoirs qu'il s'était imposés, et que rien ne pouvait empêcher. Immédiatement après le conseil, il revint chez la Dauphine.

La longueur du travail commençait à donner de l'inquiétude à tous les assistants, et les visages semblaient abattus et consternés. *Clément* seul, pendant tout ce temps, paraissait impassible. Il s'était assuré, à plusieurs reprises, de l'état de la princesse; il n'avait reconnu à l'accouchement aucun obstacle important, et il avait déjà prévenu le roi que si, par suite de la constitution assez grêle de la Dauphine, l'accouchement devait être long, il devait cependant se terminer sans accident. Le roi, on l'a déjà dit, avait une entière confiance dans l'accoucheur; il s'en rapporta complétement à son savoir, attendit avec patience l'instant qui allait combler ses vœux, et convint avec lui qu'afin de savoir le premier le sexe de l'enfant au moment de la naissance, il lui demanderait *ce que c'était,* et que Clément répondrait : Je ne sais pas, Sire, — si c'était une fille; et Je ne sais point *encore,* Sire, — si c'était un fils.

Les douleurs devenant de plus en plus vives et prolongées, Clément jugea nécessaire de faire pratiquer une saignée, et les médecins furent tous de cet avis.

Aussitôt les apothicaires apportèrent du vinaigre, de l'eau de la reine de Hongrie et un verre rempli d'eau, dans le cas où la princesse aurait une faiblesse. Le chirurgien Dionis pratiqua la saignée. On était alors dans l'usage de fermer les volets et de se servir de bougies afin de mieux voir la veine. C'est ce qu'on fit pour la Dauphine. Le premier médecin du roi tint la bougie, et le premier apothicaire tint les *poilettes*[1].

Après la saignée, les douleurs reprirent de l'intensité, et tout annonçait la prompte terminaison de l'accouchement. Pour soutenir les forces de la Dauphine, le roi voulut qu'on lui donnât de temps à autre de son *rossolis*[2].

Clément, jugeant que l'instant de la délivrance

---

[1] Qu'on a traduit plus tard en *palettes.*

[2] Ce rossolis était composé de graines aromatiques macérées dans l'alcool.

approchait, en prévint le roi. La Dauphine fut placée sur le lit de travail, et le roi ordonna de faire entrer toutes les personnes qui devaient assister à cet acte solennel.

Alors se trouvaient dans la chambre le roi, la reine, le Dauphin, Monsieur, Madame, Mademoiselle d'Orléans, et les princes et princesses du sang, qu'on avait mandés à cause du droit que leur donnait leur naissance d'être présents à l'accouchement. Il y avait en outre celles des dames dont les charges leur donnaient le privilége d'y assister, ou dont le service était nécessaire à la princesse; c'étaient : madame de Montespan, surintendante de la maison de la reine; la duchesse de Créqui et la comtesse de Béthune, dames d'honneur de la Dauphine; la maréchale de Rochefort et madame de Maintenon, dames d'atour; la duchesse d'Uzès; la duchesse d'Aumont, femme du premier gentilhomme de la chambre en année; la duchesse de Beauvilliers, femme du premier gentilhomme de la chambre; madame de Venelle, première sous-gouvernante; madame de Montchevreuil, gouvernante des filles d'honneur de la Dauphine; madame Pelard, première femme de chambre du nouveau-né; madame Moreau, première femme de chambre de la Dauphine; et les femmes de chambre de jour.

Tout ce monde était sans mouvement et paraissait attendre avec anxiété le dernier moment. Bientôt les dernières et énergiques douleurs se succédèrent et se rapprochèrent, et la Dauphine accoucha à dix heures vingt minutes du matin.

A peine l'enfant venait de passer, le roi, impatient, demanda à Clément : Qu'est-ce ? Celui-ci, d'un air satisfait, lui répondit, ainsi qu'il en était convenu : Je ne sais point *encore*, Sire. Aussitôt le roi, radieux, s'écria : Nous avons un duc de Bourgogne [1].

[1] L'usage de la plupart des accoucheurs de cette époque, ainsi que l'enseigne *Mauriceau* dans son *Traité des accouchements*, était de délivrer la femme aussitôt la sortie de l'enfant, et de ne couper le cordon que lorsque l'arrière-faix tout entier était dehors. Clément était d'un avis tout opposé. Il voulait que l'on commençât par la ligature du cordon. Il donnait pour raison qu'on ne peut trop tôt ôter l'enfant d'auprès de sa mère, et l'en débarrasser pour le mettre entre les mains de celles qui doivent l'accommoder. Il ajoutait que plus on différait à lier le cordon, plus la circulation de l'enfant avec le placenta se continuait, et plus par conséquent le placenta se détachait difficilement de l'utérus; et de plus, qu'en laissant crier l'enfant près de sa mère, on lui faisait de la peine, et que cet éveil à la tendresse maternelle pouvait être encore une cause de retard à la sortie du délivre.

Il lia donc le cordon, le coupa, et remit l'enfant entre les mains des femmes qui devaient l'arranger. On l'enveloppa dans un linge et on le porta dans un cabinet voisin, et près du feu. On le lava avec une éponge trempée dans du vin légèrement chauffé, dans lequel on avait fait fondre une certaine quantité de beurre. Clément vint lui mettre le cordon dans un linge huilé, plaça la bande de corps, et l'on emmaillotta l'enfant. Il s'occupa ensuite de délivrer la princesse. L'arrière-faix, à sa sortie, fut placé sur un plat d'argent et présenté à l'examen des médecins pour s'assurer de son intégrité.

Tout ce qui se passa alors dans la chambre où ce prince venait de naître peut à peine se décrire.

Le roi, dans le premier moment de sa joie, embrassa la reine et la Dauphine; puis on ouvrit deux portes à la fois, afin de faire connaître la grande nouvelle à ceux du dehors. Le roi annonça lui-même aux princesses et aux dames du premier rang la naissance d'un prince, et la dame d'honneur aux hommes réunis dans la pièce à côté. Il se produisit alors un mouvement incroyable. Les uns tâchaient de percer la foule pour aller publier ce qu'ils venaient d'apprendre, et les autres, sans bien savoir où ils allaient ni ce qu'ils faisaient, forcèrent la porte de la chambre de la Dauphine. Tout le monde paraissait dans l'ivresse de la joie. Il y eut un tel pêle-mêle dans ce premier moment, que les domestiques se trouvèrent dans l'antichambre au milieu des princes et des dames de la première qualité. Le roi défendit qu'on renvoyât personne et voulut que chacun pût exprimer librement sa joie.

Il semblait que le nom du prince nouveau-né eût volé dans l'air jusque dans les endroits les plus reculés du château et aux deux extrémités de Versailles; partout des feux de joie s'allumèrent comme par enchantement, et les missionnaires, établis depuis peu par le roi dans le château, chantèrent un *Te Deum* d'actions de grâces dans la chapelle.

Quelques instants après sa naissance, le duc de Bourgogne fut ondoyé dans la chambre de la Dauphine par le cardinal de Bouillon, grand aumônier de France, revêtu de l'étole, en camail et en rochet. La cérémonie se fit en présence du curé de la paroisse de Versailles [1]; et sitôt qu'elle fut faite, on alla bercer le prince dans le cabinet de la Dauphine, d'où

[1] Les curés de paroisses royales avaient le droit non-seulement d'assister en étole aux baptêmes, mariages et autres sacrements qui s'administraient à la cour, mais encore de faire mention de leur présence dans les actes les constatant. Voici comment cet usage s'était introduit.

Le cardinal de Richelieu connaissait le grand nombre de ses ennemis et la faiblesse de Louis XIII. Craignant qu'après sa mort sa famille ne fût inquiétée, il chercha pour elle un appui dans la puissante maison de Condé, et fit épouser à sa nièce, Claire-Clémence de Maillé-Brézé, Louis de Bourbon, duc d'Enghien, si connu sous le nom de grand Condé!

Ce mariage se fit le 11 février 1645, dans la chapelle du Louvre, et le frère de Richelieu, le cardinal de Lyon, leur donna la bénédiction nuptiale. Le prince de Condé, père de Louis, et Louis lui-même, ayant montré de la répugnance pour cette alliance, le cardinal ne parvint à la conclure qu'à l'aide des grands avantages qu'il assura à sa nièce; et comme il craignait que plus tard on ne cherchât quelques prétextes pour la rompre, il voulut que le curé de Saint-Germain l'Auxerrois fût présent à la célébration avec son étole, et qu'il apportât ses registres afin d'y faire inscrire l'acte. Telle est l'origine de l'usage où étaient les curés des résidences royales d'assister en étole à tous les sacrements s'administrant à la cour. Cet usage s'est renouvelé de nos jours, car on a vu, il y a quelques années, le curé de l'église de Notre-Dame de Versailles, depuis évêque de Dijon, venir au château de Trianon et y assister en étole à la cérémonie du mariage de la princesse Marie, fille du roi Louis-Philippe, avec le prince de Wurtemberg.

on le rapporta un peu après pour le montrer à cette princesse. Puis la maréchale de la Mothe étant entrée dans une chaise à porteurs, on le mit sur ses genoux, et il fut ainsi porté jusque dans l'appartement qu'on lui avait préparé. A peine y fut-il entré, le marquis de Seignelay, secrétaire d'État et trésorier de l'ordre du Saint-Esprit, lui mit au cou, de la part du roi, la croix de cet ordre, que les fils de France portaient dès leur naissance.

Enfin, après deux jours et deux nuits d'inquiétudes et de fatigues, il était temps de laisser reposer la Dauphine [1]; mais ici une nouvelle scène allait commencer pour le roi.

---

[1] Après que les femmes de la Dauphine eurent procédé à sa toilette, elle fut placée dans son lit, préalablement chauffé. Comme l'enfant était resté assez longtemps au passage, les parties externes de la génération étaient contusionnées et douloureuses; Clément y fit appliquer un cataplasme ainsi fait : On prit deux onces d'huile d'amandes douces et deux œufs dont on mit le blanc et le jaune, qu'on fit cuire dans un petit vase, comme des œufs brouillés; on les étendit ensuite sur de l'étoupe, et on les appliqua médiocrement chauds sur la partie.

Comme le ventre était un peu sensible, Clément se servit, pour prévenir l'inflammation de cette partie, d'un singulier moyen, auquel il renonça cependant pour les autres accouchements de la Dauphine, quoiqu'ils aient été aussi laborieux [*]. Il fit appliquer la peau encore chaude d'un mouton noir nouvellement écorché. Pour cela on avait fait venir un boucher qui écorcha le mouton dans une pièce voisine. Le boucher, voulant ne pas laisser refroidir la peau, s'empressa

[*] Dionis.

En sortant de la chambre, il fallait traverser la foule de grands seigneurs et de personnages de toutes sortes encombrant les portes et les corridors. Aussitôt qu'il parut, chacun se précipita et, quel que fût son rang, chercha par ses acclamations et ses gestes à lui témoigner sa joie. Le roi paraissait dans ce moment si heureux, et il recevait ces manifestations d'un air si engageant, que, loin de s'éloigner, chacun cherchait à se rapprocher de lui. Il faut se figurer que depuis l'appartement où la Dauphine était accouchée jusque chez la reine où le roi allait souper,

d'entrer dans la chambre de la princesse, en ayant pris cette peau ployée dans son tablier, et laissa la porte ouverte; de sorte que le mouton écorché et tout sanglant le suivit et entra jusqu'auprès du lit, ce qui fit une peur effroyable à toutes les dames présentes à ce spectacle. Les seins furent ensuite recouverts de deux petits matelas de laine. Ces soins terminés, la Dauphine prit une potion qu'on était dans l'usage d'administrer pour éviter aux femmes les tranchées, consistant dans un mélange d'huile d'amandes douces, de sirop de capillaire et de jus d'orange.

A la couche de la Dauphine, Clément se conforma encore à un usage observé chez les reines, mais qu'il supprima plus tard, c'était d'empêcher la femme de dormir aussitôt après l'accouchement. Dionis resta trois heures auprès du lit de la Dauphine, ainsi qu'il avait fait à la reine, pour causer avec elle et l'empêcher de se livrer au sommeil.

Après que tout le monde se fut retiré de la chambre de la Dauphine, on ferma tous les volets des fenêtres, et une seule bougie éclaira sa chambre jour et nuit pendant les neuf premiers jours. Excepté l'accoucheur, les médecins et les femmes nécessaires au service, personne ne s'approcha non plus de la Dauphine pendant tout ce temps. Les trois premiers jours, il y avait à traverser une antichambre, la salle des gardes de la Dauphine, une très-longue galerie, le palier de l'escalier des princes avec les retours, diverses salles, la salle des gardes de la reine, et que tous ces lieux étaient tellement remplis de monde, qu'on peut dire que Louis XIV fut porté à table, depuis la chambre de la Dauphine, jusqu'au lieu où il soupa [1].

Quant au Dauphin, ce qu'il avait vu souffrir à la Dauphine, et les choses tendres qu'elle lui avait dites pendant cette longue attente, l'avaient jeté

sa nourriture se composa de bouillons, d'œufs frais et de gelée ; et sa boisson de tisane d'orge, de chiendent et de réglisse chaude. Lorsque la fièvre de lait fut passée, on donna des potages et du poulet, et elle but un peu de vin trempé.

Une précaution regardée comme très-importante était de ne laisser entrer dans la chambre de l'accouchée aucune personne ayant sur elle quelque odeur. Aussi un huissier était-il placé à la porte de l'appartement de la princesse, avec ordre de sentir toutes les dames, et de renvoyer celles ayant quelque parfum ou quelque fleur, non-seulement pendant les neuf premiers jours, mais même pendant les six semaines qui suivirent l'accouchement.

[1] Dans son livre du *Palais de Versailles*, M. Vatout dit qu'après la naissance du duc de Bourgogne, Louis XIV s'étant montré en public, le peuple le porta depuis la surintendance, où la Dauphine était accouchée, jusqu'à ses appartements. On voit, par ce récit, que cette scène d'effusion entre Louis XIV et ses courtisans eut lieu dans l'intérieur du palais, et que *le peuple* n'y prit aucune part. L'erreur de M. Vatout vient, on l'a déjà fait remarquer, de ce qu'il a confondu la surintendance avec le pavillon de la surintendante.

dans une sorte de stupéfaction. Aussi, quand il fallut passer de la tristesse à la joie, il eut peine à se soutenir. Il semblait sortir d'un long rêve, et sa première action fut d'embrasser non-seulement la Dauphine, mais toutes les dames qui se trouvaient dans la chambre.

Le roi fit, dès le soir même, donner de fortes sommes d'argent pour délivrer des prisonniers.

Louis XIV, dans ses libéralités, ne pouvait oublier celui qui, par son sang-froid et sa prudence, avait été la cause principale de l'heureuse réussite de cet événement. Il fit donner à l'accoucheur dix mille livres, et lorsque Clément alla le remercier, il le reçut gracieusement, lui dit qu'il était très-satisfait du service qu'il lui avait rendu, qu'en lui donnant cette somme, il ne croyait pas le payer, et que ce n'était que le commencement de ce qu'il voulait faire pour lui.

En effet, Louis XIV ne cessa de le combler de bienfaits. Il n'avait de confiance qu'en lui. Outre la Dauphine, qu'il accoucha de tous ses enfants, Clément fut plus tard l'accoucheur de la duchesse de Bourgogne, et il alla trois fois à Madrid pour accoucher la reine d'Espagne. Enfin, en 1711, le roi lui donna des lettres de noblesse avec une clause qui honore au même degré l'homme de mérite auquel s'adressait cette distinction et le souverain qui la lui accordait; cette clause portait qu'il ne pourrait abandonner la pratique de son art, ni refuser ses conseils, ni ses secours aux femmes qui les réclameraient.

La joie manifestée si vivement dans le château à la nouvelle de cet heureux événement ne fut pas moins vive au dehors et dans tout Versailles.

Un garde du roi dormait sur une paillasse pendant l'accouchement de la Dauphine : réveillé en sursaut par le bruit extraordinaire que la joie venait de produire dans l'intérieur du palais, et comprenant, quoique encore à moitié endormi, qu'il venait de naître un prince, il prit sa paillasse sur son dos, et sans rien dire à personne, courut le plus vite possible jusqu'à la première cour [1], et mit le feu à cette paillasse. Il semblait que chacun n'attendît que ce signal, car on vit presque au même instant un nombre infini d'autres feux s'allumer comme par enchantement. Les uns allaient chercher du bois; d'autres prirent tout ce qu'ils trouvèrent, bancs, tables, meubles de toute nature, et jetèrent au feu tout ce qui pouvait l'alimenter. Il se forma des danses où se trouvèrent mêlés ensemble peuple, officiers et grands seigneurs. A peine ces manifestations de la joie publique eurent-elles commencé, qu'on vit couler des fontaines de vin de chaque côté de la première grille du château, ainsi que de l'intérieur des cours.

[1] Il y avait alors la grande cour, appelée aussi première cour, fermée par la grille que l'on voit encore aujourd'hui; la deuxième cour, ou cour royale, séparée de la première par une grille aujourd'hui détruite, et la troisième cour, ou cour de marbre.

Versailles était alors rempli d'un grand nombre d'ouvriers attirés par les travaux immenses que faisait exécuter le roi. On leur fit distribuer du vin en grande quantité à l'Étape[1] et dans les ateliers; les soldats des gardes française et suisse ne furent pas les derniers à manifester leur joie. Ils firent du feu de tout et brûlèrent même quantité de choses dont on ne leur aurait pas permis de disposer dans un autre moment. Le roi, apercevant tout ce désordre, voulut cependant qu'on les laissât faire, *pourvu,* ajouta-t-il, *qu'ils ne nous brûlent pas.*

Devant chaque hôtel de ministre, l'on avait établi des feux et des distributions de vin.

Ces réjouissances durèrent plusieurs jours, avec les mêmes transports. C'était à qui varierait chaque fois les illuminations et les artifices.

Tant que durèrent les fêtes, la pompe[2] fut magnifiquement illuminée, et tous les feux dont brillaient Versailles, se reflétant sur l'or couvrant le château[3],

---

[1] L'Étape était une espèce de halle aux vins, dans laquelle les marchands de vins en gros de la ville déposaient leurs pièces pour les vendre aux habitants. Elle était située derrière l'ancienne geôle.

[2] La pompe, située rue des Réservoirs, sur l'emplacement du restaurant Duboux, était un instrument hydraulique servant à élever l'eau de l'étang de Clagny dans les réservoirs du château, pour de là les distribuer dans les bassins du parc. Plus tard, madame de Pompadour fit bâtir son hôtel sur le même emplacement.

[3] Tous les ornements de plomb de la toiture du château et des ailes des ministres étaient dorés.

imprimèrent à la ville une physionomie toute magique.

Pendant les deux ou trois premiers jours qui suivirent celui de la naissance du duc de Bourgogne, tout le chemin de Versailles fut couvert de peuple venant témoigner sa joie par ses acclamations. Après avoir vu le roi, on allait voir le nouveau-né, et la maréchale de la Mothe était fréquemment obligée de le montrer à tout ce peuple accouru pour contempler un instant son visage [1].

[1] Sauf les grands seigneurs, les habitants de Versailles étaient alors composés de paysans, d'ouvriers, et de gens de bas étage, attirés par les travaux que faisait faire le roi, et par les priviléges qu'il accorda aux premiers propriétaires de la ville. Les marguilliers de la paroisse, se considérant comme les représentants des bourgeois de la ville, ne voulurent pas laisser passer une occasion si favorable de se distinguer, ce qui amena une scène assez plaisante.

Ils allèrent trouver Bontemps, premier valet de chambre du roi et alors gouverneur de Versailles; ils lui représentèrent que, dans une circonstance aussi solennelle, ils ne pouvaient se dispenser de porter au roi les félicitations des habitants de Versailles, et le prièrent de les présenter à Louis XIV. Bontemps en parla au roi, qui voulut bien les recevoir et leur assigna une heure le lendemain.

A l'heure indiquée, Bontemps, comme gouverneur de Versailles, avait cru devoir se mettre à la tête de la députation. Il les introduisit dans le salon où se trouvait le roi; mais, à peine y furent-ils entrés, que, sans donner à Bontemps le temps de prononcer la formule d'usage : « Sire, voici les bourgeois de Versailles que je présente à Votre Majesté », l'un des marguilliers, nommé Colette, épicier de profession, chargé de faire le compliment, enthousiasmé sans doute par

A l'occasion de cette naissance, on chanta plusieurs *Te Deum* en musique à Versailles. La plupart des maîtres en avaient composé, et le roi voulut bien les entendre dans sa chapelle.

Louis XIV avait dispensé les différents corps de l'État des compliments d'usage; quant aux ambassadeurs et aux ministres des princes étrangers, il leur accorda l'audience qu'ils lui demandèrent à cette occasion. Elle eut lieu dans le grand appartement de Versailles, avec les cérémonies accoutumées. Tous les corps de la garde du roi étaient en haie. Les ambassadeurs entrèrent par le grand escalier [1].

la présence du roi, se mit à chanter à pleine gorge : *Domine salvum fac regem*, auquel les marguilliers, électrisés à leur tour par la voix de lutrin de leur orateur, répondirent : *Et exaudi nos in die, qua invocaverimus te.* — Louis XIV ne s'attendait pas à un pareil discours. Il ne put conserver sa gravité et se mit à rire, ainsi que tous les seigneurs qui l'entouraient. Mais Bontemps, peu flatté du rôle que venaient de lui faire jouer les marguilliers, leur fit de vifs reproches et les poussa hors du salon, d'où ils se retirèrent un peu confus de leur réception.

[1] Louis XIV aimait le faste et la représentation. Lorsqu'il résolut de venir habiter Versailles, l'un de ses premiers soins fut d'ordonner la construction d'un escalier qui annonçât dignement la magnificence des appartements de ce palais. Levau et Dorbay furent chargés de sa construction, et Lebrun de sa décoration. Ce bel escalier passait alors pour un chef-d'œuvre. Il fut détruit sous Louis XV, lorsque l'on fit de nouvelles distributions. Il était situé tout à fait en face de l'escalier de marbre ou *de la Reine*, existant encore de l'autre côté de la cour royale. Il était vraiment digne, si l'on en

Le roi était assis sur son trône d'argent, il avait auprès de lui d'un côté le duc de Bouillon, grand chambellan, le duc de Créqui et le prince de Marsillac ; de l'autre, le duc d'Aumont, le duc de Saint-Aignan et le marquis de Gesvres. Une foule de courtisans les environnait. Le duc de Luxembourg, capitaine des gardes de quartier, allait recevoir les ambassadeurs à la porte de la salle des gardes. Le roi écouta leur compliment avec gravité, et leur répondit avec une grande affabilité. Ils allèrent ensuite chez le Dauphin, le duc de Bourgogne et Monsieur. Madame la maréchale de la Mothe répondit pour le petit prince.

Toutes ces audiences durèrent cinq heures, après lesquelles ces messieurs furent reconduits avec les mêmes cérémonies. Ils n'eurent audience de la reine et de Madame que l'après-dînée, parce qu'elles n'en donnaient jamais le matin.

Tel est le récit de ce qui se passa dans Versailles à la naissance du duc de Bourgogne. La joie de cette ville se répandit partout avec rapidité, et l'on peut voir, dans la plupart des écrits du temps, les détails des réjouissances extraordinaires faites dans toute la France à cette occasion.

croit sa description et les planches de Baudet, représentant les peintures du plafond, des grands artistes auxquels Louis XIV en avait confié l'exécution. Cet escalier portait aussi le nom *d'escalier des Ambassadeurs*, parce que c'était par là que les ambassadeurs entraient dans les appartements du roi, lors des grandes réceptions.

# III

## RÉCIT DE LA GRANDE OPÉRATION

### FAITE AU ROI LOUIS XIV.

#### 1686.

---

Le 18 novembre 1686, Versailles apprit avec surprise et effroi que le roi Louis XIV venait de subir *la grande opération;* c'est ainsi que l'on nommait alors l'opération de la *fistule à l'anus.*

Le 5 février 1686, le roi fut obligé de prendre le lit à la suite de vives douleurs dont il souffrait depuis plusieurs jours; l'on s'aperçut alors qu'il s'était formé un abcès à la marge de l'anus. *Félix de Tassy,* son premier chirurgien, l'un des hommes les plus instruits de cette époque, en proposa immédiatement l'ouverture; mais, ainsi que le remarque Dionis, *on ne trouve pas toujours dans les grands cette déférence nécessaire pour obtenir la guérison :* mille gens proposèrent des remèdes qu'ils disaient infaillibles, et l'on préféra à la lancette du chirurgien un emplâtre fait par une grande dame de la cour, *madame de la*

*Daubière*. L'inventeur du remède assista elle-même à la pose de son emplâtre, qui, probablement, ne pouvait avoir d'effet que sous ses yeux. Tel infaillible que fût cet emplâtre, on l'ôta cinq jours après son application, n'ayant eu d'autre résultat que d'augmenter les souffrances du roi. Enfin, le 23, c'est-à-dire plus de vingt jours après l'apparition de la tumeur, on se décida à donner issue au pus; mais, malgré l'avis de Félix, qui voulait employer le bistouri, et pour ménager le royal malade, auquel on craignait de faire subir une opération sanglante, on eut recours, pour l'ouverture de l'abcès, à l'application de la *pierre à cautère.* « Ce matin, à dix heures, *dit Dangeau dans son journal,* on appliqua au roi la pierre à cautère sur la tumeur; on l'y laissa une heure et demie, et puis on ouvrit la peau avec le ciseau; mais on ne toucha point au vif. » C'est-à-dire qu'on se contenta de fendre l'escharre, et lorsque celle-ci tomba, il se forma, comme le dit Dionis, un petit trou par où la matière s'écoula, et qui continua à suppurer. Bientôt on constata la présence d'une fistule communiquant dans l'intérieur de l'intestin.

En pareille occurrence, et pour débarrasser le roi de cette dégoûtante infirmité, il ne restait plus qu'à pratiquer l'opération. Mais il n'en est pas des rois comme des simples particuliers, et, avant de pouvoir leur faire entendre les paroles graves et réfléchies de la science, il faut préalablement que le médecin s'attende à voir défiler avant lui tout le cortége des empressés plus ou moins ignorants, flanqués chacun de leurs remèdes *infaillibles*, sans compter encore le charlatanisme, qui sait si bien exploiter la tête et la queue de la société. C'est ce qui arriva pour Louis XIV.

Dès que l'on sut le roi atteint de la fistule, il y eut encore un bien plus grand nombre de remèdes proposés que quand il s'était agi d'une simple tumeur.

Cependant *Louvois*, qui était alors le principal ministre et qui avait en quelque sorte la responsabilité de la vie du roi, ne voulut permettre l'usage d'aucun de ces remèdes avant qu'il eût été préalablement expérimenté.

Parmi tous ces moyens, un fut surtout préconisé, et le roi paraissait assez décidé à l'essayer : c'était l'emploi des eaux de Baréges. Mais avant que Louis XIV partît pour ces eaux, comme le bruit en avait couru, on jugea convenable d'en constater les effets. On chercha quatre personnes ayant la même maladie que le roi, et on les envoya à Baréges à ses dépens, sous la conduite de *Gervais*, chirurgien de l'hôpital de la Charité. C'était l'un des hommes les plus instruits de Paris, et il s'était acquis surtout une très-grande réputation pour la guérison des tumeurs. Ces quatre malades furent soumis par lui à l'action des eaux sous toutes les formes, en bains, à l'intérieur, et surtout en injections répétées dans le trajet fistuleux. Ce traitement dura fort longtemps et ne fut suivi d'aucune espèce d'amélioration; en sorte qu'ils revinrent *tout aussi avancés dans leur guérison que quand ils étaient partis*[1].

Une dame de la cour ayant raconté qu'allée aux eaux de Bourbon pour une maladie particulière, elle s'était trouvée guérie par leur usage d'une fistule qu'elle avait avant, on envoya à Bourbon l'un des chirurgiens du roi, avec quatre autres malades; ils furent soumis aux mêmes expériences que ceux de Baréges, et en revinrent comme eux sans changement dans leur état.

Mais l'essai des remèdes ne devait point s'arrêter là. Un religieux jacobin vint trouver Louvois et lui apporta une eau avec laquelle il guérissait, disait-il, toutes sortes de fistules. Un autre annonçait posséder un onguent qui n'en manquait aucune. D'autres proposaient aussi des remèdes avec lesquels ils avaient obtenu des cures merveilleuses. Le ministre, un peu embarrassé de toutes ces propositions, ne voulut cependant en rejeter aucune avant que l'expérience eût démontré son inefficacité. Pour juger en quelque sorte par lui-même de leur valeur, il fit meubler plusieurs chambres de son hôtel de la surintendance[2], pour recevoir tous les malades atteints de fistule qui voulaient se soumettre à ces différents

[1] Dionis.
[2] Dans le bâtiment en face de la bibliothèque de la ville de Versailles.

essais, et il les fit traiter, en présence de Félix, par les auteurs de ces remèdes.

Tous ces essais durèrent un temps fort long, sans aboutir à aucun résultat.

Louvois et Félix rendaient compte à Louis XIV des tentatives inutiles faites chaque jour pour trouver un remède qui pût lui éviter l'opération, sur laquelle le premier chirurgien insistait de plus en plus. Mais avant de s'y décider, le roi voulut encore avoir l'avis de Bessières, chirurgien en renom de Paris. Bessières examina le mal, puis Louis XIV lui ayant demandé ce qu'il en pensait, il lui répondit librement *que tous les remèdes du monde n'y feraient rien sans l'opération*[1]. Le roi n'hésita plus, et l'opération fut décidée.

Mais quelle méthode devait-on employer ?

Il y avait alors à Paris un nommé *Lemoyne*, qui s'était acquis une grande réputation pour la guérison des fistules. Voici ce qu'en dit Dionis : « Sa méthode consistait dans l'usage du caustique, c'est-à-dire qu'avec un onguent corrosif, dont il couvrait une petite tente qu'il fourrait dans l'ouverture de l'ulcère, il en consumait peu à peu la circonférence, ayant soin de grossir tous les jours la tente, de manière qu'à force d'agrandir la fistule, il en découvrait le fond. S'il y avait de la callosité, il la rongeait avec son onguent, qui lui servait aussi à ruiner les clapiers,

[1] Dionis.

et enfin, avec de la patience, il en guérissait beaucoup. Cet homme est mort vieux et riche, parce qu'il se faisait bien payer, en quoi il avait raison, car le public n'estime les choses qu'autant qu'elles coûtent. Ceux à qui le ciseau faisait horreur se mettaient entre ses mains, et comme le nombre des poltrons est fort grand, il ne manquait point de pratiques. » Ainsi Lemoyne avait remis en honneur la cautérisation. — La ligature était le mode d'opérer le plus généralement suivi. Puis restait l'incision que Félix proposait au roi. Mais avant de se déterminer à suivre l'avis de son premier chirurgien, Louis XIV voulut qu'il lui expliquât la préférence qu'il donnait à cette méthode sur les autres. Félix fut alors obligé de décrire au roi les trois procédés; puis il lui fit remarquer, nous raconte Dionis, que le caustique fait une douleur continuelle pendant cinq ou six semaines qu'on est obligé de s'en servir; que la ligature ne coupe les chairs qu'après un long espace de temps, et qu'il ne faut pas manquer de la serrer tous les jours, ce qui ne se fait pas sans douleur; que l'incision cause, à la vérité, une douleur plus vive, mais qu'elle est de si peu de durée qu'elle ne doit point alarmer une personne qui veut guérir sans crainte de retour; car outre qu'elle achève en une minute ce que les deux autres manières n'opèrent qu'en un mois, c'est que par celles-ci la guérison est douteuse et qu'elle est sûre par l'incision. — Ces raisons, appuyées par Daquin, Fagon et Bessières, déterminèrent le roi, qui se décida pour l'incision.

C'était une grave résolution qu'avait prise Félix. L'opération par l'instrument tranchant paraissait alors si terrible, que chacun tremblait de la subir, d'où son nom de *grande opération*.

Mais Félix n'était point un chirurgien ordinaire. Fils de François Félix de Tassy, homme d'un grand talent, et aussi premier chirurgien du même prince, il fut l'élève de son père, qui, le destinant à le remplacer auprès du monarque, ne négligea aucun des moyens qui pouvaient le rendre digne d'occuper un emploi aussi important. Exerçant sa profession dans les hôpitaux civils, puis dans ceux des armées, il fut, fort jeune encore, compté parmi les plus habiles chirurgiens de son temps; ses confrères le nommèrent chef du collége de Saint-Côme, qui devint ensuite l'académie de chirurgie; puis il succéda à son père dans la charge de premier chirurgien du roi, en 1676.

Dès que Félix se fut assuré de la maladie du roi, il le rassura sur sa vie et promit de le délivrer de son horrible incommodité. Ce grand chirurgien n'avait jamais fait l'opération qu'il méditait, mais il avait lu tout ce que les auteurs anciens avaient écrit sur la maladie dont le roi était attaqué. Il se traça alors un plan d'opération, et tandis que le temps s'écoulait en essais de remèdes qui n'avaient aucun résultat, Félix occupait le sien d'une manière profitable à ses desseins. Pendant plusieurs mois tous les malades atteints de la maladie du roi qui se trouvaient dans les hôpitaux de Paris ou à la Charité de Versailles furent opérés par lui, et lorsque Louis XIV fut enfin décidé, il avait acquis l'expérience d'un chirurgien consommé dans cette partie de l'art opératoire.

Pour faire l'incision de la fistule, Galien avait inventé un instrument d'une forme particulière, auquel il avait donné le nom de syringotome, du nom même de la fistule — (*syrinx*, flûte). C'était un bistouri en forme de croissant, à manche contourné, et dont la pointe était terminée par un stylet long, pointu et flexible. On introduisait la pointe dans l'ouverture extérieure de la fistule et on poussait le stylet jusque dans l'intestin ; le doigt indicateur de la main gauche, placé dans le rectum, ramenait la pointe par l'anus, puis la lame du bistouri, poussée dans la fistule, achevait l'incision. Félix fit subir à l'instrument de Galien un notable changement. Il fit faire un simple bistouri courbe, à lame très-étroite, terminée, comme le syringotome, par un stylet, mais en argent recuit, et long de plusieurs pouces. Le tranchant de la lame était recouvert d'une chape d'argent faite exprès pour être introduite dans la fistule sans blesser les parties. Cet instrument ainsi disposé, on poussait le stylet dans la fistule et on le ramenait par le fondement ; puis, le bistouri étant entré après le stylet, on retirait doucement la chape qui enveloppait le tranchant, et tenant d'une main le bout du stylet et de l'autre le manche du bistouri, en tirant à soi on tranchait tout d'un coup toute la fistule.

Cet instrument, dont Félix se servit pour le roi, reçut depuis ce moment le nom de *bistouri à la royale*.

Ce fut le 18 novembre 1686 qu'eut lieu l'opération.

Qu'on nous pardonne les détails peut-être un peu minutieux dans lesquels nous allons entrer; mais, outre qu'il s'agit d'une opération qui, par son retentissement et son succès, changea toutes les idées reçues à cette époque, il s'agit encore d'un fait historique que l'on peut encore suivre *sur place* dans ses plus petits incidents.

Le roi était à Fontainebleau lorsque l'opération fut arrêtée. Afin de s'y préparer et en même temps pour ôter tout soupçon de ce qui allait se passer, deux médecines lui furent administrées dans ce séjour. Arrivé à Versailles le 15 novembre, rien ne décéla en lui la grave détermination qu'il avait prise. Le dimanche 17, veille de l'opération, il monta à cheval, alla visiter ses jardins, ses réservoirs et les nombreux travaux en cours d'exécution, et parut fort tranquille et fort gai pendant tout le cours de la promenade [1].

La chambre à coucher de Louis XIV, dans laquelle

---

[1] Dangeau.

il fut opéré, n'était point celle connue aujourd'hui sous ce nom : elle était située dans la pièce précédant celle-ci et portant actuellement le nom si célèbre de salon de l'Œil-de-Bœuf. Ce salon de l'Œil-de-Bœuf était alors coupé en deux; la pièce la plus rapprochée de la chambre à coucher actuelle était la chambre du roi, et l'autre pièce était un cabinet orné des tableaux du Bassan, portant pour cela le nom de cabinet des Bassans.

Le lundi 18 novembre, de grand matin, tout se préparait dans le cabinet des Bassans pour la *grande opération*. Vers cinq heures, les apothicaires entrèrent chez le roi et lui administrèrent le lavement préparatoire. Un peu avant sept heures, Louvois alla prendre chez elle madame de Maintenon; ils entrèrent ensemble chez le roi, auprès duquel se trouvait déjà le père de la Chaise, son confesseur. Félix, d'Aquin, premier médecin du roi, Fagon, qui le devint quelques années après, Bessières, les quatre apothicaires du roi, et Laraye, *élève* de Félix, mais que l'on appelait alors son *garçon,* étaient réunis dans le cabinet des Bassans pour préparer tout ce qui devait servir à l'opération.

A sept heures, ils entrèrent dans la chambre du roi. Louis XIV ne parut nullement ému de leur présence; il fit approcher Félix, lui demanda l'usage de chacun des instruments et des diverses pièces de l'appareil, puis s'abandonna avec confiance à son talent.

Le roi fut placé sur le bord de son lit; un traversin

sous le ventre pour élever les fesses, tournées du côté de la fenêtre, les cuisses écartées et assujetties par deux des apothicaires.

Voici comment procéda l'opérateur : Une petite incision, faite avec la pointe d'un instrument ordinaire, fut d'abord pratiquée à l'orifice externe de la fistule, afin de l'agrandir et de pouvoir plus facilement y introduire le bistouri à la royale. L'incision fut ensuite pratiquée avec cet instrument, à l'aide de la manœuvre déjà indiquée. Une fois le trajet fistuleux mis à découvert, il s'agissait de détruire les callosités qu'on supposait devoir empêcher la réussite de l'opération : huit coups de ciseaux enlevèrent toutes les callosités que Félix rencontra sous son doigt. Cette partie si douloureuse de l'opération fut supportée avec beaucoup de courage par Louis XIV : pas un cri, pas un mot ne lui échappa.

L'opération terminée, on introduisit dans l'anus une grosse tente de charpie recouverte d'un liniment composé d'huile et de jaune d'œuf. On la fit entrer avec force, afin d'écarter les lèvres de la plaie; on garnit ensuite la plaie de plumasseaux, enduits du même liniment, et on appliqua les compresses et le bandage comme on le fait à présent.

Rien ne saurait dire l'étonnement dans lequel fut toute la cour lorsque l'on apprit que le roi venait de subir une opération que chacun regardait comme si dangereuse. Le récit fait de cet événement par le

*Mercure Galant*, journal officiel de la cour, fera mieux comprendre qu'on ne pourrait le dire l'effet produit par cette nouvelle inattendue. — « Quoique le roi, dit-il, fût dans une santé parfaite, à la réserve de l'incommodité qui lui était survenue il y a environ onze mois, et qu'il fût même en état de monter à cheval et de chasser, comme il faisait très-souvent, Sa Majesté, qui vit qu'elle courait risque de souffrir toute sa vie de cette sorte d'incommodité, à laquelle sont sujets tous ceux qui manquent du courage nécessaire pour s'en tirer, prit une résolution digne de sa fermeté; et, comme ce mal était grand plutôt par la douleur que l'opération lui devait faire souffrir que par la nature dont il était, il cacha ce qu'il avait résolu de faire, comme il fait de toutes les choses qu'il juge à propos de tenir secrètes. Il savait l'inquiétude que donnerait le mal qu'il devait endurer, et ne doutait point que la crainte de quelque accident et l'amour qu'on a pour lui ne fissent trouver des raisons pour l'en détourner. Mais ce prince voulait souffrir, afin d'être plus en état de travailler sans cesse pour le bien et pour le repos de ses sujets; et pour éviter les contestations qui se pourraient former là-dessus, il aima mieux se charger de toute la douleur que de jouir du soulagement d'être plaint, ce qui console beaucoup ceux qui souffrent. D'ailleurs, il savait que ce bruit, venant à se répandre, aurait jeté de la crainte et de l'abattement dans tous les cœurs, et qu'il rendrait incapables d'agir tous ceux qui étaient occupés pour les affaires de l'État, et il voulait endurer seul, sans que l'État en souffrît un seul moment. Ainsi ayant pris sa résolution, il travailla à la faire exécuter sans que l'on s'en aperçût. Comme jamais prince ne sut régner sur lui-même avec tant d'empire, il en vint à bout sans peine. Il se purgea deux fois à Fontainebleau, parce que venant ensuite à Versailles, ce changement de lieu devait ôter l'idée qu'on aurait pu prendre, s'il avait été possible qu'on eût soupçonné quelque chose de son dessein. Il monta à cheval le dimanche 17 de ce mois, soupa ce jour-là avec la famille royale, et s'informa de Monseigneur où était le rendez-vous de chasse le lendemain. On connut le jour suivant que ce prince, quoiqu'il dût alors sentir les premières atteintes de la peur que lui pouvait causer l'opération, avait demandé ce rendez-vous d'une âme tranquille, afin que s'il arrivait quelque accident, il pût en faire avertir Monseigneur. On a même remarqué qu'il se coucha ce soir-là plus tard qu'à l'ordinaire. Il marqua pour le lundi 18, l'heure de son lever, où la plus grande partie de la cour se trouve ordinairement. Il avait pris la sienne plus matin pour l'opération. Ceux qui devaient y travailler, ou dont la présence était nécessaire, entrèrent par différents endroits, ce qui empêcha qu'on en eût aucun soupçon. Quoique je ne fasse point ici le détail du reste, je puis vous dire qu'il s'y passa mille choses dignes de l'inébranlable fermeté du roi. Il voulut voir tout ce qui devait le faire souffrir et ne fit que sourire au lieu d'en paraître étonné. Il fit ensuite ce qu'un prince aussi chrétien que lui doit faire en de pareilles occasions et souffrit patiemment, étant toujours dans l'état d'un homme libre et qui est assuré d'être maître de sa douleur. Aucun cri ne lui échappa; et loin de témoigner de la crainte, il demanda si on ne l'avait point épargné, parce qu'il avait recommandé sur toutes choses de ne le pas faire. Sitôt qu'on eut achevé l'opération, la porte fut ouverte à ce qu'on appelle la première entrée, c'est-à-dire aux personnes qui ont droit d'entrer les premières au lever. Les autres n'entrèrent pas, parce qu'il n'y eut point de lever.

« Le bruit de cette opération s'étant répandu dans Versailles, comme on s'imagine toujours voir les maux que l'on craint, quand même ils ne seraient point à craindre, la douleur parut sur tous les visages, et l'on eût dit à voir le roi que ce monarque était le seul qui se portait bien. Ayant remarqué qu'on ne faisait aucun bruit, il ordonna que toutes choses se fissent à l'ordinaire, tint conseil dès le jour même, et permit dès le lendemain aux ministres étrangers de le saluer. Quoique de semblables maux aient accoutumé de causer un peu de fièvre, sans pourtant qu'il y ait sujet d'en appréhender aucune suite fâcheuse, il semble que le ciel, pour ne nous pas alarmer, n'ait pas voulu qu'il en eût le moindre ressentiment. »

A ces détails, *Dangeau* ajoute : « Dès que l'opération fut faite, le roi l'envoya dire à Monseigneur, qui était à la chasse, à madame la Dauphine, dès qu'elle fut éveillée, à Monsieur et à Madame, qui étaient à Paris, et à M. le prince et à M. le duc, qui étaient à Fontainebleau, auprès de madame la duchesse de Bourbon, leur défendant de venir. Dès l'après-dîner, le roi tint son conseil ; il vit beaucoup de courtisans, et voulut qu'il y eût appartement et que l'on commençât le grand jeu de reversi qu'il avait ordonné à Fontainebleau. Madame de Montespan partit en diligence pour venir trouver le roi ; mais ayant appris à Essone que le roi se portait très-bien, elle retourna auprès de madame de Bourbon. Monseigneur, apprenant la nouvelle, quitta la chasse et revint ici à toute bride et en pleurant. »

Dans son journal, Dangeau nous a conservé jour par jour l'état du roi après son opération. L'on y voit que les premiers jours se passèrent fort bien. Les pansements se faisaient avec régularité, et le malade n'en éprouvait aucune douleur, tout enfin semblait annoncer une guérison solide et prompte ; mais, soit que l'on se fût trop vite empressé de diminuer la grosseur de la mèche, soit pour tout autre motif, l'on s'aperçut le quinzième jour qu'une partie des bords s'étaient cicatrisés avant le fond, et que la fistule menaçait de reparaître de nouveau. Le 6 décembre, l'on chercha à détruire, par quelques légers coups de ciseaux, cette cicatrisation trop rapide, mais sans obtenir le résultat désiré. Enfin, le lundi 7 décembre, c'est-à-dire vingt et un jours après la première opération, l'on fut obligé de détruire la nouvelle cicatrice, à l'aide de plusieurs incisions, et de mettre à nu le fond de la fistule.

Le roi supporta cette seconde opération avec beaucoup de courage, mais il paraît qu'elle fut extrêmement douloureuse, car pendant plusieurs jours il renvoya son conseil, ce qui n'était pas arrivé la première fois. Quoi qu'il en soit, de ce moment la cicatrisation marcha avec régularité, et le samedi 11 janvier 1687, cinquante-quatre jours après l'opération et trente-trois après les dernières incisions, le roi fut assez bien guéri pour sortir à pied de ses appartements et se promener pendant fort longtemps dans l'Orangerie.

Louis XIV venait d'être débarrassé d'une grave infirmité, grâce à l'habileté de son chirurgien. Mais si le service était grand, la récompense fut royale. Félix reçut cinquante mille écus et la terre des *Moulineaux*, estimée à la même somme; d'Aquin, le premier médecin, cent mille livres; Fagon, quatre-vingt mille livres; les quatre apothicaires, chacun douze mille livres, et Leraye, l'élève de Félix, quatre cents pistoles; le tout formant un total de cinq cent soixante-douze mille livres, qui, comparé à la valeur actuelle de l'argent, représente presque un million!!!

La réussite de l'opération pratiquée à Louis XIV,

en mettant le comble à la réputation de Félix, mit aussi à la mode son procédé ; et il fut facile de constater immédiatement son efficacité, car depuis l'opération faite au roi, il semblait que tout le monde fût attaqué de la fistule. « C'est une maladie, dit Dionis, qui est devenue à la mode depuis celle du roi. Plusieurs de ceux qui la cachaient avec soin avant ce temps n'ont plus eu honte de la rendre publique ; il y a eu même des courtisans qui ont choisi Versailles pour se soumettre à cette opération, parce que le roi s'informait de toutes les circonstances de cette maladie. Ceux qui avaient quelque petit suintement ou de simples hémorroïdes ne différaient pas à présenter leur derrière au chirurgien pour y faire des incisions ; j'en ai vu plus de trente qui voulaient qu'on leur fît l'opération, et dont la folie était si grande, qu'ils paraissaient fâchés lorsqu'on les assurait qu'il n'y avait point nécessité de la faire. »

Tel est le récit de cette grande opération de Louis XIV. Ainsi, grâce à l'heureuse tentative de Félix, la méthode de l'incision a été remise en honneur, et par suite des travaux de la chirurgie moderne, ce mode opératoire, le plus généralement suivi, est devenu d'une telle simplicité, qu'il n'est pas nécessaire d'être le premier chirurgien d'un roi pour le pratiquer avec succès.

## IV

## MORT DE LOUVOIS.

1691.

---

Louvois mourut à Versailles dans l'ancien hôtel de la surintendance des bâtiments du roi [1], le 16 juillet 1691.

La mort de Louvois fut un événement si important et donna lieu à tant de commentaires, qu'il n'est pas sans intérêt d'en rechercher les véritables causes.

Depuis un certain temps Louvois, jusqu'alors si puissant, baissait dans la faveur du roi, et tout le monde s'attendait à une disgrâce prochaine du ministre. C'est dans ces circonstances que le 15 juillet 1691, il a, chez madame de Maintenon, une vive altercation avec Louis XIV.

[1] Cet hôtel, situé rue de la Bibliothèque, n° 6, fut construit en 1670. C'est l'une des plus anciennes maisons de Versailles. Devenu trop petit pour la surintendance, on en construisit un plus vaste dans la même rue, n° 9, aujourd'hui le petit séminaire. L'ancien hôtel resta l'habitation des surintendants.

## MORT DE LOUVOIS.

Cette scène est ainsi racontée, dans une note écrite par le duc de Luynes, sur le manuscrit de Dangeau [1] : « Nous avons déjà vu ce qui s'était passé au siége de Mons, et le mauvais gré que le roi fit à M. de Louvois de trouver le prince d'Orange si près de lui. On prétendit aussi qu'il imputa à ce ministre la levée du siége de Coni. Ajoutez à cela le bombardement de Liége, auquel le roi s'était opposé parce que des ennemis de M. de Louvois, ou de bons citoyens, avaient fait entendre à Sa Majesté que son ministre entretenait la haine de ses voisins par les cruautés qu'il faisait exercer partout. Il avait insisté sur le bombardement, qui se fit le 4 juin. Le roi avait déclaré précisément qu'il n'en voulait rien faire, et enfin ce ministre fut obligé d'avouer qu'il n'était plus temps de s'en dédire, parce que les ordres étaient donnés. Cette explication se passait chez madame de Maintenon. Le roi, qui d'ailleurs était mal disposé par ce que nous venons de dire, et parce qu'en général toutes les choses violentes lui répugnaient, fut indigné de tant de précipitation et lui laissa voir son ressentiment. M. de Louvois, qui n'était pas accoutumé à être contredit, au lieu de chercher à se justifier, répondit au roi assez brusquement et jeta son portefeuille sur la table du roi. Le roi se leva et prit sa canne. Madame de Maintenon, craignant l'effet de la colère de Sa Majesté, se mit entre elle et son

---

[1] *Journal de Dangeau,* publié par MM. Soulié, Dussieux, de Chennevières et de Montaiglon.

ministre; mais le roi la rassura en lui disant qu'il n'avait eu nulle intention. »

M. de Louvois se retira et rentra chez lui tout ému. Cependant le lendemain 16, il alla comme à l'ordinaire chez le roi pour travailler avec lui; mais à peine eut-il commencé la lecture d'une dépêche, qu'il se sentit indisposé, se retira dans son appartement et mourut au bout de quelques instants, malgré les soins rapides qui lui furent donnés.

Une mort aussi prompte et dans de pareilles circonstances, fit généralement croire à un empoisonnement. Dangeau et Saint-Simon en parlent dans ce sens : « Le 16 juillet, dit ce dernier, j'étais à Versailles..... sortant le même jour du dîner du roi, je le rencontrai (Louvois) au fond d'une très-petite pièce qui est entre la grande salle des gardes et ce grand salon qui donne sur la petite cour des Princes. M. de Marsan lui parlait, et il allait travailler chez madame de Maintenon avec le roi, qui devait se promener après dans les jardins de Versailles à pied, où les gens de la cour avaient la liberté de le suivre. Sur les quatre heures après-midi du même jour, j'allai chez madame de Châteauneuf, où j'appris qu'il s'était trouvé un peu mal chez madame de Maintenon, que le roi l'avait forcé de s'en aller, qu'il était retourné à pied chez lui, où le mal avait subitement augmenté; qu'on s'était hâté de lui donner un lavement qu'il avait rendu aussitôt, et qu'il était mort en le rendant, et demandant son fils Barbésieux, qu'il n'eut pas le temps de voir, quoique celui-ci accourût de sa chambre. »

« La soudaineté du mal et de la mort de Louvois fit tenir bien des discours, bien plus encore *quand on sut par l'ouverture de son corps qu'il avait été empoisonné.* Il était grand buveur d'eau, et en avait toujours un pot sur la cheminée de son cabinet, à même duquel il buvait. On sut qu'il en avait bu ainsi en sortant pour aller travailler avec le roi, et qu'entre sa sortie de dîner avec bien du monde, et son entrée dans son cabinet pour prendre les papiers qu'il voulait porter à son travail avec le roi, un frotteur du logis était entré dans ce cabinet, et y était resté quelques moments seul. Il fut arrêté et mis en prison. Mais à peine y eut-il demeuré quatre jours, et la procédure commencée, qu'il fut élargi par ordre du roi, ce qui avait déjà été fait, jeté au feu, et défense de faire aucune recherche. Il devint même dangereux de parler là-dessus, et la famille de Louvois étouffa tous ces bruits, d'une manière à ne laisser aucun doute que l'ordre très-précis n'en eût été donné. »

Puis, comme si ce n'était pas encore assez de toutes ces insinuations pour prouver l'empoisonnement, Saint-Simon ajoute l'histoire suivante du médecin de Louvois, qui, dit-il, lui fut racontée par un gentilhomme attaché à la maison de ce ministre.

« Il m'a conté, dit Saint-Simon, étant toujours à madame de Louvois depuis la mort de son mari, que *Séron*, médecin domestique de ce ministre, et qui l'était demeuré de madame de Barbésieux, logé dans la même chambre au château de Versailles, dans la surintendance que Barbésieux avait conservée quoiqu'il n'eût pas succédé aux bâtiments, s'était un jour barricadé dans cette chambre, seul, quatre ou cinq mois après la mort de Louvois; qu'aux cris qu'il y fit on était accouru à sa porte, qu'il ne voulut jamais ouvrir; que ces cris durèrent presque toute la journée, sans qu'il voulût ouïr parler d'aucun secours temporel ni spirituel, ni qu'on pût venir à bout d'entrer dans sa chambre; que sur sa fin on l'entendit s'écrier qu'il n'avait que ce qu'il méritait, que ce qu'il avait fait à son maître, qu'il était un misérable indigne de tout secours; et qu'il mourut de la sorte en désespéré au bout de huit ou dix heures, sans avoir jamais parlé de personne, ni prononcé aucun nom. — A cet événement les discours se réveillèrent à l'oreille; il n'était pas sûr d'en parler. Qui a fait le coup? C'est ce qui est demeuré dans les plus épaisses ténèbres. »

Le récit de Saint-Simon et les détails circonstanciés dans lesquels il entre, semblent ne point devoir laisser de doutes sur la nature de la mort de Louvois. Aussi les historiens, tout en admettant avec une certaine circonspection les insinuations de Saint-Simon, n'ont-ils jamais repoussé complétement l'idée du poison. Une phrase de son récit, si elle était vraie, serait surtout la preuve certaine de l'empoisonnement; c'est celle-ci : *On sut par l'ouverture de son corps qu'il avait été empoisonné.* En effet, si les médecins ont constaté la présence du poison, il ne peut plus y avoir d'incertitude que sur la main qui a commis le crime et sur *la personne qui l'a commandé.* Eh bien, cette affirmation de Saint-Simon est tout à fait démentie par l'ouverture du corps de Louvois, et si les historiens n'ont pas été plus affirmatifs, c'est qu'ils n'ont pas eu connaissance de ce document, enfoui dans un livre de médecine, où ils étaient bien éloignés d'aller chercher une pièce si importante.

Dionis était le chirurgien de Louvois. C'était un chirurgien fort instruit. Il publia plusieurs ouvrages encore recherchés aujourd'hui pour les observations curieuses qu'ils renferment. Dans l'un de ces ouvrages intitulé *Dissertation sur la mort subite*[1], voici comment il raconte la mort de Louvois : « Le 16 juillet 1691, M. le marquis de Louvois, après avoir dîné chez lui en bonne compagnie, alla au conseil. En lisant une lettre au roi, il fut obligé d'en cesser la lecture, parce qu'il *se sentait fort oppressé;* il voulut en reprendre la lecture, mais ne pouvant pas la continuer, il sortit du cabinet du roi, et, s'appuyant sur le bras d'un gentilhomme à lui, il prit le chemin de la surintendance où il était logé.

» En passant par la galerie qui conduit de chez le roi à son appartement, il dit à un de ses gens de me venir chercher au plus tôt. J'arrivai dans sa chambre

[1] Paris, 1710.

comme on le déshabillait; il me dit : Saignez-moi vite, car j'étouffe. Je lui demandai s'il sentait de la douleur plus dans un des côtés de la poitrine que dans l'autre; il me montra la région du cœur, me disant : Voilà où est mon mal. Je lui fis une grande saignée en présence de M. *Séron,* son médecin. Un moment après, il me dit : Saignez-moi encore, car je ne suis point soulagé. M. *d'Aquin* et M. *Fagon* arrivèrent qui examinèrent l'état fâcheux où il était, le voyant souffrir avec des angoisses épouvantables; il sentit un mouvement dans le ventre comme s'il voulait s'ouvrir; il demanda la chaise, et, peu de temps après s'y être mis, il dit : Je me sens évanouir. Il se jeta en arrière, appuyé sur les bras d'un côté de M. Séron, et de l'autre d'un de ses valets de chambre. Il eut des râlements qui durèrent quelques minutes, et il mourut.

» On voulut que je lui appliquasse des ventouses avec scarifications, ce que je fis; on lui apporta et on lui envoya de l'eau apoplectique, des gouttes d'Angleterre, des eaux divines et générales; on lui fit avaler de tous ces remèdes qui furent inutiles, puisqu'il était mort, et en peu de temps, car il ne se passa pas une demi-heure depuis le moment qu'il fut attaqué de son mal jusqu'à sa mort.

» Le lendemain, M. Séron vint chez moi me dire que la famille souhaitait que ce fût moi qui en fît l'ouverture. Je la fis en présence de MM. *d'Aquin, Fagon, Duchesne* et *Séron.*

» En faisant prendre le corps pour le porter dans l'antichambre, je vis son matelas tout baigné de sang; il y en avait plus d'une pinte qui avait distillé pendant vingt-quatre heures par les scarifications que je lui avais faites aux épaules; et ce qui est de particulier, c'est qu'étant sur la table, je voulus lui ôter la bande qui était encore à son bras de la saignée du jour précédent, et que je fus obligé de la remettre, parce que le sang en coulait, ce qui gâtait le drap sur lequel il était.

» Le cerveau était dans son état naturel et très-bien disposé; *l'estomac était plein de tout ce qu'il avait mangé à son dîner;* il y avait plusieurs petites pierres dans la vésicule du fiel; *les poumons étaient gonflés et pleins de sang;* le cœur était gros, flétri, mollasse et semblable à du linge mouillé, n'ayant pas une goutte de sang dans ses ventricules.

» On fit une relation de tout ce qu'on avait trouvé, qui fut portée au roi, après avoir été signée par les quatre médecins que je viens de nommer, et par quatre chirurgiens, qui étaient MM. *Félix, Gervais, Dutertre et moi :*

« *Le jugement certain qu'on peut faire de la cause de cette mort, est l'interception de la circulation du sang; les poumons en étaient pleins, parce qu'il y était retenu, et il n'y en a point dans le cœur, parce qu'il n'y en pouvait point entrer; il fallait donc que ses mouvements cessassent, ne recevant point de sang pour les continuer : c'est ce qui s'est fait aussi, et ce qui a causé une mort si subite.* »

Telle est l'opinion des hommes de l'art; c'est à une *apoplexie-pulmonaire* qu'ils attribuent avec juste raison la cause de la mort, et l'on ne voit nulle part qu'ils aient parlé d'empoisonnement, ainsi que l'affirme Saint-Simon. D'ailleurs Louvois était menacé depuis longtemps de cette affection; il éprouvait fréquemment des oppressions. Les médecins cherchaient à les combattre, en lui donnant les eaux de forges, qu'il allait prendre tous les matins dans l'Orangerie, *où le suivaient ses commis pour ne pas discontinuer son travail ordinaire* [1].

Il résulte de ces faits que Louvois a été frappé d'une attaque d'apoplexie pulmonaire, et qu'il faut reléguer au rang des fables tous les bruits d'empoisonnement répandus à sa mort, et recueillis avec avidité par le caustique Saint-Simon.

L'appartement occupé par Louvois était au premier étage de l'hôtel de la surintendance; cet appartement a vue sur le parc du côté de la petite Orangerie. Cela explique le passage de Saint-Simon, dans lequel il parle de la promenade de Louis XIV le jour de la mort de son ministre. « Quoique je n'eusse guère que quinze ans, je voulus voir la contenance du roi à un événement de cette qualité. J'allai l'attendre, et le suivis toute sa promenade. Il me parut avec sa ma-

---

[1] Dionis, ouvr. cité.

jesté accoutumée, mais avec je ne sais quoi de leste et de délivré, qui me surprit assez pour en parler après, d'autant plus que j'ignorais alors et longtemps depuis les choses que je viens d'écrire. Je remarquai encore qu'au lieu d'aller visiter ses fontaines et de diversifier sa promenade, comme il faisait toujours dans ces jardins, il ne fit qu'aller et venir *le long de la balustrade de l'Orangerie,* d'où il voyait en revenant vers le château le logement de la surintendance où Louvois venait de mourir, qui terminait l'ancienne aile [1] du château sur le flanc de l'Orangerie, et vers lequel il regarda sans cesse toutes les fois qu'il revenait vers le château. »

Le corps de Louvois fut porté aux Invalides. Voici son acte de décès tel qu'il est inscrit sur les registres de la paroisse Notre-Dame de Versailles :

« Le seizième jour de juillet mil six cent quatre-vingt-onze, est décédé au château, dans l'appartement de la surintendance, très-haut et puissant seigneur monseigneur Michel-François le Tellier, marquis de Louvois, ministre et secrétaire d'État, surintendant des bâtiments, des fortifications, des arts et manufactures de France, grand maître des postes, vicaire général de l'ordre de Saint-Lazare, commandeur et chancelier des ordres du roi, âgé de cinquante-deux ans, dont le corps ayant d'abord été apporté en cette église paroissiale, a été ensuite

---

[1] L'aile du midi, construite en 1679, s'appelait l'*ancienne aile;* et celle du nord, élevée en 1685, l'*aile neuve.*

transporté à Paris, dans l'hôtel royal des Invalides, pour être inhumé dans l'église; ses entrailles laissées à Meudon, aux révérends pères capucins, et son cœur porté aux capucines de la rue Saint-Honoré, par moi soussigné, supérieur de la maison de la congrégation de la Mission de Versailles et curé de la même ville, en présence de MM. Henri Moreau et François Maricourt, qui ont signé : Moreau, de Maricourt, prêtres de la congrégation de la Mission. Et plus bas, signé : Hébert. »

# V

## L'APPARTEMENT DE MADAME DE MAINTENON.

### 1686-1715.

---

Saint-Simon, voulant faire connaître les particularités de la vie privée de Louis XIV et de madame de Maintenon, dit dans un endroit de ses *Mémoires* : « Je me trouve, je l'avoue, entre la crainte de quelques redites et celle de ne pas expliquer assez en détail des curiosités que nous regrettons dans toutes les histoires et dans presque tous les Mémoires des divers temps. On voudrait y voir les princes, avec leurs maîtresses et leurs ministres, dans leur vie journalière. Outre une curiosité si raisonnable, on en connaîtrait bien mieux les mœurs du temps et le génie des monarques, celui de leurs maîtresses et de leurs ministres, de leurs favoris, de ceux qui les ont le plus approchés, et les adresses qui ont été employées pour les gouverner ou pour arriver aux divers buts qu'on s'est proposés. Si ces choses doivent passer pour curieuses, et même pour instructives dans tous les règnes, à plus forte raison d'un règne aussi long et aussi rempli que l'a été celui de Louis XIV, et d'un personnage unique dans la monarchie depuis qu'elle est connue, qui a, trente-deux ans durant, revêtu ceux de confidente, de maîtresse, d'épouse, de ministre, et de toute-puissante, après avoir été si longuement néant, et, comme on dit, avoir si longtemps et si publiquement rôti le balai. » Ces réflexions de Saint-Simon peuvent également s'appliquer aux recherches des lieux habités par les mêmes personnages, et en particulier à Versailles, cette magnifique création de Louis XIV; on voudrait pouvoir connaître l'histoire de chacune des chambres de ce palais, surtout de ces petits appartements, dans lesquels on vit l'amour, la jalousie, l'ambition, la haine, toutes les plus mauvaises passions du cœur humain s'agiter si longtemps pour donner le spectacle de ces élévations et de ces chutes de favoris et de maîtresses qui ont eu tant d'influence sur les destinées de la France dans le dernier siècle. Malheureusement le château de Versailles a subi de nombreux changements depuis Louis XIV jusqu'à nos jours, et il est difficile de se reconnaître au milieu de toutes ces transformations.

L'un des appartements que l'on désire généralement le plus connaître, et sur lequel il y a eu jusqu'à ce jour le plus d'obscurité, est celui de madame de Maintenon, de cette femme extraordinaire qui, de la position la plus humble, s'éleva jusqu'au titre d'épouse du roi, et gouverna pendant plus de trente ans et le monarque et le royaume.

Nous avons étudié avec attention ce point de l'histoire du château de Versailles, comparé avec soin les divers documents qui peuvent l'éclairer, et nous croyons pouvoir établir d'une manière positive l'emplacement de cet appartement.

L'opinion, aujourd'hui la plus répandue, est que cet appartement occupait quelques pièces situées derrière les petits appartements du roi, dans l'aile nord de la cour de marbre. C'est cette opinion que M. Vatout a adoptée dans son livre du *Palais de Versailles ;* elle paraît avoir été suivie dans la réparation de cette partie du château, puisqu'on y signale plusieurs pièces comme ayant appartenu à l'appartement de madame de Maintenon, et que *Louis-Philippe* y a fait placer le portrait de cette femme célèbre. Voici, du reste, ce que dit M. Vatout :

### SALLE DU DÉJEUNER.

« Louis XVI avait l'habitude de déjeuner dans cette pièce avant de partir pour la chasse. Il y laissait entrer, pour les caresser, quatre chiens favoris qu'il aimait tant, que, dans la crainte de trop les fatiguer, les pages avaient ordre de les conduire en voiture à la chasse.

» Louis-Philippe avait l'habitude de s'y reposer lorsqu'il allait visiter et suivre les travaux du Musée national de Versailles.

» Cette pièce, éclairée sur la cour des Cerfs, faisait autrefois partie *du petit appartement de madame de Maintenon*. « Cet appartement, dit Saint-Simon, était au haut du grand escalier, de plain-pied avec l'appartement du roi [1]. »

Nous verrons plus tard où Saint-Simon plaçait cet appartement, et nous sommes encore étonné, après la description si claire qu'il en donne, que M. Vatout ait pu l'indiquer dans ce lieu.

« La destruction de ce grand escalier, ajoute M. Vatout, et les nombreux changements opérés par Louis XV dans cette partie intérieure du palais, ne permettent plus aujourd'hui que d'indiquer l'emplacement du logement occupé par cette femme célèbre. *Ce qu'il y a de certain*, c'est que la pièce qu'on appelle aujourd'hui *Salle du déjeuner* faisait partie du salon par lequel le roi passait, en sortant de la salle à manger, pour se rendre dans le cabinet de madame de Maintenon. La petite galerie *Mignard*, avec ses deux salons, pouvait offrir à cet appartement de brillants accessoires, lorsqu'on y faisait de la musique ou qu'on y jouait la comédie. »

Cette description ne laisse aucun doute, et l'on voit que M. Vatout place l'appartement de madame

---

[1] Il est évident, par l'explication qu'il donne ailleurs du lieu où se trouvait l'appartement de madame de Maintenon, que Saint-Simon entend par *grand escalier* l'escalier de marbre ou de la Reine, le seul par où l'on entrât directement dans les petits appartements du roi.

de Maintenon au haut du grand escalier des ambassadeurs [1], entre les grands et les petits appartements du roi, tandis que sa place véritable, comme on va le voir, était dans la partie opposée, c'est-à-dire au haut de l'escalier de marbre, et du côté des appartements de la reine.

Mais avant d'aller plus loin, et pour bien comprendre ce que nous allons dire, il est nécessaire de jeter un coup d'œil sur la distribution des appartements du château à l'époque de Louis XIV.

En 1671, *André Félibien*, historiographe des bâtiments du roi, publia une description de Versailles et des embellissements que Louis XIV y faisait exécuter. Les agrandissements successifs opérés dans le palais, et les nouveaux arrangements nécessités par le séjour du roi, déterminèrent *Félibien des Avaux*, son fils et son successeur dans l'emploi d'historiographe des bâtiments, à faire paraître une nouvelle description de Versailles. C'est cette nouvelle description, publiée en l'année 1703, qui va nous servir. Nous en rapporterons tout ce qui peut faire connaître d'une manière exacte la disposition des appartements, en retranchant ce qui est inutile à la solution de la question qui nous occupe ; c'est, du reste, une description très-curieuse du Versailles de Louis XIV, et qui vaudrait la peine d'être publiée de nouveau.

Félibien décrit d'abord les appartements du rez-de-chaussée, occupés d'un côté par le Dauphin et de

[1] Détruit sous Louis XV.

l'autre par le duc du Maine, et nous ferons remarquer qu'il indique comme habité par le *duc du Maine* l'appartement des bains, situé sous les grands appartements du roi, car la situation de ce logement pourra nous servir à expliquer ce qui a pu faire croire que l'appartement de madame de Maintenon devait être de ce côté du château.

Félibien ajoute ensuite [1] : « Aux côtés de la petite cour pavée de marbre du milieu du château, et aux côtés de la grande cour par où l'on a été voir les grands appartements bas, il y a huit escaliers outre ceux des quatre petites cours voisines. La plupart des uns et des autres servent à dégager les grands appartements hauts, et à monter à quantité d'autres appartements que les principaux officiers de la maison du roi, obligés par leurs charges d'être proche de la personne de Sa Majesté, occupent, tant dans les logements qui sont aux côtés des grands appartements, que dans les attiques et proche des combles du vieux et du nouveau château. Les deux escaliers les plus considérables servent pour monter aux appartements du roi. Ils sont enrichis de marbre et situés aux côtés de la grande cour proche des passages, où l'appartement des bains (pour le grand escalier des ambassadeurs) et l'appartement de Monseigneur (pour l'escalier de marbre) ont leurs principales entrées.

» Le moins grand de ces deux escaliers, appelé le

---

[1] Suivre pour toute cette description le plan de Blondel dans son livre de l'*Architecture française;* tome IV.

petit escalier de marbre, est auprès de ce dernier appartement où l'on entre même d'ordinaire par une porte qui est proche de la rampe de cet escalier. Il n'y en a pas de plus fréquenté et qu'on connaisse davantage dans Versailles. Trois arcades donnent d'abord entrée par la grande cour dans un vestibule fait en forme d'une double galerie voûtée de pierre et pavé de carreaux de marbre blanc et de marbre noir. C'est de là qu'on va à l'escalier proche duquel une des portes de l'appartement de Monseigneur est ouverte vers le midi. Une autre porte, vers l'occident, donne entrée dans la petite cour qui est environnée, de ce côté, des bâtiments du vieux et du nouveau château, et partagée par un corridor orné de colonnes. Tout l'escalier est pavé de marbre...

» Sur le grand palier du haut, vers le midi, est une porte qui, de ce grand palier par le bout le plus proche du haut de la dernière rampe, conduit à l'appartement de la reine, occupé par madame la duchesse de Bourgogne. Et dans la face vers le septentrion, à l'autre bout du même palier, il y a une simple porte qui donne entrée dans les appartements du roi. Deux autres portes proche les précédentes servent, à l'autre bout de l'escalier vers l'orient, à entrer dans la grande salle des gardes, la plus proche de l'appartement de la reine. C'est en traversant un petit passage, qui est au bout de cette salle, qu'on peut aller par une autre grande salle (salle de 1792) à un petit appartement de jour de monseigneur le duc de Bourgogne (salles des Gouaches), et par la même salle à un grand escalier de pierre (des Princes), par où l'on va aux appartements de Monsieur, de Madame, de monseigneur le duc de Chartres et de madame la duchesse de Chartres (galerie des Batailles) qui, comme nous avons déjà dit, sont de plain-pied avec ceux du roi....

» Tâchons à présent, par une description la plus sommaire qu'il nous sera possible, de faire connaître l'état où les appartements du roi et les autres appartements hauts du vieux et du nouveau château sont aujourd'hui.

» Le premier appartement du roi, où l'on entre, comme nous avons dit, par le petit escalier de marbre du côté du septentrion, a vue sur la petite cour pavée de marbre, qu'il environne de trois côtés. Un vestibule que l'on trouve d'abord proche du petit escalier *sert vers l'orient à donner passage à un appartement particulier qu'occupe madame la marquise de Maintenon dans une des ailes de la grande cour;* et vers l'occident à entrer par une salle des gardes dans une antichambre où l'on sert le roi quand il mange en public. »

Ainsi, il n'y a pas ici de termes ambigus; c'est sur le vestibule placé près du palier du petit escalier de marbre et en face de l'entrée de l'appartement de Louis XIV, que se trouvait l'appartement de madame de Maintenon. Nous reviendrons bientôt sur cet appartement, et nous allons continuer la description de celui du roi, en suivant toujours Félibien, afin de montrer qu'il indique la destination de toutes les pièces de cet appartement, et que l'endroit qu'il vient de désigner est le seul où l'on puisse placer l'habitation de cette femme célèbre :

« Cette antichambre, *celle où le roi mangeait en public,* a depuis peu, vers le midi, une porte par où l'on entre dans un petit appartement de nuit de monseigneur le duc de Bourgogne (depuis petit appartement de la reine), que l'on a construit de nouveau au-dessus du corridor qui traverse en bas le milieu de la petite cour la plus proche de l'appartement de Monseigneur. Mais pour aller par la grande antichambre du roi dans l'appartement de Sa Majesté, on entre, vers l'occident, dans la chambre *des Bassans,* ainsi appelée à cause qu'il y a plusieurs tableaux de ces anciens maîtres au-dessus des portes et dans les lambris. Cette chambre a trois portes, outre celle de la grande antichambre par où l'on est entré. Une porte au midi conduit à un escalier de dégagement par où monseigneur monte de son appartement à celui du roi (cet escalier en pierre existe encore aujourd'hui, quoiqu'il ne soit plus d'aucun usage); une autre porte à l'occident conduit dans la grande galerie haute du nouveau château, du côté des jardins; et la troisième porte, au septentrion, est celle par où il faut passer dans la suite du premier appartement du roi, et premièrement dans la chambre à coucher de Sa Majesté. »

Après la description de la chambre du roi et de

son ameublement, il ajoute : « Les portes du côté de la cheminée donnent entrée vers le septentrion dans un grand salon carré, situé au milieu de l'ancien château, sur le vestibule pavé et lambrissé de marbre qu'on a remarqué en bas... Ensuite du salon on trouve une autre pièce appelée *chambre du Conseil*. Le premier des cabinets du roi est entièrement revêtu de glaces.... On le nomme *cabinet des Termes*, parce que vingt figures de jeunes enfants en forme de Termes, qui soutiennent des festons dorés, ornent une manière d'attique élevée au-dessus de la corniche, dans le même cabinet [1]. Il reçoit son jour vers le septentrion, par la petite cour de l'appartement des bains. »

Cette description de l'appartement du roi est curieuse en ce qu'elle nous donne l'époque exacte de l'établissement de la chambre à coucher dans laquelle mourut Louis XIV. En effet, l'on a pu voir dans les détails donnés par Félibien que ce que l'on nomme le *salon de l'OEil-de-bœuf* était coupé en deux parties, dont l'une était occupée par une antichambre nommée des *Bassans*, et l'autre par la chambre à coucher du roi, tandis que la chambre à coucher actuelle, qui occupe le centre du château, était un grand salon de réception, probablement l'ancien grand salon de Louis XIII.

[1] On le nommait aussi *cabinet des Perruques*, parce que c'était dans ce cabinet que l'on déposait les différentes perruques de Louis XIV.

C'est en 1703 que Félibien des Avaux fit paraître sa *Description sommaire de Versailles*. Mais à la fin de ce même volume, dans un chapitre intitulé *Changements qui ont été faits à Versailles, en divers endroits du château, pendant l'impression de ce volume,* voici ce qu'il dit de l'appartement du roi : « On voit un nouveau salon qui ne surprend pas moins par sa richesse que par sa grandeur. Il contient tout l'espace d'une seconde antichambre et d'une chambre où l'on a vu jusqu'ici le lit du roi : ainsi ce nouveau salon a au moins soixante pieds de longueur sur environ vingt-six de largeur, et son exhaussement, qu'on a beaucoup augmenté, a donné moyen de faire une ouverture ovale de fenêtre dans le haut de l'extrémité vers le midi — que l'on nomme un œil-de-bœuf — pour donner plus de jour au salon. L'on ne peut trop considérer dans la chambre du roi, qui servait autrefois de salon, les changements qu'on y a faits et les ornements nouveaux dont on l'a embellie. Elle est toute boisée et presque entièrement dorée sur un fond blanc, ainsi que le grand salon, mais ornée avec encore plus de magnificence. La cheminée est placée à présent vers le septentrion ; son chambranle de marbre occupe le bas d'une grande arcade remplie de glaces de miroir, et dont le cintre est porté par des pilastres ioniques, et chargé d'une cassolette fumante, accompagnée de festons de fleurs, et de deux Zéphyrs figurés par des enfants en bas-reliefs, qui ont des ailes de papillon au dos. Il y a une semblable arcade vis-à-vis, aussi toute remplie de glaces et accompagnée d'ornements. L'on a doré de nouveau les pilastres, et tous les ouvrages de sculpture qu'on a conservés. Une grande arcade surbaissée sert du côté de l'occident, vis-à-vis des fenêtres, à augmenter la profondeur de cette chambre pour y placer plus commodément le lit du roi. »

Il est donc évident que le salon dit de l'OEil-de-bœuf et la chambre actuelle du roi Louis XIV ne datent que de l'année 1703, c'est-à-dire de l'époque écoulée entre l'impression de l'ouvrage de Félibien et les additions qu'il a placées à la fin, avant de la livrer au public.

Dans les changements qu'on venait de faire subir à l'appartement du roi, Félibien signale l'agrandissement de la salle du Conseil aux dépens du cabinet des Termes, qui, quoique plus petit, n'en continua pas moins d'exister.

Félibien ajoute : « Le second cabinet, dans lequel on entre par le grand cabinet du Conseil et par l'ancien cabinet des Termes, et qui a vue vers le septentrion sur la même cour, et vers le midi sur la petite cour pavée de marbre, est orné de tableaux de tous côtés. » (Sous Louis XV, cette chambre fut agrandie du côté du nord, l'on boucha les fenêtres de ce côté, et elle devint la chambre à coucher du roi.) « La pièce suivante sert de vestibule à un escalier par où le roi descend de son appartement pour sortir du château, et sert à passer dans un autre cabinet, qu'une arcade et deux autres ouvertures moins grandes qui l'accompagnent unissent à la dernière pièce de l'enfilade. Ici une porte située au septentrion donne entrée dans un salon ovale tout doré et orné de pilastres et de quatre niches où l'on a placé autant de groupes de bronze. Enfin, dans ce salon ovale, une porte donne entrée dans un cabinet qui l'accompagne vers l'occident, et une autre porte vers l'orient conduit à la petite galerie peinte par *Mignard*, dont nous avons rapporté une description assez étendue, ainsi que des deux salons qui sont à ses extrémités. » Ici s'arrête la description des petits appartements du roi. Félibien décrit ensuite le grand escalier des ambassadeurs, les grands appartements du roi, la grande galerie et les appartements de la reine, qui ne sont point changés.

En suivant pas à pas, sur les plans de *Blondel*, la description de Félibien, on voit que toutes les pièces de l'appartement du roi, qui y sont parfaitement indiquées, avaient toutes une destination, et qu'il est impossible d'y trouver un endroit pouvant s'appliquer à l'appartement de madame de Maintenon. Il faut donc absolument chercher cet appartement dans une autre partie du château.

Nous avons dit que Félibien en plaçait la porte dans le vestibule qui servait d'entrée à l'appartement du roi : « Un vestibule que l'on trouve d'abord proche du petit escalier sert, vers l'orient, à donner passage à un appartement particulier qu'occupe madame la marquise de Maintenon dans une des ailes de la grande cour. » Malheureusement Félibien, si exact dans le détail des divers appartements qu'il décrit, mais voulant seulement faire connaître au public ceux qu'on pouvait visiter et qui étaient curieux par leurs ornements, les tableaux, les sculptures, ou les choses rares qu'ils contenaient, n'a parlé que des appartements du roi, de la reine et des princes, et n'a rien ajouté de plus sur celui de madame de Maintenon. Cependant cette indication est déjà une preuve de sa situation en ce lieu, et de la nécessité de ne point le chercher ailleurs.

Voyons, maintenant que nous savons le lieu occupé par cet appartement, si nous trouverons quelque part des détails assez circonstanciés pour qu'il ne reste aucun doute, et que nous puissions, en quelque sorte, le rétablir comme il était à cette époque.

Il était impossible que Saint-Simon, ce caustique et spirituel chroniqueur, qui passait, pour ainsi dire, tous ses jours dans le château de Versailles à suivre ses habitants, pour deviner leurs pensées, leurs actions, connaître les événements nouveaux et surtout les intrigues que ce peuple de courtisans faisait éclore et avorter à chaque instant, ne donnât pas quelques renseignements sur le lieu qu'habitait le plus célèbre de tous ces personnages, sur celui qui était devenu le véritable chef de l'État, et que Saint-Simon avait d'autant plus de motifs de faire connaître dans ses moindres actions, qu'il y cherchait presque toujours des raisons de faire excuser la haine qu'il lui portait.

Il donne en effet dans ses *Mémoires* une description si exacte et si minutieuse de l'appartement de madame de Maintenon, que l'on est étonné d'avoir vu sa place si longtemps ignorée.

Voici à quelle occasion. Au mois de décembre 1708, le duc de Bourgogne revenait de sa campagne de Flandre, qui n'avait pas été heureuse. Il était attendu à la cour avec grande impatience ; et tous ses amis redoutaient la réception qu'allait lui faire Louis XIV. Saint-Simon, très-attaché au duc de Bourgogne, raconte ainsi cette réception, dans laquelle il entre, pour la mieux faire comprendre, dans les plus minutieux détails :

« Madame la duchesse de Bourgogne, dit-il, était dans une grande agitation de la réception que recevrait monseigneur le duc de Bourgogne, et de pouvoir avoir le temps de l'entretenir et de l'instruire avant qu'il pût voir le roi en personne. Je lui fis dire de lui mander d'ajuster son voyage de façon qu'il arrivât à une ou deux heures après minuit, parce que de la sorte, arrivant tout droit chez elle et ne pouvant voir qu'elle, ils auraient tout le temps de la nuit à être ensemble seuls, les premiers instants du matin avec le duc de Beauvillier et peut-être avec madame de Maintenon, et l'avantage encore que le prince saluerait le roi et Monseigneur avant que personne fût entré chez eux, et que personne n'y serait témoin de sa réception, à très-peu de valets près et même écartés. L'avis ne fut pas donné, ou, s'il le fut, il ne fut pas suivi. Le jeune prince arriva le lundi 11 décembre, un peu après sept heures du soir, comme Monseigneur venait d'entrer à la comédie [1], où madame la duchesse de Bourgogne n'était pas allée pour l'attendre. Je ne sais pourquoi il vint descendre dans la *cour des Princes* au lieu de la grande. J'étais en ce moment-là chez la comtesse de Roucy dont les fenêtres donnaient dessus. Je sortis aussitôt, et arrivant au haut du grand degré du bout de la galerie [2], j'aperçus le prince qui le montait, entre les ducs de Beauvillier et de la Rocheguyon, qui s'étaient trouvés à la descente de sa chaise. Il avait bon visage, gai et riant, et parlait à droite et à gauche. Je lui fis ma révérence au bord des marches. Il me fit l'honneur de m'embrasser, mais de façon à me marquer qu'il était encore plus instruit qu'attentif à ce qu'il devait à la dignité, et il ne parla plus qu'à moi un assez long bout de chemin, pendant lequel il me glissa bas qu'il n'ignorait pas comment j'avais parlé, et comment j'en avais usé à son égard. Il fut rencontré par un groupe de courtisans, à la tête desquels était le duc de la Rochefoucauld. Entouré de ce groupe, il traversa la grande

[1] La comédie était située au fond de la cour des Princes, dans le vestibule servant aujourd'hui de passage de cette cour dans les jardins. Elle n'a cessé d'exister que sous le premier Empire.

[2] L'escalier des Princes.

salle des gardes, au lieu d'entrer chez madame de Maintenon par son antichambre de jour et par les derrières, bien que son plus court [1], et alla, par le palier du grand degré [2], entrer par la grande porte de l'appartement de madame de Maintenon [3]. C'était le jour du travail ordinaire de Pontchartrain, qui, depuis quelque temps, avait changé avec Chamillart du mardi au lundi. Il était alors en tiers avec le roi et madame de Maintenon, et le soir même il me conta cette curieuse réception, qu'il remarqua bien et dont il fut seul témoin. Je dis en tiers, parce que madame la duchesse de Bourgogne allait et venait; mais pour le bien entendre, il faut un moment d'ennui de mécanique.

» L'appartement de madame de Maintenon était de plain-pied et faisant face à la salle des gardes du roi [4]. L'antichambre était plutôt un passage long en

[1] En effet, on va voir tout à l'heure que l'antichambre de l'appartement de jour du duc de Bourgogne (salle des Gouaches), donnait sur la salle des Cent-Suisses (salle de 1792), et qu'on pouvait de cette antichambre passer dans l'appartement de madame de Maintenon.

[2] Saint-Simon appelle tantôt grand degré, tantôt grand escalier, l'escalier de marbre; c'est ce qui a mis dans l'erreur M. Vatout, et lui a fait supposer que Saint-Simon voulait parler de l'escalier des ambassadeurs. Dans ce récit il n'y a aucun doute sur celui auquel il donne le nom de grand degré.

[3] L'on voit que Saint-Simon place cette porte dans l'endroit déjà indiqué par Félibien.

[4] Nous avons déjà vu, dans la description de Félibien, que cette salle des gardes, qu'il ne faut pas confondre avec la

travers, étroit, jusqu'à une autre antichambre toute pareille de forme, dans laquelle les seuls capitaines des gardes entraient [1], puis une grande chambre profonde [2]. Entre la porte, par où l'on y entrait de cette seconde antichambre, et la cheminée [3], était le fauteuil du roi adossé à la muraille, une table devant lui, et un ployant autour pour le ministre qui travaillait. De l'autre côté de la cheminée une niche de damas rouge et un fauteuil où se tenait madame de Maintenon avec une petite table devant elle. Plus loin son lit dans un enfoncement [4]. Vis-à-vis les pieds du lit une porte et cinq marches [5]. Puis un fort grand cabinet qui donnait dans la première antichambre de l'appartement de monseigneur le duc

grande salle des gardes, que le duc de Bourgogne venait de traverser pour entrer chez madame de Maintenon, avait son entrée sur le vestibule, au haut de l'escalier et en face de l'appartement de madame de Maintenon.

[1] Voir le plan de Blondel. Ces deux antichambres ont été détruites et ne forment aujourd'hui qu'une seule pièce, la salle de 1795.

[2] Cette chambre forme la salle de 1794.

[3] Pour pouvoir faire de cette chambre une salle de tableaux, on a détruit la cheminée, qui, d'après Blondel, se trouvait au fond, dans la face orientale.

[4] Cet enfoncement est très-bien indiqué dans le plan de Blondel. La croisée qui s'y trouvait alors était condamnée. On l'a ouverte depuis pour donner plus de jour à cette salle.

[5] Ces marches, indiquées dans le plan de Blondel, ont été supprimées depuis qu'on a baissé le sol du grand cabinet auquel elles servaient à monter. Aujourd'hui c'est un passage étroit qui sert à aller de la salle de 1794 dans celle de 1793.

de Bourgogne, que cette porte enfilait, et qui est aujourd'hui l'appartement du cardinal de Fleury[1]. Cette première antichambre ayant à droite cet appartement, et à gauche ce grand cabinet de madame de Maintenon, descendait, comme encore aujourd'hui, par cinq marches dans le salon de marbre contigu au palier du grand degré au bout des deux galeries, haute et basse, dites de madame la duchesse d'Orléans, ou des Princes[2].

« Tous les soirs, madame la duchesse de Bourgogne jouait dans le grand cabinet de madame de Maintenon avec les dames à qui on avait donné l'entrée, qui ne laissait pas d'être assez étendue, et de là, entrait, tant et si souvent qu'elle voulait, dans la pièce joignante, qui était la chambre de madame de Maintenon, où elle était avec le roi, la cheminée entre deux. Monseigneur, après la comédie, montait

---

[1] Le grand cabinet (aujourd'hui salle de 1793) était en effet de plain-pied avec l'appartement de jour du duc de Bourgogne (salle des Gouaches), et l'on entrait dans l'antichambre de cet appartement, noté sur le plan de Blondel comme celui du cardinal de Fleury, par une porte (aujourd'hui cachée par un tableau) qui se trouvait en face de celle de la chambre de madame de Maintenon, et qui ouvrait sur le petit palier d'un escalier communiquant à la salle de comédie.

[2] Cette antichambre, où se trouvent aujourd'hui les costumes des divers régiments, descend encore dans la salle dont parle Saint-Simon (salle de 1792), par plusieurs marches, le sol de l'ancien appartement de jour du duc de Bourgogne étant resté plus élevé.

dans ce grand cabinet [1] où le roi n'entrait point, et madame de Maintenon presque jamais.

» Avant le souper du roi, les gens de madame de Maintenon lui apportaient son potage avec son couvert, et quelque autre chose encore. Elle mangeait, ses femmes et un valet de chambre la servaient, toujours le roi présent, et presque toujours travaillant avec un ministre. Le souper achevé, qui était court, on emportait la table; les femmes de madame de Maintenon demeuraient, qui tout de suite la déshabillaient en un moment, et la mettaient au lit. Lorsque le roi était averti qu'il était servi, il passait un moment dans une garde-robe [2], allait après dire un mot à madame de Maintenon, puis sonnait une sonnette qui répondait au grand cabinet. Alors Monseigneur, s'il y était, monseigneur et madame la duchesse de Bourgogne, M. le duc de Berry, et les dames qui étaient à elle, entraient à la file dans la chambre de madame de Maintenon, ne faisaient presque que la traverser, et précédaient le roi qui allait se mettre à table suivi de madame la duchesse de Bourgogne et de ses dames. Celles qui n'étaient point à elle, ou s'en allaient, ou, si elles étaient habillées pour aller au souper, car le privilége de ce cabinet était d'y faire sa cour à madame la duchesse de Bourgogne sans l'être, faisaient le tour par la grande salle des

[1] Par l'escalier déjà indiqué.

[2] Cette garde-robe existe encore, mais on y a construit un calorifère.

gardes sans entrer dans la chambre de madame de Maintenon. Nul homme, sans exception que ces trois princes, n'entrait dans le grand cabinet. Cela expliqué, venons à la réception et à tout son détail, auquel Pontchartrain fut très-attentif, et qu'il me rendit tête à tête très-exactement une demi-heure après qu'il fut revenu chez lui [1].

» Sitôt que de chez madame de Maintenon on entendit la rumeur qui précède de quelques instants ces sortes d'arrivée, le roi s'embarrassa jusqu'à changer diverses fois de visage. Madame la duchesse de Bourgogne parut un peu tremblante, et voltigeait par la chambre pour cacher son trouble, sous prétexte d'incertitude par où le prince arriverait, du *grand cabinet* ou de l'*antichambre*. Madame de Maintenon était rêveuse. Tout à coup les portes s'ouvrirent. Le jeune prince s'avança au roi, qui, maître de soi plus que qui que ce fût, perdit à l'instant tout embarras, fit

---

[1] Dans un autre endroit de ses *Mémoires*, Saint-Simon dit : — Chez elle, avec le roi, ils étaient chacun dans leur fauteuil, une table devant chacun d'eux, aux deux coins de la cheminée, elle du côté du lit, le roi le dos à la muraille, du côté de la porte de l'antichambre, et deux tabourets devant sa table, un pour le ministre qui venait travailler, l'autre pour son sac. Les jours de travail, ils n'étaient seuls ensemble que fort peu de temps avant que le ministre entrât, et moins encore fort souvent après qu'il était sorti. Le roi passait à une *chaise percée*, revenait au lit de madame de Maintenon, où il se tenait debout fort peu, lui donnait le bonsoir, et s'en allait se mettre à table.

un pas ou deux vers son petit-fils, l'embrassa avec assez de démonstration de tendresse, lui parla de son voyage; puis, lui montrant la princesse : — Ne lui dites-vous rien ? ajouta-t-il d'un visage riant. Le prince se retourna un moment vers elle, et répondit respectueusement comme n'osant se détourner du roi, et sans avoir remué de place. Il salua ensuite madame de Maintenon, qui lui fit fort bien. Ces propos de voyage, de couchées, de chemins durèrent ainsi et tout debout un demi-quart d'heure; puis le roi lui dit qu'il n'était pas juste de lui retarder plus longtemps le plaisir qu'il aurait d'être avec madame la duchesse de Bourgogne, et le renvoya, ajoutant qu'ils auraient loisir de se revoir. Le prince fit sa révérence au roi, une autre à madame de Maintenon, passa devant le peu de dames du palais qui s'étaient enhardies de mettre la tête dans la chambre, *au bas de ces cinq marches,* entra dans le *grand cabinet,* où il embrassa madame la duchesse de Bourgogne, y salua les dames qui s'y trouvèrent, c'est-à-dire les baisa, demeura quelques moments, et passa dans son appartement, où il s'enferma avec madame la duchesse de Bourgogne.

» Leur tête-à-tête dura deux heures et plus; tout à la fin madame d'O y fut en tiers; presque aussitôt après, la maréchale d'Estrées y entra, et peu de moments après madame la duchesse de Bourgogne sortit avec elles, et revint dans le grand cabinet de madame de Maintenon. Monseigneur y vint à l'ordinaire au sortir de la comédie[1]; madame la duchesse de Bourgogne, en peine de ce que monseigneur le duc de Bourgogne ne se pressait point d'y venir saluer Monseigneur, l'alla chercher, et revint disant qu'il se poudrait; mais remarquant que Monseigneur n'était pas satisfait de ce peu d'empressement, elle envoya le hâter. Cependant la maréchale d'Estrées, folle et étourdie, et en possession de dire tout ce qui lui passait par la tête, se mit à attaquer Monseigneur de ce qu'il attendait si tranquillement son fils au lieu d'aller lui-même l'embrasser. Ce propos hasardé ne réussit pas. Monseigneur répondit sèchement que ce n'était pas à lui à aller chercher le duc de Bourgogne, mais au duc de Bourgogne à le venir trouver. Il vint enfin. La réception fut assez bonne, mais elle n'égala pas celle du roi à beaucoup près. Presque aussitôt le roi sonna, et on passa pour le souper[2]. »

Nous avons transcrit tout entière cette scène de la réception du duc de Bourgogne par le roi Louis XIV, malgré sa longueur, parce qu'elle donne les renseignements les plus exacts sur cet appartement de madame de Maintenon, tant cherché, et aussi parce que nous avons pensé qu'elle paraîtrait d'autant plus pi-

---

[1] Par le petit escalier qui se trouve entre le grand cabinet de madame de Maintenon et l'antichambre de M. le duc de Bourgogne.

[2] *Mémoires de Saint-Simon*, tome XII, page 132. Édition Delloye.

quante qu'on pourrait la suivre dans tous ses détails sur les lieux mêmes.

Il nous semble que d'après ces diverses descriptions de Félibien et de Saint-Simon, et en les comparant aux plans que Blondel a donnés des appartements du château de Versailles à l'époque de Louis XIV, il ne doit rester aucun doute dans l'esprit des personnes même les plus prévenues sur l'emplacement qu'occupait l'appartement de madame de Maintenon.

Maintenant, quelle raison a donc pu faire indiquer comme *appartement de madame de Maintenon* des chambres qui n'en ont jamais fait partie, et qui en sont même si éloignées ?

La seule véritable, c'est qu'au moment où l'on cherchait à retrouver, pour chacune des pièces des petits appartements, le nom qu'elles avaient dû avoir sous Louis XIV, on n'avait aucune donnée sur le lieu qu'avait occupé l'appartement de madame de Maintenon ; et que comme il existait un petit escalier allant des petits appartements à l'appartement du rez-de-chaussée (ancien appartement des Bains), et portant encore le nom d'*escalier de Maintenon*, on supposa que l'appartement de la secrète épouse de Louis XIV avait dû ouvrir sur cet escalier, qui lui servait sans doute d'entrée particulière. De là la place qu'on lui donne dans tous les ouvrages modernes, et en particulier dans celui de M. Vatout.

Mais ce nom de Maintenon, conservé à l'escalier

dont nous parlons, et qui a induit en erreur l'*historiographe moderne des bâtiments du roi*, ne peut-il pas s'expliquer tout autrement ?

Félibien nous dit, dans sa description du château, que l'appartement *des Bains*, placé sous les grands appartements du roi, était occupé par le duc du Maine; or, tout le monde sait que madame de Maintenon est restée gouvernante de ce jeune prince jusqu'au moment de son élévation, et qu'elle allait fréquemment chez le roi, surtout dans les premiers temps de sa faveur. Eh bien, ne peut-on pas considérer comme à peu près certain que cet escalier, qui se rendait directement des appartements qu'elle habitait avec le duc du Maine dans ceux de Louis XIV, devait être celui qu'elle prenait pour y aller; d'où, par suite, lui serait venu le nom qu'il a conservé jusqu'à nos jours ?

Quelle que soit la valeur de cette explication, à laquelle nous attachons très-peu d'importance, toujours est-il qu'il résulte des descriptions de *Félibien* et de *Saint-Simon*, comparées aux plans de *Blondel*, que l'appartement occupé par madame de Maintenon dans le château de Versailles était situé du côté des appartements de la reine, occupés alors par la duchesse de Bourgogne, derrière la grande salle des gardes du corps, de plain-pied avec l'appartement de Louis XIV, et ouvrant en face de ce dernier dans le vestibule placé au haut de l'escalier de marbre ou de la reine; et que cet appartement, successivement occupé sous Louis XV par le comte de Clermont, et sous Louis XVI par le maréchal de Duras, forme aujourd'hui trois des salles consacrées aux campagnes de 1793, 1794 et 1795.

Tout en admettant cette conclusion, quelques personnes pourraient peut-être penser que dans les derniers temps de la vie de Louis XIV, et particulièrement après la mort du duc et de la duchesse de Bourgogne, madame de Maintenon vint habiter une autre partie du château; mais en lisant attentivement Saint-Simon, surtout lorsqu'il parle de la dernière maladie du roi, on voit qu'elle resta toujours dans le même appartement.

« Toute la cour, dit-il, se tenait tout le jour dans la galerie. Personne ne s'arrêtait dans l'antichambre la plus proche de la chambre (l'Œil-de-bœuf) que les valets familiers, et la pharmacie, qui y faisaient chauffer ce qui était nécessaire; on y passait seulement, et vite, et d'une porte à l'autre. Les entrées passaient dans les cabinets par la porte de glace qui y donnait de la galerie qui était toujours fermée, et qui ne s'ouvrait que lorsqu'on y grattait, et se refermait à l'instant. Les ministres et les secrétaires d'État y entraient aussi, et tous se tenaient dans le cabinet qui joignait la galerie (le cabinet des Termes). Les princes du sang, ni les princesses filles du roi n'entraient pas plus avant, à moins que le roi ne les demandât, ce qui n'arrivait guère. Le maréchal de Villeroy, le chancelier, les deux bâtards, M. le duc d'Orléans, le père Tellier, le curé de la paroisse, quand Maréchal, Fagon et les premiers valets de chambre n'étaient pas dans la chambre, se tenaient dans le cabinet du Conseil, qui est entre la chambre du roi et un autre cabinet (des Termes), où étaient les princes et princesses du sang, les entrées et les ministres.

» Le duc de Tresmes, premier gentilhomme de la chambre en année, se tenait sur la porte, entre les deux cabinets, qui demeurait ouverte, et n'entrait dans la chambre du roi que pour les moments de son service absolument nécessaire. Dans tout le jour personne n'entrait dans la chambre du roi que par le cabinet du Conseil, excepté ces valets intérieurs ou de la pharmacie qui demeuraient dans la première antichambre, *madame de Maintenon* et les dames familières, et pour le dîner et le souper, le service et les courtisans qu'on y laissait entrer. »

Ainsi, c'était par les antichambres, c'est-à-dire du côté où se trouvait l'appartement déjà indiqué de madame de Maintenon, qu'elle entrait dans la chambre du roi; et l'on ne concevrait pas qu'elle eût pris cette route, dans le cas où son logement eût été transféré de l'autre côté du château. Mais Saint-Simon ajoute encore plus loin quelque chose de plus positif. Après avoir raconté comment le roi, à l'extrémité, venait de recevoir les soins d'un *manant provençal, fort grossier, qui lui apportait un remède qui guérissait la gangrène,* il dit : « Madame de Maintenon venait de sortir de chez le roi, ses coiffes baissées, menée par le maréchal de Villeroy *par devant chez elle sans y entrer, jusqu'au bas du grand degré,* où elle leva ses coiffes. Elle embrassa le maréchal d'un œil fort sec, en lui disant : Adieu, monsieur le maréchal, monta dans un carrosse du roi qui la servait toujours, dans lequel madame de Caylus l'attendait seule, et s'en alla à Saint-Cyr, suivie de son carrosse où étaient ses femmes[1]. »

Comme il n'y a pas de doute, d'après ce que nous avons déjà expliqué, sur l'escalier appelé par Saint-Simon le *grand degré,* que c'est l'escalier de marbre existant encore aujourd'hui, il est donc évident que madame de Maintenon passait ainsi devant l'appartement que nous avons décrit, qu'elle habitait encore en 1715, à la mort de Louis XIV.

Les recherches auxquelles nous nous sommes livré pour retrouver l'emplacement de l'appartement de madame de Maintenon, nous ont mis à même de relever une erreur assez grave du livre de M. Vatout. C'est à l'occasion du confessionnal de Louis XIV.

L'on a vu sur le plan de Blondel, et d'après la description de Félibien, que la pièce où se trouve aujourd'hui le confessionnal formait un salon ovale, dont un côté ouvrait sur un cabinet et l'autre sur le

---

[1] Voir *Histoire de la maison royale de Saint-Cyr,* par M. Théophile Lavallée, le même fait raconté d'une manière bien différente.

salon précédant la galerie de Mignard. M. Vatout, qui a vu aussi ce salon sur le plan de Blondel, pense qu'il faisait partie, ainsi que le cabinet et la salle du déjeuner, de l'appartement de madame de Maintenon, puisqu'il dit : « La petite galerie Mignard, avec ses deux salons, pouvait offrir à cet appartement de brillants accessoires, lorsqu'on y jouait la comédie. » Ce qui ne l'empêche pas, quelques pages plus loin, d'y mettre le confessionnal de Louis XIV : « C'est là, dit-il, que s'agenouillait le grand roi; c'est là qu'il humiliait sa fierté devant Celui au nom duquel s'abaissent toutes les grandeurs de la terre. » Comme s'il était présumable que le roi eût été placer le mystérieux endroit où devait se dévoiler ses plus secrètes pensées au milieu même de l'appartement de la favorite ! Nous ne faisons cette remarque que pour montrer la contradiction dans laquelle est tombé M. Vatout, car il est évident que le confessionnal de Louis XIV n'a jamais été placé dans ce lieu. Sous ce roi, s'y trouvaient le salon ovale et un cabinet. Sous Louis XV, d'après les changements indiqués dans l'un des plans de Blondel, on fit à la place du salon ovale un petit salon carré, et l'on établit une *garderobe* dans le cabinet. Enfin, sous Louis XVI, de nouveaux changements eurent encore lieu, le salon fut diminué, et l'on en fit un cabinet dans lequel fut placé le confessionnal du roi. C'est donc Louis XVI, et non Louis XIV, qui a fait mettre son confessionnal dans cet endroit. Nous ne savons si, sous Louis XVI, le capitaine des gardes se tenait l'épée à la main, pendant la confession, derrière la glace sans tain que l'on remarque dans la niche près du confessionnal ; mais s'il en était ainsi sous Louis XIV, comme le dit M. Vatout, ce n'est point dans cet endroit qu'avait lieu cette *étrange habitude*.

# VI

## L'ANCIENNE MACHINE DE MARLY

ou

## DE VILLE ET RENNEQUIN.

Il n'existe peut-être pas de machine qui ait eu une réputation aussi colossale que l'ancienne machine de Marly. Son aspect gigantesque, sa complication apparente, le bruit extraordinaire produit par son mécanisme que l'on entendait d'une distance considérable, cette masse de charpentes et de chaînes de fer se mouvant continuellement depuis le bord de la Seine jusqu'au haut de la montagne de Louveciennes, tout enfin dans cette immense machine était fait pour étonner les regards et frapper l'imagination de la foule. Il semble que l'auteur d'un si étonnant travail n'a pu rester inconnu, et cependant, même aujourd'hui, l'on discute encore pour savoir qui il est. Ce fait, qui paraît extraordinaire, s'explique naturellement par l'usage où l'on était, sous Louis XIV, de faire tout au nom du roi ou de ses ministres, et de placer ainsi dans l'ombre et au rang de simples employés des bâtiments les véritables auteurs de la plupart des merveilles exécutées sous le règne du grand roi. Que l'on demande en effet aux historiens à qui sont dus les immenses travaux faits pour amener les eaux de l'Eure à Versailles, ou pour réunir les eaux de pluie et de neige à plus de dix lieues à la ronde, et les verser dans ces réservoirs, si heureusement alimentés aujourd'hui par la nouvelle machine hydraulique de la Seine; qu'on les interroge pour savoir les noms des habiles artistes qui ont exécuté les plus jolis arrangements des jardins de Versailles, et ces magnifiques jets d'eau si habilement et si élégamment disposés, ils nommeront Louis XIV, Colbert et Louvois, et à la suite Mansart et Le Nôtre; mais de l'abbé Picard, de Lahire, de Vauban, de Perrault, de Francine, etc., pas un mot; et il faut, comme nous l'avons fait, aller fouiller dans les archives, dans les registres des bâtiments, pour retrouver les véritables auteurs de tous ces beaux travaux. C'est là ce qui est arrivé aussi pour la machine de Marly. En n'allant pas chercher aux véritables sources, on s'en est rapporté à des on dit plus ou moins désintéressés, et aidé du merveilleux populaire, qui aime toujours à rencontrer des moyens extraordinaires dans l'exécution de choses qui lui paraissent extraordinaires, l'on a ainsi déplacé les rôles, et attribué à un seul, et encore à celui qui y a pris la moindre part, l'honneur de son invention. Reprenons donc un peu l'historique de la machine de Marly, et suivons-le d'après les documents authentiques, dont les pièces vont être mises sous les yeux du lecteur.

Louis XIV venait de désigner Versailles pour son séjour habituel. Colbert, l'exécuteur des volontés du maître, donnait les ordres les plus précis pour hâter les travaux nécessaires à leur accomplissement. Une chose cependant semblait s'opposer aux désirs du roi, et paraissait condamner Versailles à n'être jamais qu'un séjour passager : c'était le manque d'eau. Mais le roi avait parlé, et son ministre avait fait un appel à tous ceux que leurs connaissances spéciales pouvaient mettre à même de résoudre cette importante question. Déjà, des travaux importants avaient été exécutés [1], et non-seulement les eaux de sources, mais encore des eaux recueillies sur les hauteurs environnant Versailles, commençaient à satisfaire les désirs du roi et de son ministre. Sur ces entrefaites, Colbert apprend qu'un gentilhomme liégeois, ingénieur lui-même, vient de faire exécuter dans le domaine des comtes de Marchin, seigneurs de Modave [2], une machine qui élève l'eau à une très-grande hauteur, et qui, appliquée à Versailles, pourrait amener les eaux de la Seine jusque dans cette ville. Il se hâte de lui écrire au nom du roi, et l'engage à venir

---

[1] Voir le livre des *Eaux de Versailles,* par J. A. Le Roi.

[2] De Ville, qui était fils d'un bourgmestre de Ville, passa la plus grande partie de sa jeunesse au château de Modave.

examiner si, à l'aide d'une semblable machine, Versailles peut être alimenté des eaux qui lui manquent. Ce gentilhomme liégeois était le chevalier de Ville, baron libre du Saint-Empire romain [1]. Vivant dans un pays où l'on construisait de nombreuses machines pour épuiser les eaux souterraines qui nuisent à l'exploitation des houillères et des mines de charbon de terre, il s'était familiarisé avec l'étude de ces machines. Désirant élever l'eau du Hoyoux sur les hauteurs du domaine de Modave, il avait fait construire un de ces appareils déjà employés depuis longtemps dans les mines de Hongrie, lorsqu'il s'agissait de transmettre l'eau à de grandes distances, par-dessus de hautes montagnes [2]. Mais il dut principalement la réussite de son entreprise à l'habileté du constructeur chargé de son exécution, Rennequin Sualem, qu'une grande intelligence et une longue pratique avaient initié à toutes les difficultés de la mécanique.

De Ville se rend aussitôt à l'invitation de Colbert, et arrive à Versailles, accompagné de Rennequin Sualem, car il sent que pour l'exécution de pareille entreprise il ne peut se passer de l'habile ouvrier dont il connaît par expérience toute la capacité.

La réussite d'une mécanique assez puissante pour amener l'eau de la Seine jusqu'à Versailles demandait une chute considérable, pouvant faire mouvoir les grandes et nombreuses roues destinées à lui don-

---

[1] Voir note n° 11, *Pièces justificatives*.
[2] De Prony, art. Rennequin, *Biographie universelle*.

ner l'impulsion. De Ville suit la Seine dans tous ses contours, la sonde lui-même dans tous ses points, et trouve enfin, entre Chatou et la chaussée de Bougival, une chute assez forte pour la réussite de son entreprise [1].

La chute trouvée, il fallait faire franchir à l'eau de la Seine la distance qui la séparait non-seulement de la hauteur de la montagne de Louveciennes, mais encore du sommet d'une tour élevée sur cette hauteur, et qui, dominant tout le pays, pouvait permettre d'envoyer cette eau soit à Versailles, point principal pour lequel on demandait l'établissement de cet instrument hydraulique, soit à Marly, dont le roi venait d'arrêter la construction, soit même à Saint-Germain [2]. De Ville se mit aussitôt au travail, fit les projets de cet immense appareil, les présenta au roi qui les adopta, et commença aussitôt les travaux.

Il fallait, pour la bonne exécution de ces travaux, qu'ils fussent confiés à des hommes déjà au fait de ces sortes d'ouvrages. De Ville et Rennequin retournèrent à Liége et en ramenèrent une colonie d'ouvriers, charpentiers, menuisiers, forgerons, etc., et de plus de Ville passa des marchés avec les entrepreneurs de ce pays, en sorte que, corps de pompes,

---

[1] Voir le tableau des pentes de la Seine fait à cette époque, note n° 6.

[2] Voir le plan de la machine, par P. Giffart, note n° 2.

mécanismes, cuirs, fers, etc., tout vint de Liége [1].

Toute la partie de la Seine comprise entre le Port-Marly et Bezons était à cette époque presque entièrement divisée en deux bras par une suite de petites îles. Pour que la navigation ne fût pas interrompue et avoir en même temps une grande partie des eaux du fleuve employée au mouvement de la machine, il fallait réunir toutes ces îles, n'en faire qu'une seule digue, et agrandir le bras de la rive droite afin d'en former un canal navigable. Ce fut le premier travail exécuté par de Ville [2]. Cette digue et ce canal, qui ont plus de 10,000 mètres de longueur, furent commencés au mois de mai 1681 et achevés au mois d'octobre de la même année. Pendant ce temps se construisait la machine. Toutes les maisons, terres, vignes, etc., comprises entre l'endroit où se trouvait la chute et les hauteurs de Louveciennes, avaient été achetées par le roi. De Ville s'établit dans l'une des maisons de la chaussée, afin de mieux surveiller les travaux; il y fait construire un modèle de la machine, et Rennequin Sualem, le constructeur et l'inspecteur de cette immense machine, y habite auprès de lui [3].

La science de l'hydraulique était alors peu avancée, surtout en France, et peu de personnes étaient

---

[1] Voir le détail des dépenses de la machine, registre des bâtiments du roi, note n° 1.

[2] Voir le procès-verbal de l'arpenteur Caron, note n° 5.

[3] Cette maison est occupée aujourd'hui par le directeur.

en état de comprendre le mécanisme et les effets de ce grand travail. Des doutes s'étant manifestés sur sa réussite [1], et le roi ayant désiré qu'il fût fait un essai, de Ville fit construire, au moulin de Palfour, sous sa direction, et par deux Liégeois, Lambotte et Georges d'Espa, une machine analogue à celle que l'on construisait en grand à Marly, qui éleva l'eau jusque sur la terrasse de Saint-Germain [2].

Après cette expérience décisive on ne fit plus d'objections, et l'on continua avec activité les travaux de la machine. Nous n'entreprendrons pas d'en faire ici la description complète [3], nous rappellerons seulement qu'au-dessous de la chute, dans la Seine, se trouvaient quatorze roues hydrauliques de 36 pieds de diamètre chacune, mises en mouvement par l'eau de cette chute [4]; ces roues mettaient en jeu huit pompes chargées d'entretenir toujours l'eau à une égale élévation dans un bassin élevé à peu près à la hauteur du bord des autres corps de pompes. Celles-ci, au nombre de soixante-quatre, refoulaient cette eau dans un puisard placé sur le penchant de la montagne. L'eau élevée à ce premier puisard y était reprise par soixante-dix-neuf pompes, et refoulée

---

[1] Voir la note n° 10, *Pièces justificatives*.

[2] Voir détail des dépenses, note n° 1.

[3] Voir l'*Architecture hydraulique* de Bélidor, et les *Eaux de Versailles*, par J. A. Le Roi.

[4] Nous nous servons ici de la description donnée par M. de Prony et par Bélidor.

une seconde fois jusqu'à un second puisard supérieur au premier; là, quatre-vingt-deux pompes achevaient d'opérer l'ascension de l'eau jusqu'au sommet de la tour, dont la plate-forme supérieure est élevée de 154 mètres au-dessus des eaux moyennes de la Seine, et se trouve placée à 1,236 mètres de distance horizontale de la machine en rivière, ou du premier mobile. Comme, par suite de la difficulté que l'on éprouvait alors à bien joindre les tuyaux entre eux, beaucoup d'eau se perdait en montant à la tour, seize pompes étaient placées dans un réservoir situé derrière le puisard supérieur afin de ramener cette eau perdue dans ce même puisard. Pour augmenter la quantité d'eau élevée par la machine, on avait réuni dans un bassin, un peu au-dessous du premier puisard, les eaux assez abondantes de toutes les sources des environs, et huit pompes servaient à les élever dans le second puisard. On voit donc que le produit de la machine était le résultat du travail de deux cent cinquante-trois pompes, placées tant dans le lit du fleuve que dans les puisards établis sur le penchant de la montagne. Tout ce système de pompes était mis en mouvement par les roues hydrauliques tournant par l'impulsion de l'eau du fleuve, qui avaient deux fonctions : l'une de faire mouvoir les soixante-quatre pompes fournissant l'eau reprise successivement par les deux systèmes supérieurs; l'autre de mettre en jeu les longues suites de pièces de communication de mouvement au moyen desquelles les pompes des deux systèmes supérieurs pouvaient faire leur service. Cette transmission du mouvement s'opérait par l'intermède de plusieurs couples de chaînes de fer partant de la Seine, et aboutissant aux points où le mouvement devait être transmis; chaque couple avait ses deux chaînes dans un même plan vertical, attachées d'espace en espace aux extrémités des balanciers, dont les axes de rotation, placés à mi-distance entre les deux chaînes, étaient posés sur des cours de lices établis sur des chevalets. Des manivelles en fer, fixées aux extrémités des axes des roues hydrauliques, agissaient sur les chaînes, dans le sens de leur longueur, par l'intermède de pièces de traction et de rotation. En résultat, lorsque la chaîne supérieure d'une couple était tirée et se mouvait dans le sens de la descente de la montagne, l'inférieure se mouvait dans le sens de la montée, et réciproquement; ces allées et venues oscillatoires, qui se répétaient plusieurs fois par minute, produisaient des oscillations correspondantes dans les pièces du mécanisme auxquelles les points supérieurs des chaînes étaient attachés, et par suite l'ascension et la descente des pistons des pompes de reprise des puisards. Ces indications sommaires, ajoute M. de Prony, à qui nous empruntons ces détails, suffisent pour motiver l'énorme quantité de fer et de bois dont la montagne se trouvait couverte sur une longueur d'environ 700 mètres.

Actuellement que l'on voit arriver l'eau facilement

d'un seul jet au haut de la tour, et avec un appareil d'une grande simplicité, on est étonné de la nécessité où l'on fut alors d'établir cette masse de pompes, de puisards, de leviers immenses, de rouages de toute espèce pour obtenir un résultat bien inférieur à celui d'aujourd'hui. On oublie les progrès faits par les arts industriels depuis ce temps. Alors le jeu des pistons dans les corps de pompes, et l'assemblage des tuyaux étaient tels que l'air s'y introduisait de toutes parts et opposait une énorme résistance à l'ascension de l'eau, et qu'une grande quantité de liquide était perdue sans aucun résultat pour le but qu'on voulait obtenir. Voilà pourquoi, l'eau ne pouvant s'élever d'un jet qu'au tiers de la route qu'elle avait à parcourir, on fut obligé de diviser la machine en trois systèmes de pompes, dont l'un, partant de la Seine, la portait à mi-côte, le deuxième la faisait arriver au réservoir supérieur, et le troisième enfin l'élevait jusque sur la tour; et comme les deux systèmes de pompes, qui reprenaient à mi-côte l'eau refoulée immédiatement de la Seine, ne pouvaient avoir de mouvement qu'en vertu de la force motrice transmise du point inférieur du système général et émanant des eaux mêmes du fleuve, on s'explique la complication apparente de cette machine, son aspect gigantesque et les mouvements bruyants de toutes ces masses, dont on ne pouvait pas, sans instruction et sans étude, saisir la correspondance avec le premier mobile.

Les travaux de cette immense machine, commencés en 1681, étaient déjà assez avancés en 1684 pour qu'on en fît l'essai. Nous avons dit que de Ville, en élevant la tour, avait eu pour but de dominer tous les environs et de pouvoir ainsi, de ce point, diriger l'eau partout où le roi voudrait la distribuer. Pour faire son essai, il fit construire une espèce de tour en charpente [1], sur le sommet de laquelle on vit en effet l'eau arriver ainsi qu'il l'avait promis.

Après cet essai qui levait tous les doutes sur la réussite de la machine, on remplaça la tour en bois par la tour en pierre et le bel aqueduc qui domine, d'une façon si pittoresque, tous les environs. Mansart en dessina les plans, en fit les devis, et fut chargé de la construction. On creusa en même temps les réservoirs de Marly et de Louveciennes, on fit les aqueducs pour conduire l'eau à Versailles, on éleva, dans cette ville, le *gros mur* de Montreuil, qui reliait la butte de Picardie à la butte de Montbauron, on creusa aussi les réservoirs placés sur cette butte, et Louvois, qui venait de faire exécuter tous ces travaux, eut la satisfaction de voir arriver l'eau de la Seine dans ces derniers bassins, l'année suivante, 1685.

En 1684, après l'essai de l'ascension de l'eau sur la tour, le roi chargea Vauban de visiter la machine

---

[1] Cette tour en charpente fut plus tard portée à l'Observatoire de Paris, et servit à placer les premiers télescopes. Voir l'*Histoire de l'Académie des sciences*, année 1690.

et de faire faire les travaux qu'il jugerait nécessaires pour sa confection. Vauban, accompagné de de Ville, examina tout avec la plus minutieuse attention; il admira cet immense travail, et en comprit immédiatement tout le mécanisme et les effets [1]; il fit simplement quelques observations sur la construction de plusieurs parties des digues de la Seine, et crut nécessaire, pour préserver la machine de l'action destructive des glaces, de faire construire au-devant une estacade qui pût les diriger sur la grande digue [2].

Telle est l'histoire, bien abrégée, de la construction de l'ancienne machine de Marly. Mais à qui doit-on cette machine, et quel en est l'inventeur ? Il semble, d'après ce récit, que nul autre que de Ville ne doit en recueillir l'honneur, et cependant aujourd'hui l'opinion générale lui conteste cette invention pour l'attribuer à un homme dont nous avons à peine parlé, à Rennequin Sualem. Cherchons donc la cause de cette opinion, et voyons, en consultant les pièces authentiques, quels rôles ont pu jouer, dans l'établissement de cette célèbre machine, de Ville et Rennequin Sualem.

Et d'abord examinons comment s'est établie l'opinion qui en attribue l'invention à Rennequin.

---

[1] Voir Piganiol de la Force, *Description de la machine*, note n° 8.

[2] *Instruction pour l'établissement d'une estacade*, par Vauban. Archives de la machine, note n° 4.

Un Allemand, Frédéric Weidler, professeur à Wittemberg, écrivit, en 1728, un ouvrage intitulé *Tractatus de machinis hydraulicis toto terrarum orbe maximis, Marliensi, Londinensi et aliis rarioribus.* En 1714, il vint visiter la machine qu'il allait décrire. Dans cette visite, qui va lui servir plus tard pour donner le nom de son inventeur, il ne voit ni de Ville, son gouverneur, ni les contrôleurs, ni Vauban, ni Mansart, ni même les entrepreneurs qui avaient eu des rapports directs avec l'inventeur; il se contente de consulter les ouvriers qui ont travaillé dès le commencement avec Rennequin : *Ii autem, qui initiis fabricæ interfuerunt, affirmarunt mihi ad unum omnes, Rannequium illius verum auctorem et fabricatorem, et Villaneum commendatorem apud aulam et veluti ergo dioctem extitisse.* — Et quels étaient ces ouvriers qui lui assuraient ainsi que Rennequin était le véritable inventeur de la machine, c'était toute la colonie liégeoise, Paul Sualem, Toussaint, Siané, etc., tous parents ou amis de Rennequin. Cette assertion de Weidler, répétée, sans contrôle, par les écrivains spéciaux, est restée comme certaine pour ceux qui depuis ont parlé de la machine. Mais ce qui a surtout rendu cette opinion populaire, c'est l'épitaphe gravée sur sa tombe, qui, de l'église de Bougival, où elle était à peine connue avant la Révolution, a passé dans un cabaret de la chaussée, et y est restée pendant de longues années exposée aux regards de tous ceux qui venaient visiter la machine, en indiquant Rennequin comme son seul inventeur [1].

Telles sont les deux seules autorités qui ont fait attribuer à Rennequin l'invention de la machine.

Quelques écrivains modernes ont cherché à rétablir les faits et à rendre à de Ville la place qu'il aurait dû toujours occuper [2]; l'abbé Caron, entre autres [3], dans une notice lue à la Société des sciences morales, des lettres et des arts de Seine-et-Oise, semblait avoir justement attribué à chacun le rôle joué dans la construction de la machine, et nous croyions la question jugée, lorsque nous avons reçu de Liége une petite brochure [4], dans laquelle non-seulement Rennequin Sualem est regardé comme l'inventeur de la machine, mais où de Ville est traité d'imposteur, et où nous voyons que le conseil communal de Liége, pour honorer l'inventeur de cette machine, vient d'appeler une des rues de la ville du nom de Rennequin. Il nous paraît donc nécessaire de faire connaître les nombreuses pièces qui constatent le rôle joué par de Ville dans l'établissement de la machine de Marly.

Ce qui a beaucoup contribué à faire dépouiller de Ville de son titre d'inventeur de la machine, ce sont surtout sa position de fortune et ses titres. Comment

---

[1] Elle est aujourd'hui chez le directeur de la machine.

[2] Le *Siècle des beaux-arts*, par Ossude, et des *Eaux de Versailles*, par J. A. Le Roi.

[3] *Mélanges littéraires et scientifiques*, par l'abbé Caron.

[4] *Quelques mots sur le lieu de naissance et l'époque du décès de Renkin Sualem.*

supposer, en effet, qu'un chevalier, baron du Saint-Empire, possédant des terres, pût être en même temps un savant? Non, le baron de Ville n'a dû être que le négociateur de l'entreprise, l'entremetteur de la cour de Louis XIV avec le véritable auteur de la machine, simple ouvrier, *ferè analphabêtos, sed manuariâ arte excellens* [1]. On attribue aussi à Rennequin la construction de la machine hydraulique de la terre de Modave, qui a attiré les regards de Colbert, et comme c'est de cette construction qu'est venue la première idée de la machine de Marly, on en tire la preuve qu'on lui doit l'invention de cette dernière machine. Mais ce qu'on ne dit pas, c'est que cette machine hydraulique de Modave n'était qu'une imitation de celles dont on se servait déjà depuis longtemps dans les mines de Hongrie et de Suède; que, par conséquent, ce n'était point une invention de Rennequin, et que c'est à de Ville, ingénieur instruit et au courant de tout ce qui avait été fait en ce genre, que l'on en doit l'application dans le domaine des comtes de Marchin.

Suivons maintenant de Ville à la machine de Marly. Avant de penser à établir un mécanisme capable de faire monter l'eau de la Seine à Versailles, il est nécessaire de trouver une chute assez puissante pour faire mouvoir ce mécanisme. Il faut pour cela un homme instruit et expert dans les travaux hydrau-

---

[1] Weidler.

liques. Qui est chargé de ce travail? De Ville. Nous le voyons, en effet, rechercher et reconnaître les pentes de la Seine, indiquer et faire exécuter les travaux nécessaires pour établir les digues et agrandir le lit du fleuve laissé à la navigation [1].

La chute trouvée, qui voyons-nous encore préparer et ordonner tous les travaux de construction de la machine, faire arriver les eaux des sources de Prunay, de Louveciennes et de Bougival, afin de les joindre à celles élevées de la Seine? C'est encore de Ville [2].

Le roi désire qu'un essai de ce que peut une machine de ce genre pour élever l'eau soit tenté devant lui. N'est-ce pas encore de Ville, et ici sans le secours de Rennequin, qui fait construire la pompe du moulin de Palfour, et démontre ainsi au roi, par avance, la certitude du résultat de ses opérations [3]?

N'est-ce pas lui aussi que nous voyons, en 1683, indiquer à l'arpenteur Caron, et dessiner sur le terrain les places que devront occuper les chevalets, puisards, réservoirs, etc., nouveaux, nécessités par l'augmentation du mécanisme de la machine [4]?

En 1684, Vauban, chargé par le roi d'examiner la machine, la visite dans tous ses détails, et c'est de Ville qui lui en explique le mécanisme.

[1] Voir le procès-verbal du sieur Caron, du 15 février 1683, note n° 5.
[2] Voir le procès-verbal du 12 janvier 1682, du même, note n° 5.
[3] Registre des bâtiments du roi, année 1681, note n° 1.
[4] Procès-verbal du 15 février 1683, note n° 5.

On le voit encore non-seulement surveiller et diriger les travaux sur place, mais de plus faire des voyages à Liége pour s'entendre avec ceux qui fabriquent les pompes, et faire venir de ce pays et fers et mécaniques.

Et si on le voit ainsi partout, c'est qu'il ne pouvait en être autrement. N'était-ce pas lui, en effet, qui avait présenté les projets d'après lesquels on exécutait cet immense appareil [1], et n'était-il pas responsable de la réussite de cette machine dont on attendait de si grands résultats ? Aussi, lorsque le succès a couronné son entreprise, avec quelle magnificence le roi le récompense ! En 1684, après l'expérience de l'arrivée de l'eau au sommet de la tour, le roi lui accorde 6,000 livres de gratification. En 1685, les 6,000 livres de gratification lui sont continuées, et le 28 juillet de la même année, quand l'eau de la Seine est enfin arrivée à Versailles, Louis XIV lui fait un don de 100,000 livres. Puis il lui fait bâtir près de la machine une magnifique habitation [2], le nomme gouverneur de cette machine, et aux 6,000 livres de gratification qu'il conserve sa vie durant, il en ajoute 6,000 de pension [3].

Voilà, d'après les documents que nous donnons à

---

[1] Voir le plan de la machine. — Arch. de la machine, note n° 2.

[2] Cette maison est celle où madame du Barry fit bâtir son pavillon de Louveciennes.

[3] Registre des dépenses des bâtiments du roi, note n° 1.

la suite de ce récit, la part de de Ville dans l'établissement de la machine de Marly. Voyons maintenant celle de Rennequin.

Rennequin Sualem était un ouvrier charpentier de Liége, d'une grande intelligence et d'une habileté peu commune. Il tenait le premier rang parmi les constructeurs des mécaniques dont on se servait dans les mines du territoire liégeois pour épuiser les eaux souterraines. On a vu qu'il construisit la machine dont de Ville se servit à Modave pour élever les eaux du Hoyoux. Aussi, lorsque celui-ci fut chargé par Colbert de venir étudier les moyens de donner de l'eau à la ville royale, se fit-il accompagner de l'habile exécuteur de ses idées.

En étudiant les diverses pièces que nous faisons connaître, nous ne voyons apparaître Rennequin que lorsqu'il s'agit de la construction de la machine. Nous le trouvons établi auprès de de Ville, et à la tête de tous ces ouvriers liégeois habitués depuis longtemps à des travaux analogues, les commandant, les dirigeant dans l'exécution d'un mécanisme souvent modifié et amélioré par sa longue pratique et sa haute intelligence ; mais nous ne le rencontrons ni lorsqu'il s'agit de la recherche de la chute d'eau nécessaire à l'établissement de la machine et de la construction des digues ; ni lorsque, pour augmenter les eaux élevées par la machine, on vient y ajouter celles des diverses sources des environs ; ni, enfin, dans la combinaison qui fait distribuer en trois parties distinctes la route que doit suivre l'eau pour son ascension au haut de la tour. Son rôle, enfin, paraît avoir été celui d'un mécanicien plein de sagacité, de connaissances et de talent dans son art, et sans lequel peut-être les idées de de Ville n'eussent pu être exécutées; et c'est probablement dans ce sens que ses compagnons, ayant pu apprécier à l'œuvre la facilité avec laquelle il saisissait les problèmes les plus difficiles de la mécanique, savait les réduire en pratique, et combien de fois les difficultés les plus grandes avaient été surmontées par lui dans la construction de la machine, l'en regardaient comme le véritable inventeur. Rennequin, enfin, était un habile charpentier-mécanicien, et probablement le premier de cette époque dans ce genre de travail. C'est ainsi qu'il fut toujours considéré pendant sa vie.

En 1688, des pompes et une machine à cheval sont nécessaires pour le service de la maison des demoiselles de Saint-Cyr; c'est Rennequin et Lambotte qui sont chargés de son exécution [1]. Et lorsque la machine de Marly est enfin entièrement terminée, on le voit chargé de sa surveillance, y rester attaché, ainsi que les autres ouvriers de Liége, avec le titre d'ingénieur et de chef des charpentiers liégeois, et on lui accorde en outre un logement spécial et 1,800 livres d'appointements.

Ainsi, il résulte de l'étude de nos documents que

---

[1] Dépenses des bâtiments du roi, note n° 1.

de Ville a été véritablement, comme le dit la légende du plan de la machine dessinée en 1688, l'inventeur, et Rennequin Sualem le constructeur de cette célèbre machine, et qu'ils ont été tous deux récompensés suivant le rôle qu'ils avaient joué chacun dans son exécution.

Si cependant quelques personnes, s'appuyant sur l'opinion de Weidler et sur l'inscription de la pierre tumulaire de Bougival, veulent conserver à Rennequin le titre d'inventeur, nous les prierons de se rappeler que Weidler n'a établi son dire que sur les propos d'ouvriers parents ou amis de Rennequin, et plusieurs années après la mort de celui-ci; et que, quant à l'épitaphe placée par les mêmes parents dans l'église de Bougival après le décès de la veuve de Rennequin, et longtemps après la mort de celui-ci, on y aurait probablement répondu avant la mort de de Ville, arrivée en 1722, si elle n'eût pas été enfouie et ignorée dans un coin obscur dont l'a fait sortir la révolution, pour la livrer à la publicité dans un cabaret de la chaussée. D'ailleurs un acte beaucoup plus sérieux et authentique, son acte de décès dressé du vivant de sa veuve, porte son véritable titre : *constructeur* et non inventeur de la machine [1].

Que sont d'ailleurs ces deux faibles preuves auprès de celles indiquées dans les notes qui suivent en faveur de de Ville ?

---

[1] Voir l'acte de décès de Rennequin, note n° 13.

Ce sont d'abord les registres des bâtiments qui donnent à de Ville le titre d'*ingénieur*, tandis qu'ils donnent à Rennequin celui de *charpentier liégeois*; — puis le plan de la machine, dessiné par Liévin Creuil en 1688, c'est-à-dire quand elle venait d'être terminée, et qui dit en toutes lettres : « Cette machine a été inventée et exécutée par M. le baron de Ville. » Et plus loin : « Elle a été construite par ordre du roi, sur les projets et par la direction de M. le baron de Ville. » — Les écrivains qui, sous Louis XIV et depuis lui, ont été puiser aux sources et ont parlé de la machine, Dangeau, l'abbé de Choisy, Claude Saugrain, Piganiol de la Force, ont tous attribué son invention à de Ville. *Cassan*, dans un poëme sur l'arrivée de la Seine au château de Marly, de 1699, ne lui fait-il pas dire en passant devant le pavillon que de Ville habitait :

> Et reprend en ce lieu l'usage de la voix,
> Pour se plaindre en passant *du chevalier de Ville,*
> . . . . . . . . . . . . . . . . . . . . . . . .
> Qui t'oblige, dit-elle, *avec ton art maudit*
> *A venir malgré moi m'enlever de mon lit?*

La *Gazette de France* de 1682 indique les travaux de la machine comme faits par le *sieur de Ville, gentilhomme liégeois*. La Chesnaye-Desbois, dans son *Dictionnaire de la noblesse*, et le père Anselme, dans l'*Histoire généalogique de France*, disent, en parlant de sa fille qui avait épousé le baron de Montmorency : « Elle était fille d'*Arnold de Ville*, chevalier, etc., gouverneur et directeur de la machine de Marly, *dont il était l'inventeur* [1]. » — Le duc de Luynes, dans ses *Mémoires*, cite aussi de Ville comme l'*auteur de la machine.* — Ceux qui étaient plus à même que tous autres de savoir la vérité sur ce sujet, les contrôleurs chargés plus tard de la direction, le considérèrent toujours comme l'inventeur, et M. Gondouin, dans un rapport écrit en 1792, dit positivement : « Lors de la construction de la machine, le sieur de Ville, mécanicien et *inventeur de la machine,* en fut nommé le gouverneur [2]. »

Enfin, lui-même, au moment suprême où le cœur de l'homme s'ouvre à la vérité, dans son testament retrouvé au château de Modave [3], ne vient-il pas consacrer de nouveau son titre d'inventeur en exprimant ainsi l'une de ses volontés : « J'ordonne que tous les ouvrages que j'ai composés concernant les constructions de la machine de Marly soient imprimés suivant mes dessins en grand. »

Il résulte donc positivement de tout ceci que le baron de Ville a été bien véritablement l'inventeur, ou pour mieux dire l'*auteur du projet de construction de la machine de Marly,* et que Rennequin Sualem en a été l'habile et adroit constructeur.

Que maintenant les habitants de la ville de Liége, qui veulent honorer le nom de celui de leurs compa-

[1] Voir note 12.
[2] Voir note 7.
[3] Note de M. Bormans. V. note 11.

triotes auteur de cette célèbre machine, soient heureux. Leur bonne fortune veut qu'au lieu d'un seul nom, ils en aient deux à offrir en exemple à leur industrieuse population : celui du noble employant les loisirs que lui donne la richesse à cultiver la science pour en faire une application grande et utile, et celui du modeste artisan dont le génie inculte saisit avec facilité les plus hautes conceptions de la science, et sait dans la pratique les résoudre avec bonheur.

# PIÈCES JUSTIFICATIVES.

### NOTE N° 1.

**DÉPENSES DE CONSTRUCTION DE LA MACHINE DE MARLY,**

Extraites des registres des bâtiments du roi, déposés aux Archives de l'Empire.

## Année 1681.

ORDONNANCES.

Au sieur de Ville, gentilhomme liégeois, pour payement des fers corroyés qu'il a fait venir de Liége, pour servir à la machine du moulin de Palfour . . . 2,845 l. 3 s. » d.
Aux ouvriers . . . . . . . . . . .  977  19  »

ORDRES.

26 mars. — Au même, pour *id*. . . 2,845  3  »
Aux ouvriers . . . . . . . . . . .  977  19  »
22 juin. — A George d'Espa, taillandier liégeois, pour une manivelle qu'il a livrée pour la machine. *id.*  490  »  »
Aux ouvriers . . . . . . . . . . .  455  10  »

A Lambotte, charpentier liégeois, pour l'entretennement
de la machine. Pour trois
mois. . . . . . . . . . . . .   360   »   »
A Valland, pour clous. . . . .   32   1   »

Total. . . . . 5,160 l. 13 s. 2 d.

## Marly 1681.

28 octobre 1681. — A Raoul de Pierre,
dit Laporte, charpentier, sur la ma-
chine de la rivière de Seine. . . . 2,000 l. » s. » d.

### OUVRAGES DES ILES DE CROISSY.

#### ORDONNANCES DU 22 JUIN 1681.

11 octobre. — A Renkin-Sualem, pour
son travail et soins à la construction de la machine, pendant un
mois. . . . . . . . . . . . . . .   150   »   »
A Paul Sualem, autre charpen-
tier liégeois, pour son travail
pendant. . . . . . . . . . . .   150   »   »

#### ORDRES DU 22 JUIN AU 11 JANVIER 1682.

Aubert, charpentier; — Lebœuf, Gonnot, Guyot, Simon, Feuillastre, Boursault, Dupuis, Houet, Morin, terrassiers.

Des charpentiers liégeois.

Laporte, charpentier.

Morel,    id.

A Rankin-Sualem, charpentier liégois, pour un mois de son travail. . . . . . . . . . . 1501. » s. » d.
Despas, forgeron liégeois.

    Sommes. . . . . 210,575 13 »

## Année 1682.

*Pour les grandes pompes sur la rivière de Seine, pour l'élévation et conduite des eaux à Versailles.*

### ORDRES.

A Laporte, charpentier; — Clerget, Bertin, Ogier, Leroy, Boileau, terrassiers; — Paul Sualem, charpentier liégeois, Rankin-Sualem, *id.*; — Toussaint Michel, menuisier liégeois; — Lafontaine, maçon; — Morel, serrurier; — Pauli, maître de forges liégeois; — Arnault, pour loyer de la maison de la chaussée, occupée par les menuisiers et par le modèle de la machine; — Menoiet, marchand de fer et charbon de terre; — Caron, arpenteur; — Dupont, terrassier; — Lemaire, fondeur; — Lahaye, plombier, Despas, *id.*; — Devienne, maçon; — Noiret, marchand; — Duvivier, maçon; — Allan, pour charbon; — Devolman, garde de la prévôté de l'hôtel; — de Ville, ingénieur; — Montagne, serrurier; — Miché, menuisier, — Robert, terrassier; — Berger, de Spa, pour fers corroyés; — Lesieur, charpentier; — Frades, de Vienne; — Cuvier, marchand de bois; — Piat, charpentier; — Corbey, cordier; — Baffront, maçon; — Bourienne, terrassier; — Duval, serrurier; — Godefroy, chirurgien, pour pansements de blessés; — au sieur Desvongoins, pour tuyaux; — Pays, pour peaux de vaches; — Langlois, pour ficelles; — Rousseau, charron; — Le-

PIÈCES JUSTIFICATIVES. 141

cerf, plâtrier; — Aimond, marchand; — Jean Siane, charpentier liégeois; — Hardel, paveur; — Goutier, maçon; — Martin, maçon, — Remy, pour les conduites de grès; — et aux divers ouvriers de la machine.

    Sommes. . . . . 515,815 l. 17 s. 1 d.

On trouve particulièrement dans ce chapitre :

| | | | |
|---|---:|---:|---:|
| A Paul Sualem, charpentier liégeois, pour son travail d'un mois. . . . . . . . . . . . . . . | 150 | » | » |
| A Renkin-Sualem, *id. id.* . . | 150 | » | » |
| A Siane, *id. id.* . . . . . . | 150 | » | » |
| A Toussaint Michel, menuisier liégeois. *id.* . . . . . . . . . | 67 | 10 | » |
| 1ᵉʳ mars. — Au sieur Pauli, maître de forges de Liége, sur les corps de pompe de fer fondu qu'il fait pour la machine. — A-compte. | 1,000 | » | » |

   (Il y a ainsi plusieurs à-compte.)

| | | | |
|---|---:|---:|---:|
| 12 avril. — A Clerget, maçon, pour payement de 4,920 l. pour ses travaux. . . . . . . . . . . . | 420 | » | » |
| 5 juillet. — A Allen, pour son payement de goudrons et poix noires, qu'il a livrés. . . . . . . . . . | 761 | 10 | » |
| 12 juillet. — *Au sieur de Ville,* ingénieur, sur les fers et autres ustensiles qu'il fait venir de Liége, pour la machine. . . . . | 900 | » | » |

   (Il y a ainsi plusieurs à-compte.)

26 juillet. — A Robert, pour payement de 1,426 l. 13 s. 9 d., pour
la maçonnerie de remplissage de
la digue qui joint une petite île
à l'île de Chatou. . . . . . . .     276 l. 13 s. 9 d.
26 juillet. — A Devienne, pour
payement de 1,998 l. 15 s. pour
la fouille et transport de terre
du réservoir, près le premier re-
pos de la machine. . . . . . .     198   15.   »
9 août. — A Menoist, pour paye-
ment de 2,649 l. 5 s. 2 d., pour
fourniture de gros fers et char-
bon pour ladite machine. . . .     269    5    2
23 août. — A Martin Nicolle, pour
payement de deux grands bateaux qu'il a livrés pour servir
aux ouvrages de la machine. . .    257    »    »
6 septembre. — A Bertin, pour
payement de 2,808 l. 10 s. pour
les moellons qu'il a fournis. . .   408   10    »
6 septembre. — A Raffront, pour
payement de 1,354 l., pour moel-
lons qu'il a fournis à la machine.  104    »    »
Id. — A Allen, pour payement de
1,859 l. 5 s., pour le charbon de
terre et autres fournitures qu'il
a faites. . . . . . . . . . . . .   959   15    »
Id. — A Menoist, pour payement
de 1,879 l. 15 s. 10 d., pour
fourniture de gros fers. . . . .    879   15   10

13 septembre. — A Bertin, pour payement de 1,404 l. de moellons. . . . . . . . . . . . . . . . . 604 l. » s. » d.

11 octobre. — A Devienne, pour payement de 11,455 l. 3 s. 7 d., pour ouvrages de remplissage et pavé de la digue. . . . . . . . 855  3  7

18 octobre. — A Raffront, pour payement de 1,976 l. de moellons. . . . . . . . . . . . . . . 761  »  5

Id. — A Frades et Devienne, pour payement de 8,249 l. 14 s. 4 d., pour moellons. . . . . . . . . . 449  14  4

Id. — A Noiret, pour payement de 8,874 l. 2 s. 9 d., pour divers ouvrages de fer. . . . . . . . . . 874  2  9

Id. — A Frades et Devienne, pour complément de 11,455 l. 3 s. 7 d., pour remplissage de la digue, près l'île de Chatou. . . . 300  »  »

1er novembre. — A Eux, pour payement de 3,040 l. 11 s., pour moellons. . . . . . . . . . . . . . 640  11  »

6 décembre. — A Eux, pour payement de 5,197 l. 10 s., pour 12,300 — 3/4 de moellons. . . . 1,797  10  »

Id. — A Charruel, couvreur, pour payement de 422 l. 3. s., pour la couverture de la nouvelle forge. 122  12  3

Id. — A Mathelin, pour payement de 153 l., pour transport de terre. 53  »  »

## PIÈCES JUSTIFICATIVES.

13 décembre. — A Frades et Devienne, pour payement de 300 l., pour voitures de glaise. . . . . 100 l. » s. » d.

20 décembre. — A Eux, pour payement de 2,499 l., pour moellons fournis. . . . . . . . . . . . . 999 » »

27 décembre. — A Lamontagne, pour payement de 938 l. 14 s., pour plates-bandes. . . . . . . 438 14 »

*Id.* — A Menoist, pour payement de 1,998 l. 5 s., pour fers. . . . . 398 5 »

En outre :

Octobre 1682. — A Boudet, sur les tuyaux de fer de fonte, qu'il doit livrer pour la machine de la rivière de Seine. . . . . . . . . 17,300 » »

Au sieur Desvaugoins, sur les tuyaux pour la nouvelle machine de la rivière de Seine. 92,200 » »

Au sieur Lebreton, sur les tuyaux pour la nouvelle machine de la rivière de Seine. 2,000 » »

A Lahaye, *id.* . . . . . . . . 5,500 » »

A Coulon, *id.* . . . . . . . . 1,000 » »

## Année 1683.

ORDRES DU 10 JANVIER 1683 AU 2 JANVIER 1684.

A Laporte, Aubert, charpentiers ; — Raffront, maçon ; — Frades, maçon ; — Devienne, maçon ; — Noiret, serrurier; — Menoist, serrurier; — Allan, marchand de charbon; — Grey-Spa; — de Ville, ingénieur; — Hardel, terrassier; — Bourienne, *id.*; — Gondaut, charron; — Devaux, voiturier; — Martin, terrassier; — Caron, arpenteur; — Lejongleur, pour les eaux; — Arnault, pour loyer; — veuve Raffront, *id.*; — Duvivier, Decoste, maçons; — Benoist, terrassier; — Montoque, *id.*; — Marchand, paveur; — Mathelin, terrassier; — Langlois, cordier; — Bertin, paveur; — Delaunay, Richard, terrassiers; — Lahaye, plombier; — Morel, serrurier; — Louchard, cordier; — Rousseau, charron; — Langlois, cordier; — Remy, fontainier; — Paul et Rankin-Sualem, charpentiers; — Sianne, *id.*; — Miché, menuisier; — Mathieu, plombier; — Desvaugoins, fabricant de tuyaux, — Godefroy, briquetier; — Masson, serrurier; — Laharpe, plombier; — Esmery, *id.*; — Boileau, marchand de fer; — Pernolle, *id.*; — Bourbonnais, pour un soufflet de forges; — Nicolle, terrassier; — Levasseur, *id.*; — Charruel, couvreur; — Delbert, plombier; — Bachelart, voiturier; — Duval, serrurier; — Simon, maçon; — Malin et Vaillant, marchands de fer; — Crosnier, terrassier; — Lambotte, mécanicien; — Viart, terrassier; — Noël, serrurier; — veuve Lavier, menuisier; — Vivret, marchande de toiles; — Namurois, serrurier; — Pays, corroyeur; — Baumont, terrassier; — Racine, *id.*; — Belier, *id.*; — Renault, serrurier; — Lapotérie, marchand de fer; — Sauvage, *id.*; — Gervais, serrurier; — Guessard, *id.*; — Ansaume, maçon; — Desjardins, tailleur; — Chenet, chirurgien; — Lucas, plombier; — Duremar, serrurier.

     Sommes. . . . . . 858,228 l. 15 s. 6 d.

On trouve particulièrement dans ce chapitre :

| | | | |
|---|---:|---:|---:|
| A Frades et Devienne, pour payement de 2,025 l., pour le transport des sables provenant de l'atterrissement qui s'est fait au-dessous de la machine dans la rivière de Seine. . . . . . . . . | 75 l. | » s. | » d. |
| A Menoist, pour payement de 948 l. 13 s., pour fers par lui fournis. . | 348 | 13 | » |
| A Allen, pour payement de 1,308 l. 4 s., pour fournitures de charbon de terre. . . . . . . . . . . . . | 808 | 8 | » |
| A Hardel, pour payement de 895 l. 8 s. 4 d., pour pavage qu'il a fait au rétablissement du grand chemin. | 95 | 8 | 4 |
| A Raffront, pour payement de 5,109 l. 5 s. 10 d., pour maçonnerie au deuxième puisard . . . . . . . . | 359 | 5 | 10 |
| A Noiret, pour payement de 7,674 l. 1 s. 6 d., pour fournitures de fers de pieux. . . . . . . . . . . . . | 474 | 1 | 6 |
| A Marchand, pour payement de 3,229 l. de pavés. . . . . . . . | 729 | » | » |
| A Frades et Devienne, pour payement de 1,747 l. 17 s. 6 d., pour moellons et libage. . . . . . . . | 947 | 17 | 6 |
| A Montagne, pour payement de 1,369 l. 4 s. 4 d., pour ouvrages de fer. . . . . . . . . . . . . . | 469 | 4 | 4 |

| | | | |
|---|---|---|---|
| A Frades et Devienne, pour payement de 2,892 l. pour transports de terre.................. | 72 l. | » s. | » d. |
| Aux soldats suisses, qui ont fait des fascines et travaillé........ | 123 | 13 | 6 |
| A Bourienne, pour payement de 2,736 l. 14 d., pour fouilles au deuxième puisard........... | 86 | 14 | 6 |
| A Marchand, pour payement de 3,229 l. 8 s., pour pavés..... | 500 | » | » |
| A Noiret, pour payement de 1,604 l. 6 s. 6 d., pour fouilles....... | 304 | 6 | 6 |
| A Charuel, pour payement de 439 l. 7 s. 6 d., pour couverture.... | 39 | 7 | 6 |
| A Boileau, pour payement de 6,911 l. 16 s. 8 d., pour gros fer du Nivernois................ | 411 | 16 | 8 |
| A Nicole, pour payement de 1,578 l. 3 s. 4 d., pour fouilles au canal. | 78 | 3 | 4 |
| A Mathelin, pour payement de 10,453 l. 18 s. 10 d., pour transport de terre............. | 453 | 18 | 10 |
| A Frades et Devienne, pour payement de 3,344 l. 5 s., pour moellons................... | 1,044 | 5 | » |
| A Martin, pour payement de 4,642 l. 7 s. 9 d., pour tranchées au bord du nouveau canal......... | 342 | 7 | 9 |
| A Richard, pour payement de 2,684 l. 7 s. 9 d., pour cuivres...... | 184 | 7 | 9 |

| | | | |
|---|---:|---:|---:|
| A Frades et Devienne, pour payement de 2,430 l. 15 s., pour moellons............ | 830 l. | 15 s. | » d. |
| A Duremar, pour payement de 733 l. 5 s. 6 d., pour appuis de fer... | 133 | 5 | 6 |
| A Bertin, pour payement de 500 l., pour démolition............ | 200 | » | » |
| A Frades et Devienne, pour payement de 2,089 l. 10 s., pour moellons. | 689 | 10 | » |
| A Pays, corroyeur, pour payement de 360 l., pour cuirs de vache.. | 210 | » | » |
| A Bertin, pour payement de 819 l., pour 1,900 1/2 de moellons... | 419 | » | » |
| A Spa, pour payement de fers corroyés fournis par lui, montant à 27,742 l. 14 s. 11 d........ | 142 | 14 | 11 |
| A Raffront, pour payement de 700 l., pour l'atterrissement qui s'est fait par derrière les coursières de la machine............. | 50 | » | » |
| A Lacoste, pour payement de 5,506 l. 10 s., à quoi montent 1,217 toises 1/2 de tuyaux de 8 pouces, relevés et posés à la conduite du Chesnay, 459 toises 1/2 id. de 8 pouces, à celle depuis les Moulins de Louveciennes jusqu'au regard du chemin de Versailles, à 50 s. la toise, et 328 toises 1/2 d'un pied, id. à 14 l. la toise, et 600 l. de gratification à cause de sa diligence. | 656 | 10 | » |

A Renault, pour payement de 1,516 l.
12 s. 9 d., pour serrurerie. . . .     572 l. 16 s.  9 d.

A Bourbonnais, pour payement de
938 l. 17 s., pour serrurerie. . . .    50    17    »

A Spa, pour payement de 3,140 l.
11 s., pour serrurerie, pour l'entretien des mouvements de la machine. . . . . . . . . . . . .   1,140   11    »

A André Pernelle, pour payement
de 1,053 l. 10 s., pour serrurerie.    153   10    »

A Desjardins, tailleur d'habits, pour
vingt et un juste-au-corps de toile,
pour les charpentiers de la machine. . . . . . . . . . . .    31    10    »

A Thevenet, chirurgien, pour avoir
pansé les ouvriers blessés de la
machine, depuis le mois de juillet
jusqu'au mois d'octobre. . . . .    90    »    »

Le sieur *de Ville* fait venir beaucoup de fers et de mécaniques de Liége.

Lejongleur fait les aqueducs pour conduire l'eau de la machine de la rivière de Seine.

## Année 1684.

Recette :

De M. Étienne Jehannot, sieur de Bartillat, garde du trésor royal, la somme de 6,000 l. pour délivrer au sieur *de Ville*, gentilhomme liégeois, par gratification, en considération de ses soins pour la construction de la machine de la rivière de Seine, pour la présente année.

*Parfaits payements.*

**16 janvier 1684.** — Au sieur Desvaugoins, 20,000 l. pour avec 64,366 l. 16 s. 9 d. contenus en l'ordre de parfait payement du 28 mars 1683, pour 2,529 toises 1 pied 1/4 de tuyaux de fer de fonte de 8, 6 et 4 pouces 1/2 de diamètre; 43,400 l. qui lui ont été ordonnancées à-compte depuis le 21 février jusques et compris le 3 octobre 1683, et 4,833 l. 3 s. 3 d. qui lui sont retenus pour la garantie pendant une année, faire le parfait payement de 132,600 l., à quoi montent 5,099 toises 1 pied de conduites de fer de fonte qu'il a fournies pour la machine de la rivière de Seine, en 1682 et 1683. . . . . . . . . . 20,000 l. » s. » d.

**23 janvier 1684.** — A Lacoste, 1,254 l. 14 s., pour fournitures de cuirs, vis et mastic, pour la machine de la rivière de Seine, et déposage et reposage de plusieurs conduites de tuyaux en 1683. . . . . . . . . . . . . . . 1,254 14 »

**23 juillet 1684.** — A Lejongleur, 1,400 l. pour avec 5,600 l. qu'il a reçues faisant le parfait payement de 7,000 l. à quoi ont été fixés les ouvrages du regard de pierre de taille qu'il a faits proche Marly, pour recevoir les eaux de la machine. . . . . . . . . . . . 1,400 » »

*Fonds libellés.*

14 décembre 1684. — Au sieur de *Ville,* 6,000 l. par gratification en considération de ses soins pour la construction de la machine de la rivière de Seine. . .    6,000 l. » s. » d.

OUVRAGES DE LA MACHINE DE LA RIVIÈRE DE SEINE.

*Maçonnerie.*

1684. — DU 9 JANVIER AU 24 DÉCEMBRE.

Donné à Martin Caumont et Anseaume, Raffront, Decotte, Simon, Bertin, Jean Couturier de la Chaussée, Denis Gérard, Drouilly, Mouffle, Frades, Saint-Allard, de la Rue, Lejongleur, Lecerf, Lefébure.

            Somme. . . . . 141,832   18   »

Remarques.

De Cotte, entrepreneur, construit la tour.

*Charpenterie.*

DU 9 JANVIER AU 24 DÉCEMBRE.

A Laporte et Aubert, Langlois, Paillard, Charles Fournet.

            Somme. . . . . 117,005   5   »

*Couverture.*

DU 26 MARS AU 19 NOVEMBRE.

A Dimanche-Charruel.

            Somme. . . . . 4,070   12   6

*Menuiserie.*

### LE 23 JUILLET.

A Milot, menuisier, à-compte de ce qu'il a fait au grand puisard de la machine de la chaussée. . 200 l. » s. » d.

*Ouvrages de fer.*

### DU 9 JANVIER AU 24 DÉCEMBRE.

A Namurois, Noiret, Morel, Noël, Renault, Dezeustres, Bourbonnais, Ladoireau, Gervais, Delbert, Spa, Martin, Vaillant, Thomas Delaunay, Claude Montagne, Pernelle, Marlin, Massot, Boileau, Fordin, Boutté, Duval, Cucu, Pilon.

Somme. . . . . 150,096 13 11

*Ouvrages de cuivre.*

### DU 16 JANVIER AU 24 DÉCEMBRE.

Au sieur Lerond, bourgmestre de Liége, Delbert, Noiret.

Somme. . . . . 30,874 4 8

Remarques.

Le sieur Lerond, bourgmestre de Liége, reçoit 3,000 l. à-compte pour deux cents corps de pompes, qu'il fait pour la machine de la rivière de Seine.

### Pavé.

DU 26 MARS AU 24 DÉCEMBRE.

A Georges Marchand, Lecerf, Lefébure, Petit-Jean.

   Somme. . . . . 11,952 l. 10 s. » d.

### Plomberie.

DU 9 JANVIER AU 24 DÉCEMBRE.

A Lucas, Laharpe.

   Somme. . . . . 38,269  14  »

### Fouilles de terre.

DU 16 JANVIER AU 24 DÉCEMBRE.

A Jean Crosnier de Luciennes, Debecq et Beaumont, Martelin, Jean-Baptiste Crosnier, Bachelart, Racine, Deber, Lefébure, Aubé, Rufron, Michel, Gautier, Audiger, Bertin, Cherfy, Léger.

   Somme. . . . . 24,375  11  1

### Ouvrages extraordinaires.

DU 9 JANVIER AU 24 DÉCEMBRE.

Somme. . . . . . . . . . . . . 22,090  9  9

### Ouvriers à journées.

DU 9 JANVIER AU 24 DÉCEMBRE.

Somme . . . . . . . . . . . . 19,153  5  7

## Année 1685.

*Parfaits payements d'ouvrages de maçonnerie et terrasses.*

7 janvier. — A Guillaume Poullier, 943 l. 5 s., pour payement de 2,243 l. 5 s. pour maçonnerie aux murs qui portent les tuyaux où passent les eaux provenant de la machine. . . . . . . . . . .  943 l. 5 s. » d.

### Gratifications.

20 mai. — A *Rennequin-Sualem*, charpentier liégeois, en considération de ses voyages extraordinaires. . . . . . . . . . . . . .  300 » »

### Machine de Marly.

DU 31 DÉCEMBRE 1684 AU 26 AOUT 1685.

A de Cotte, entrepreneur, à-compte de la maçonnerie qu'il fait à la tour de la machine de la rivière de Seine. . . . . . . . . . . . 17,500 » »

### Clôture de la machine.

DU 17 JUIN AU 21 OCTOBRE 1685.

A Michel Crosnier, pour payement de pierres, pour la construction d'un puits derrière le réservoir, à mi-côte. . . . . . . . . . . . . 870 10 »

*Maçonnerie et couverture.*

DU 28 JANVIER AU 16 DÉCEMBRE 1685.

| | | | |
|---|---:|---:|---:|
| A Jean de la Rue, maçon, à-compte des ouvrages du magasin et aux murs de terrasse des rigoles, près les grands chevalets, et des couvertures de tuiles aux forges. | 21,050 l. | » s. | » d. |

*Massifs de maçonnerie derrière les murailles du réservoir à mi-côte.*

| | | | |
|---|---:|---:|---:|
| A Duvivier, pour payement. . . . | 2,536 | 13 | 4 |

*Moellons pour la digue de l'île Bautier et la grande digue.*

DU 21 JANVIER AU 9 DÉCEMBRE 1685.

| | | | |
|---|---:|---:|---:|
| A François Bertin, carrier; — Jacques Raffront, *id.*; — Antoine Hémont, *id.*; — Gaspard Hémont, *id.*; — J. Frades, — J. Dameville. Somme. . . . . | 15,837 | 1 | » |

*Parfaits payements de la maçonnerie et moellons pour la machine.*

| | | | |
|---|---:|---:|---:|
| 21 janvier. — A Lerouge, carrier, pour payement de moellons, pour l'île de la Chaussée. . . . | 104 | 3 | 4 |
| A Étienne Potier, *id.* . . . . | 137 | 10 | » |
| 28 janvier. — A Lecerf, pour payement du quai sur l'île Gautier. . | 93 | 15 | » |
| A Ballet, pour payement de pierres dures de Nanterre, pour la grande digue. . . . | 194 | » | » |
| A Binet, *id.* . . . . . . . . | 58 | » | » |

## PIÈCES JUSTIFICATIVES.

| | | | |
|---|---|---|---|
| 25 février. — A Lerouge, pour payement de moellons, pour l'île Gautier. | 101 l. | 5 s. | » d. |
| 11 mars. — A G. Raffront, pour payement de chaux, pour le mur proche la tour. | 56 | 16 | 8 |
| A Rousselet, pour payement de moellons au quai de l'île la Loge. | 27 | » | » |
| 1er avril. — A Lejongleur, pour payement de 4,745 l., pour tuyaux de grès aux aqueducs des eaux de Prunay, près la machine. | 1,345 | » | » |
| 8 avril. — A Lecerf, pour payement de moellons, à l'île Gautier. | 408 | 10 | » |
| A Roussel, *id*. | 27 | » | » |
| 23 avril. — A Leau, terrassier, pour aplanissement près la tour. | 63 | » | » |
| 6 mai. — A Laroue et Crosnier, pour payement de moellons. | 134 | » | » |
| 27 mai. — A Duvivier, pour payement de 16,386 l. 10 s., pour ouvrages de maçonnerie | 1,986 | 10 | » |
| 15 juillet. — A Laroue, pour payement de chaux. | 351 | 15 | » |
| 29 juillet. — A Jean, pour payement de moellons. | 40 | » | » |
| 7 octobre. — A Périgord, pour payement de moellons. | 47 | 10 | » |
| A Jean, *id*. | 42 | 10 | » |

| | | | |
|---|---|---|---|
| A Laroue, pour payement de chaux............. | 245 l. | » s. | » d. |
| A Julien, *id*.......... | 302 | 10 | » |
| A Potier, pour payement de moellons............ | 44 | 7 | 6 |
| 18 novembre. — A Leballe, pour payement de pavé tiré dans les rigoles du côté des Graissets.. | 25 | » | » |
| A Lecerf, Lefébure, Lejongleur, Hémont, Roussel, pour payement de maçonnerie............. | 2,084 | 5 | » |

*Terrasses.*

DU 7 JANVIER AU 25 NOVEMBRE 1685.

A Gautier, pour les terres enlevées le long du réservoir, à mi-côte.    677    9    2

*Rigoles et parterre sur la terrasse du pavillon.*

23 avril. — A Jean Léger, pour payement de ses ouvrages...    749    15    »

*Terrasses.*

DU 7 JANVIER AU 11 NOVEMBRE.

A Cherfils, — Audiger, — Levau, — Gosset, — Horin, — Morille, — Hémont, terrassiers.
           Sommes.....    11,287    »    11

*Chevilles et coyaux pour les roues de la machine.*

16 juillet. — A P. Sauvage et Leclerc.............    248    18    »

*Nettoyement, maçonnerie et moellons.*

DU 15 JUILLET AU 16 DÉCEMBRE.

A Michel, de la Rue, Hémont. . . 10,960 l. 14 s. 2 d.

*Charpenterie.*

DU 31 DÉCEMBRE 1684 AU 16 DÉCEMBRE 1685.

A Raoul de Pierre, dit Laporte, et Jacques Aubert, charpentiers, pour les bois employés dans divers endroits de la machine. . . 8,860 » »

A Mallet, Roussel, charpentiers, pour *id.* . . . . . . . . . . . . 8,314 11 10

*Couverture.*

DU 14 JANVIER AU 2 DÉCEMBRE 1685.

A la veuve Dimanche Charruel. . 10,390 7 »

*Menuiserie.*

DU 12 AOUT AU 16 DÉCEMBRE.

A Dubois, Bourdon, Massa.

Somme. . . . . 3,220 » »

*Serrurerie.*

DU 31 DÉCEMBRE 1684 AU 21 OCTOBRE 1685.

A Fordrin, — Boutet, — Rouillé, — Landry, — Renault, — Corvieux, — Noël, — Morel, — Montagne, — Cucu, Maslin et Vaillant, — Menoist, — Dezeustres, — Boileau, — Noiret, — Georges de Spa, — Longuet, — Darche, — Michel.

Somme. . . . . 146,223 6 11

*Ouvrages de cuivre.*

DU 15 JANVIER AU 2 DÉCEMBRE 1685.

A Nicolas de Nainville;—Jean Lefond, bourgmestre de Liége;— Mathieu Delbert; — Joseph Royer; — François Namurois.

Somme..... 73,142 l. 6 s. 10 d.

*Plomberie.*

DU 14 JANVIER AU 2 DÉCEMBRE 1685.

A Jacques Lucas. . . . . . . . . 32,191 11 7

*Ouvrages de goudron.*

DU 31 DÉCEMBRE 1684 AU 16 DÉCEMBRE 1685.

A Michel Deschamps, — Vinant Allen, — Nicolas de Gomas, — Philippe Hormoire,—Calfatiers, — pour payement des ouvrages de goudron qu'ils font aux grands chevalets de la machine de la rivière de Seine. . . . . . . . 36,076 10 »

*Cuirs de vache.*

DU 7 JANVIER AU 2 DÉCEMBRE 1685.

A Proust et Julien Pays, pour cuirs de vache venus de Liége. . . 2,675 » 6

*Loyers de maisons.*

7 janvier. — A Thomas Chevalier, successeur d'Arnault, 125 l., pour le loyer de sa maison oc-

cupée par l'ancien logement du sieur *de Ville* : une forge, une écurie, *le modèle et le logement de Rennequin* pendant le quartier d'octobre 1684............ 125 l. » s. » d.

A Gilles Raffront, 150 l., pour le loyer de sa maison, occupée par le magasin et deux forges de la machine, pendant les quartiers de juillet et d'octobre 1684... 150 » »

A Nicolas Malherbe, 22 l. 10 s., pour le loyer de sa maison, occupée par *Jean Bellier* piqueur à la machine, pendant le quartier d'octobre 1684...... 22 10 »

8 avril. — A Chevalier, pour le loyer de sa maison, pendant le quartier de janvier 1685.... 125 » »

A la dame Duchannoy, 36 l., pour le loyer de son pressoir, occupé par *les chevaux du sieur de Ville*, à la machine, pendant une année. 36 » »

26 avril. — A Raffront, 75 l., pour le loyer de janvier........ 75 » »

15 juillet. — A Chevalier, pour le quartier d'avril.......... 125 » »

A Raffront, *id.*........ 75 » »

A Malherbe, *id.*........ 22 10 »

18 novembre. — A Chevalier, pour
le quartier de juillet. . . . . . 125 l. » s. » d.

*Ouvrages extraordinaires de la machine de la rivière de Seine.*

DU 31 DÉCEMBRE 1684 AU 16 DÉCEMBRE 1685.

A Duchemin, charron; — J. Crosnier; — Pierre Brady; — J. Leclerc; — P. Potier; — E. Langlois; — Alexis Mercier; — M. Lecerf; — Henri Lenormand, batelier; — V. Frades; — N. Maillot; — C. Lefébure; — Sauvage; — Boucault; — Massa, menuisier; — Cotillon; — Saintard; — Marchand; — C. Caron, arpenteur; — Chambon; — Gaumont; Ricy; — Paul Sualem, — Boursin; — Proust; — Fosset; — Grandhomme, chirurgien; — Tournay; — Paillard; — Thévenet, chirurgien; — Pinault; — Bara.
Somme. . . . . 7,245 18 6

A remarquer :

Pierre Brady mène dans une voiture un modèle de manivelle de Paris à Maubeuge et de Maubeuge à Chimay.

*Pavés et moellons dans les îles, proche la machine et à la machine.*

DU 25 MARS AU 9 DÉCEMBRE 1685.

A Sylvain Mercier, — Léonard Lamoureux, — Ant. Gargot, — Fr. Legrand, — G. Marchand, — Fr. Vatel.

    Somme. . . . . 10,056 l. 14 s. 2 d.

*Ouvriers à journées.*

DU 31 DÉCEMBRE 1684 AU 16 DÉCEMBRE 1685.

Aux ouvriers qui ont travaillé à la construction et entretien de la machine de la rivière de Seine.   29,235   9   3

*Clôture de la machine.*

DU 11 MARS AU 16 DÉCEMBRE 1685.

A J. Fay, pour les ouvrages de clôture. . . . . . . . . . . . . . 22,900   »   »

*Réservoir de Louveciennes.*

DU 11 MARS AU 16 DÉCEMBRE 1685.

A Jean Bailly et Louis Rocher, pour ouvrages de maçonnerie. . . . 180,000   »   »

*Vitrerie dans les puisards et aux magasins de la machine.*

DU 20 MAI AU 16 DÉCEMBRE 1685.

A Cl. Cossetie. . . . . . . . . . . 300   »   »

*Menuiserie à la cour de la machine.*

1ᵉʳ juillet. — A Michel Dubois. . . 300   »   »

*Grosse peinture.*

21 octobre. — A J.-B. Fauconnier, pour ouvrages de peinture aux portes et croisées des magasins et puisards. . . . . . . . . . . 160 l. » s. » d.

*Cordages pour les équipages des puisards.*

4 novembre. — A E. Langlois, cordier. . . . . . . . . . . . . 150 » »

*Bois de provision pour les magasins de la machine.*

18 novembre. — A Ragalus, marchand. . . . . . . . . . . . 300 » »

## Année 1686.

Recettes :

17 janvier. — Du sieur de Bartillat, garde du trésor royal, 6,000 l., pour délivrer au sieur *de Ville*, gentilhomme liégeois, pour gratification en considération de ses soins pour la construction de la machine de la rivière de Seine pendant l'année 1685.
6,000 l. » s. » d.

6 février. — Du sieur de Bartillat, 7,723 l. 7 s. 9 d., pour employer au remboursement des terres, vignes et autres héritages appartenant à divers particuliers occupés par l'aqueduc qui conduit les eaux des sources de la Celle et de Bougival au premier puisard de la machine de la rivière de Seine, en la largeur d'une perche sur toute la longueur pour le fond.

8 février. — Du sieur de Bartillat, 120,533 l. 6 s., pour employer au remboursement du prix principal et non-jouissances des terres, prés, bois et vignes apparte-

nant à divers particuliers, lesquels sont occupés par la grande pièce d'eau que Sa Majesté a ordonné être faite l'année dernière dans les hauteurs de Louveciennes; — par les deux rigoles faites dans lesdites hauteurs qui conduisaient les eaux dans les étangs des Graissets; — par les quatre étangs des Graissets; — par les bois plantés dans les plaines du Trou-d'Enfer et dans les hauteurs de Rocquencourt; — par l'avenue qui conduit de Versailles à Saint-Germain depuis Rocquencourt jusqu'à l'étang de Béchevet; — et par l'espace qui est entre ladite avenue et les murs du Grand-Parc; — par les terres occupées par la grande pépinière qui est au-dessus de Rocquencourt : — par les rigoles qui conduisaient les eaux des hauteurs de Rocquencourt dans les étangs des Graissets; — par l'aqueduc qui conduit les eaux de la machine au réservoir du Chesnay; — et par une partie de l'aqueduc nouvellement fait pour conduire les eaux de la machine dans le réservoir de la butte de Montbauron, jusqu'à l'endroit du puits de l'angle qui est au-dessus du Chesnay; — et encore pour l'indemnité du droit de dimes et les non-jouissances qui étaient dues aux sieurs de Luciennes, comme gros décimateurs dans la paroisse sur cinq cents arpents de terre labourable et vignes qui sont occupés par les travaux que Sa Majesté a fait faire dans les hauteurs de Marly, de Luciennes, et dans l'enceinte de la machine.

12 juillet. — Du sieur de Bartillat, pour délivrer au sieur *de Ville*, par gratification, en considération des soins qu'il a pris pour la construction de la machine de la rivière de Seine. . . . . . . . . 100,000l. »s. »d.

Dépenses.

*Fonds libellés.*

27 janvier 1686. — Au sieur *de Ville*, gentilhomme liégeois, par gratification, en considération de ses soins pour la construction de la machine de la rivière de Seine pendant l'année dernière. . . . 6,000 l. » s. » d.

17 février. — A divers particuliers pour le remboursement des terres, vignes et autres héritages à eux appartenant, occupés par l'aqueduc qui conduit les eaux des sources de la Celle et Bougival au premier puisard de la machine de la rivière de Seine. 7,723 7 9

A divers particuliers, pour remboursement du prix principal et non-jouissances des héritages occupés par les quatre étangs des Graissets et autres travaux faits sur les hauteurs de Luciennes. . . . . . . . . . . 120,533 6 »

28 juillet. — Au sieur *de Ville*, par gratification, en considération des soins qu'il a pris pour la construction de la machine de la rivière de Seine. . . . . . . . . . . . 100,000 » »

27 octobre. — A Noël, serrurier, à-compte des tréteaux de fer pour les conduites de tuyaux dans l'aqueduc sous la tour de la machine. . . . . . . . . . . . . . . 800 l. » s. » d.

A Lahaye, plombier, à-compte des tuyaux de 6 pouces posés dans le deuxième puisard de la machine au haut de la montagne de Luciennes. . . . . . . . . . . 2,400 » »

Au sieur Mezeret, greffier de l'écritoire, à-compte du travail aux toisés d'ouvrage de la machine de Marly. . . . 400 » »

A Morel, serrurier, sur les fers d'équipages aux pompes du deuxième puisard de la machine. . . . . . . . . . . . 300 » »

1er décembre. — A Menoist, marchand de fer, à-compte des chevrons de fer de la machine. . . 800 » »

A Aubert, charpentier, à-compte des pieux qu'il a fait battre pour contre-garder les îles, et à la chute de la grande digue de la machine. . . . . . . . . . . 3,100 » »

A la veuve Lemaire, fondeur, pour payement de deux ro-

| | | |
|---|---|---|
| binets pour la conduite des eaux de la machine. . . . | 2371 l. 16 s. | » d. |
| A Bertin, pour moellons à la machine. . . . . . . . . . | 600 » | » |
| A Mathieu, fondeur, à-compte des tambours, tuyaux coudés et passières de cuivre, fournis pour les mouvements de la machine. . . | 600 » | » |
| Au sieur Desvaugoins, sur les tuyaux de la machine. . . | 1,000 » | » |

*Payements d'ouvrages de maçonnerie et terrasses.*

| | | |
|---|---|---|
| A Aubrat, entrepreneur, pour payement d'un bout d'aqueduc qui sert de communication du puits de l'Angle aux grands aqueducs venant des Graissets. . . . . . | 390 » | » |
| A lui, — pour payement de 1,597 l. 10 s. à quoi montent le gravoillage pour poser le ciment aux aqueducs venant du regard au-dessus des étangs des Graissets. | 17 10 | » |

*Aqueduc pour la communication des deux proche le puits de l'Angle.*

Du 29 septembre au 22 décembre.
—A Lafosse, sur l'aqueduc pour la décharge des eaux de la machine de la Chaussée. . . . . . 950 »  »

*Gages payés par ordonnance.*

DU 6 JANVIER 1686 AU 18 JANVIER 1687.

| | | | |
|---|---:|---:|---:|
| A *Rennequin-Sualem*, charpentier liégeois, employé à la machine. | 1,800 l. | » s. | » d. |
| A Miché, menuisier liégeois, employé à la machine. . . . . . . | 720 | » | » |
| A Monget, qui a soin d'apporter la hauteur des eaux de la machine. | 900 | » | » |

### MACHINE DE MARLY.

*Maçonnerie.*

DU 3 MARS AU 8 DÉCEMBRE 1686.

A J. Delarive, — à J. Fay, — à J. Frades, — à Ant. Hémon, — Bailly-Lamoureux, — Pottier.

| | | | |
|---|---:|---:|---:|
| Somme. . . . . | 21,902 | 17 | 6 |

*Terrasses.*

A J. Chapeau, — Depautre, — Cherfils.

| | | | |
|---|---:|---:|---:|
| Somme. . . . . | 7,327 | 10 | » |

*Charpenterie.*

A Raoul de Pierre et J. Aubert, — Laporte, — Claude Garde, — Nicolas Roussel.

| | | | |
|---|---:|---:|---:|
| Somme. . . . . | 23,757 | 16 | » |

*Couverture.*

| | | | |
|---|---:|---:|---:|
| A Étienne Yvon. . . . . . . . . | 1,100 | » | » |

*Menuiserie.*

A Nicolas Dubois, — Élisabeth Breton, — Gilles Massa.

        Somme. . . . . 6,691 l. 2 s. 8 d.

*Ouvrages de fer.*

A J. B. Boileau, — Cormieux, — J. Rouillé, — F. Michel, — d'Arche, — Guerreau, — Noël.

        Somme. . . . . 8,732 3 9

*Manivelles.*

A J. Proust, — G. Longuet, — J. Longuet, — C. Jean, — A. Fordrin et Boutet, — F. Pasquier, — P. Noiret, — Menoist, — Th. Cucu, — Morel, — V. Morel, — Renault.

        Somme. . . . . 132,024 6 »

*Ouvrages de cuivre.*

A J. Royer, — Dezeustres.

        Somme. . . . . 27,500 » »

*Plomberie.*

A J. Lucas. . . . . . . . . . . . . 3,000 » »

*Ouvrages de goudron.*

A M. Deschamps. . . . . . . . . 2,050 » »

*Braye.*

A Clerx. . . . . . . . . . . . . . 349 2 »

### Chandelle.

A Haulmoire. . . . . . . . . . . . 1,189 l. 1 s. 6 d.

### Corps de pompe d'Aulne.

A Cimery. . . . . . . . . . . . . . 112    7    6

### Cuirs de vaches.

A J. Pays. . . . . . . . . . . . . . 576    »    »

### Loyers de maisons.

A Th. Chevalier, — Malherbe, —
Raffront. . . . . . . . . . . . . . 169   10    »

### Pavé.

A Georges, — Legrand. . . . . . 4,360    1    »

### Ouvrages extraordinaires.

A divers ouvriers. . . . . . . . . . 4,886    8    8
Ouvriers à journées. . . . . . . . 19,719   12    »

### Vitrerie.

A Cl. Cosset. . . . . . . . . . . .  79   16    6

### Grosses peintures.

A J.-B. Fauconnier. . . . . . . . . 210    »    »

### Potin.

A Noiret. . . . . . . . . . . . . . 7,922    »    »

### Cordages.

A E. Langlois. . . . . . . . . . . . 292   10    »

## Année 1687.

### RECETTES.

De M. Gédéon Dumetz, garde du Trésor royal, 9,000 l., pour délivrer au sieur *de Ville*, savoir : 6,000 l. par gratification, en considération des soins qu'il a pris de la machine de la rivière de Seine pendant l'année dernière 1686, et 3,000 l. de pension extraordinaire que Sa Majesté lui a accordées pendant les derniers mois de la même année.

### DÉPENSES.

*Dépenses extraordinaires de Versailles.*

DU 5 JANVIER AU 21 DÉCEMBRE 1687.

Au sieur *de Ville*, gentilhomme liégeois, pour achat et frais de voiture de cinquante-un lauriers de Flandre, pour Versailles. . . . . . . . . .  1,274 l. 10 s.  » d.

*Fonds libellés.*

DU 9 JANVIER 1687 AU 19 JANVIER 1688.

Au sieur *de Ville*, 6,000 l., en considération des soins qu'il a pris de la machine de la rivière de Seine pendant l'année 1686, et 3,000 l. de pension extraordinaire pendant les six derniers mois de la même année. . . . . . . . -.  9,000 l.  » s.  » d.

### MACHINE DE MARLY.

*Maçonnerie.*

A Larue, — J. Fay, — J. Bailly, — Le Boisselier. . . . . . . . . . .  121,960  »  »

*Terrasses.*

A Bourienne, — de Pautre, — Cherfils, — J. Frades, — Hémont.
Somme. . . . . 5,184 l. 16 s. 3 d.

*Charpenterie.*

A Raoul de Pierre (dit Laporte), —
J. Aubert. . . . . . . . . . . . 21,997   14   »

*Couverture.*

A E. Yvon. . . . . . . . . . . .    511   10   7

*Menuiserie.*

A M. Dubois, — Berton, — Nivet.  1,507   14   5

*Serrurerie.*

A J. Rouillé. . . . . . . . . . .    392    6   »

*Charbon.*

A P. Dailly. . . . . . . . . . .     154   10   »

*Fers d'équipages.*

A F. Noël, — Longuet. . . . . .    1,833    9   »

*Clous et cuirs forts.*

A J. Proust. . . . . . . . . . .   2,836   19   »

*Manivelles.*

A Longuet, — Gordrin. . . . . .    2,347   16   »

*Ouvrages de fer.*

A M. Deseustres, — Noiret, — Me-
noist. . . . . . . . . . . . .     3,450    »    »

*Entretien de la serrurerie de la machine.*

A Renault, — Morel. . . . . . . 14,784 l. 12 s.. » d.

*Ouvrages de cuivre.*

A J. Royer. . . . . . . . . . . . 28,630   19   1

*Plomberie.*

A J. Lucas. . . . . . . . . . . . 6,600   »   »

*Goudronages.*

A M. Deschamps, — Levasseur,
calfatiers. . . . . . . . . . . . . 2,576   17   4

*Chandelles et pots à brûler.*

A Haulmoir. . . . . . . . . . . . 750   »   »

*Vitrerie.*

A Cossette. . . . . . . . . . . . 119   1   »

*Pavé.*

A Renoult. . . . . . . . . . . . 500   »   »

*Peinture.*

A Fauconnier. . . . . . . . . . . 120   »   »

*Diverses dépenses.*

A divers fournisseurs. . . . . . . 1,454   2   1
Remis au sieur Lebegue, sur les
réparations de la machine. . . 12,021   »   »

*Cordages.*

A Langlois, cordier. . . . . . . . 310   10   »

*Ouvriers à journées.*

A divers ouvriers. . . . . . . . . 17,498   1   »

*Gages.*

| | | | |
|---|---|---|---|
| Au sieur Cochu, employé au toisé des terres à la machine. | 3,600 l. | » s. | » d. |
| Au sieur *Rennequin-Sualem*, employé à la machine. | 1,800 | » | » |
| A Mauger, qui a soin d'apporter la hauteur des eaux | 900 | » | » |
| Au sieur de la Maison-Blanche, employé au magasin de la machine. | 900 | » | » |

*Gratifications.*

| | | | |
|---|---|---|---|
| 9 janvier. — A Gilles Lambotte et *Rennequin-Sualem*, qui ont travaillé aux pompes et à la machine à cheval de Saint-Cyr. | 115 | » | » |
| 9 janvier. — Au sieur Proust, courrier de la poste à Liége, en considération des soins qu'il a pris des envois faits pour la machine de Seine. | 150 | » | » |

## Année 1688.

Recettes.

De M. Étienne Jehannot, sieur de Bartillat, 12,000 l. pour délivrer au sieur *de Ville*, savoir : 6,000 l. par gratification en considération des soins qu'il a pris de la machine de la rivière de Seine pendant l'année 1687, et 6,000 l. de pension extraordinaire que Sa Majesté lui a accordées pendant la même année.

*Fonds libellés.*

25 janvier. — Au sieur *de Ville*, savoir : par gratification en considération des soins qu'il a pris de la machine de la rivière de Seine, et de pension extraordinaire que Sa Majesté lui a accordée... 12,000 l. » s. » d.

A la veuve Nicolas de Bise, pour payement de la dépense du changement et transport du moulin à vent situé vis-à-vis des piles du grand aqueduc de la machine, et rétablissement d'icelui à un autre endroit des environs de Marly. 3,074 10 »

Il résulte de ce relevé des dépenses de la machine, qu'en

| | | | |
|---|---:|---:|---:|
| 1681 et 1682 elles s'élevèrent à | 923,558 | 12 | 7 |
| En 1683 | 970,828 | 1 | 11 |
| En 1684 | 713,776 | 2 | 7 |
| En 1685 | 678,183 | 5 | 6 |
| En 1686 | 415,183 | 13 | » |
| En 1687 | 248,957 | 7 | 9 |
| En 1688 | 3,074 | 10 | » |
| Total | 3,953,561 l. | 13 s. | 4 d. |

NOTE N° 2.

Il existe dans le cabinet de M. Dufrayer, directeur actuel de la machine, à qui nous devons l'établissement du nouvel instrument hydraulique de la Seine, un plan magnifique de l'ancienne machine de Marly.

» Nous transcrivons ici le titre et la légende qui l'accompagnent. Ce titre est orné d'un très-bel encadrement et surmonté d'un portrait de Louis XIV, le voici :

VEUE DE LA MACHINE DE MARLY

qui élève l'eau de la rivière de Seine et de plusieurs sources, 535 pieds par des mouvements continuez, 530 toises de longueur pendant 700 toises de chemin.

Cette machine sert à embellir les maisons royales de Versailles, de Trianon, de Marly, et peut servir à Saint-Germain en Laye.

Elle a été construite par ordre du Roy, sur les projets et par la direction de M. le baron de Ville.

### LÉGENDE.

1° Rivière neuve faite pour la navigation.
2° Ouvrages construits pour garantir les îles contre la rivière.
3° Iles.
4° Digues sèches pour entretenir les niveaux de la rivière et préserver les îles.
5° Grande digue qui barre l'ancien cours de la rivière.
6° Coffre pour renvoyer la chute de la rivière dans son ancien cours, et amortir l'impétuosité de la chute de la rivière du bas de la digue.
7° Digue sèche faite au travers des îles pour arrêter les grandes inondations et barrer un ancien bras de la rivière.
8° Épaulement contre les glaces, qui sert de soutien à la machine.
9° Éperon contre les glaces.

## PIÈCES JUSTIFICATIVES. 177

10° Canal devant la machine où passaient anciennement les bateaux.
11° Canal au-dessous de la machine.
12° Grilles contre les glaces.
13° Pont des grilles.
14° Pont des vannes.
15° Toit qui couvre les équipages des vannes.
16° Huit balanciers en bascule, qui élèvent l'eau de la rivière par le moyen chacun de huit corps de pompes, de sept pouces de diamètre et de cinq pieds de jeu.
17° Conduites posées crainte du feu, lesquelles arrosent toute la machine.
18° Vingt gros balanciers, où varlets, qui tiennent aux manivelles, pour donner les mouvements aux chaînes.
19° Quatorze roues de trente-sept pieds de diamètre.
20° Treize rangées de balanciers, qui portent les mouvements des roues dans les puisards supérieurs et alternatifs.
21° Sept rangées de balanciers, qui portent les mouvements des manivelles aux puisards d'amy-côte et aux puisards des sources.
22° Estacade pour guider les glaces sur la grande digue.
23° Maison du contrôleur et magasin.
24° Chemin de Saint-Germain.
25° La forge d'en bas, d'amy-côte, avec les supérieures, la fonderie et le magasin.
26° Les puisards d'amy-côte, et celui alternatif.
27° Puisards des sources.
28° Réservoir des sources.
29° Réservoir d'amy-côte.

30° Puisard supérieur, où il y a treize équipages qui font aller quatre-vingt-deux corps de pompes sur la tour.
31° Conduites qui portent l'eau sur la tour.
32° Réservoir du baron de Ville.
33° La tour où sont portées les eaux de la machine.
34° Aqueduc qui conduit les eaux dans les réservoirs.
35° Pavillon, basse-cour et jardin de M. le baron de Ville.
36° Les trois portes de la machine.
37° Réservoir de Luciennes.
38° Réservoir du Trou-d'Enfer.
39° Les trois réservoirs de Marly.
40° Chemin de Versailles à Marly.
41° Château de Marly.
42° Chapelle de Marly.
43° Les douze pavillons de Marly.
44° L'église de Marly, dite Saint-Vigor.
45° Le Chenil.
46° Les jardins de Marly.
47° Le grand parc de Marly.
48° La maison et jardin de M. de Cavois.
49° L'église et le village de Luciennes.

Cette machine a été inventée et exécutée par M. le baron de Ville, dessinée par Liévin Creuil, en 1688, gravée en 1708, et finie en 1716, par Pierre Giffart, graveur du roy. Elle se vend à Paris, chez ledit Giffart, rue Saint-Jacques, à l'Image Sainte-Thérèse, avec privilége du roy.

## PIÈCES JUSTIFICATIVES.

### NOTE N° 3.

*Extrait du journal de Dangeau.*

Tome I<sup>er</sup>. — Mardi, 13 juin 1684.

Le roi et monseigneur allèrent à Marly, qu'on trouva fort avancé; ensuite on passa aux regards de M. de Ville, pour voir arriver les eaux.

Tome I<sup>er</sup>. — Vendredi, 10 août 1685.

Le roi alla se promener à cheval à la machine de M. de Ville.

*Extrait de la* Gazette de France *de* 1682, *page* 358.

De Versailles, le 26 juin 1682.

Ces jours passez, le roy alla voir les travaux que le sieur de Ville, gentilhomme et échevin de Liége, fait faire sur la Seine afin d'élever l'eau de cette rivière quatre cent soixante-dix pieds de haut pour estre conduite ici, et la première épreuve en fut faite en présence de Sa Majesté avec beaucoup de succez.

### NOTE N° 4.

Vauban, chargé par le roi de visiter la machine de Marly, donne une instruction pour établir une estacade biaise devant la machine afin de diriger les glaces sur la grande digue, et pour refaire certaines parties des digues.

Cette instruction est signée de lui, et datée du 27 février 1684. Il y parle de de Ville comme chef de la machine.

Le devis, pour faire cette estacade, est signé par Pierre

Delaporte, entrepreneur, et par le marquis de Louvois.

Ces deux pièces font partie des archives de la machine de Marly.

Nous devons la communication de ces pièces, et de toutes celles qui proviennent des archives de la machine, à l'obligeance de M. Dufrayer, directeur actuel, qui nous a permis de visiter un à un tous les cartons renfermés dans ces archives.

NOTE N° 5.

Procès-verbal et état général des terrains situés dans les îles appartenant à divers particuliers et dont le roy a fait l'acquisition pour l'élargissement de la rivière neuve.

L'an mil six cent quatre-vingt-un, onzième jour de mai et jours suivants, je, Claude Caron, arpenteur ordinaire du roy, et la maîtrise des eaux et forêts de Saint-Germain en Laye, demeurant à Paris, rue de Jouy, paroisse Saint-Paul, de présent à Louveciennes, commis par Sa Majesté pour faire ces mesurages et arpentages, plans figurés et cartes des bois et terres dans l'étendue des environs de Versailles, dont Sa Majesté acquiert la propriété, me suis transporté suivant l'ordre de messire Jean-Baptiste Colbert, chevalier, etc., conseiller du roy, ordinaire, etc., sur la terre de Croissy, dans les îles côtoyantes le bras de la rivière de Seine, en présence de M. Lambert, architecte et contrôleur des bâtiments de Sa Majesté, qui m'avait montré et désigné les piquets qu'il avait fait planter pour élargir iceluy, pour faire un canal navigable *à cause de la machine qui se devait construire dans la rivière pour élever l'eau au château de Versailles*, afin de connaître à la suite ce qui aurait été pris par la fouille qui en sera faite par ledit élargissement, en conséquence de quoi j'ai mesuré, arpenté et levé le plan, tant dudit bras de Seine que des îles, prés et terres adjacentes, dont j'ai fait une carte et figures pour servir en temps et lieu.

Et le vingtième jour d'octobre et jours suivants, je me suis d'abord transporté aux susdits endroits (*le canal étant entièrement fini et navigable*), pour faire l'arpentage final de ce qui a été pris par ledit élargissement d'iceluy et ce qui est occupé par les terres et vidanges qui en proviennent et par le chemin fait pour le tirage des bateaux, tant sur la terre de la seigneurie de Croissy que dans les îles appartenant à plusieurs particuliers dont le roy acquiert la propriété afin de les en dédommager.

Et le douzième jour de janvier 1682 et jours suivants, je me suis pareillement transporté, suivant l'ordre de mondit seigneur, *à la machine qui a été faite depuis ledit temps pour élever l'eau au château de Versailles*, où étant, j'avais trouvé M. de Ville, *ingénieur de ladite machine*, avec ledit sieur Lambert, qui m'avaient montré et désigné les endroits où devaient passer les mouvements d'icelle, puisards et conduites des eaux jusques aux étangs des Gressets, comme aussi les rigoles et conduites des eaux de Bougival, Louveciennes et Prunay, qui descendent au premier puisard pour être enlevé avec l'eau de ladite rivière, afin de faire aussi l'arpentage des terres et vignes qui pouvaient être occupées, et considérer ces choses en l'état qu'elles pouvaient être, afin d'en faire au juste l'estimation, pour parvenir au remboursement que Sa Majesté en doit aussi faire ; et auparavant de procéder, j'avais fait publier aux prônes des paroisses, afin d'avertir les particuliers à qui appartiennent lesdits héritages de venir montrer les limites et séparations d'icelles terres, tenants et aboutissants, et au défaut de plusieurs qui ne seraient comparus, j'aurais eu recours aux anciens habitants des lieux qui m'auraient fait la démonstration d'iceux, en même temps j'ai fait marquer les séparations desdites terres et ensuite mesurer et arpenter suivant la désignation qui en a été faite.

Et le quinzième jour de février 1683, je me suis d'abord transporté avec ledit *sieur de Ville dans les îles de la rivière de Seine et les terres adjacentes de la machine, pour marquer l'étendue qu'il désirait être prise pour Sa Majesté étant occupée et partagée par l'augmentation des chevalets, puisards, réservoirs, aqueducs, conduites de tuyaux, bâtiments et autres travaux faits et iceux.* Après avoir le tout considéré, *j'aurais fait planter des piquets aux endroits marqués par ledit sieur de Ville*, afin de faire l'arpentage et mesurage desdites terres, comme celles ci-devant, ce que j'aurais exécuté et aurais, après ledit mesurage, *fait faire des fossés pour marquer la séparation des terres dont Sa Majesté acquiert la propriété* dans celles qui restent aux particuliers *suivant l'ordre dudit sieur de Ville*, dont six pieds au delà dudit fossé appartenant pareillement à Sadite Majesté, qui ont été laissés pour servir de chemin et passage; de toutes et chacune desdites terres et autres héritages ci-devant déclarés, j'ai fait plan et figures, le tout coté et par chiffres comme au présent procès-verbal, dont la teneur et déclaration en suit.

Suit le détail des différentes terres et leur contenance.

**Extrait des archives de la machine de Marly.**

NOTE N° 6.

Pentes des rivières de Seine depuis 100 toises au-dessus de la pointe de Bezons jusques à la machine, dont toutes les pentes et les longueurs sont prises à l'égard desdites 100 toises.

| Toises. | | Pieds. | Pouces. | Lignes. |
|---|---|---|---|---|
| 100, | pointe de Bezons. | » | 2 | » |
| 130, | milieu de l'ancienne digue de la pointe A. | » | 5 | 6 |
| Id. | ancienne rivière, — A. | » | 1 | » |
| 200, | milieu de la digue de Bezons. | » | 7 | » |
| Id. | ancienne rivière. | » | 1 | 6 |
| 300, | nouvelle. | » | 9 | 6 |
| 400, | id. | » | 11 | 6 |
| 500, | id. | 1 | » | 4 |
| 600, | id. | 1 | 1 | 2 |
| 700, | id. | 1 | 2 | » |
| 770, | digue de la Morue. | 1 | 5 | » |
| Id. | ancienne rivière. | » | 4 | » |
| 800, | nouvelle. | 1 | 5 | 8 |
| 900, | id. | 1 | 6 | 6 |
| 1,000, | id. | 1 | 8 | » |
| 1,200, | pointe de la petite île de Carrière. | 1 | 9 | 4 |
| 1,400, | petite porte des jardins de Carrière. | 1 | 10 | 8 |
| 1,600, | nouvelle. | 2 | » | » |
| 1,800, | id. | 2 | 1 | 2 |
| 2,000, | nouvelles perches pour le poisson. | 2 | 2 | 4 |

# PIÈCES JUSTIFICATIVES.

| Toises. | | Pieds. | Pouces. | Lignes. |
|---|---|---|---|---|
| 2,200, | nouvelle. | 2 | 3 | » |
| 2,350, | le dessus du pont de Chatou. | 2 | 3 | 6 |
| 2,400, | milieu de la digue de Chatou. | 2 | 4 | 3 |
| Id. | ancienne rivière. | 1 | 10 | 6 |
| 2,600, | nouvelle. | 2 | 7 | 6 |
| 2,800, | id. | 3 | 1 | » |
| 3,100, | milieu de la digue de Croissy. | 3 | 8 | 9 |
| Id. | ancienne rivière. | 2 | 1 | » |
| 3,200, | nouvelle. | 4 | » | 6 |
| 3,400, | id. | 4 | 9 | 3 |
| 3,600, | id. | 5 | 4 | 6 |
| 3,800, | id. | 5 | 9 | 9 |
| 3,900, | digue de la Chaussée. | 5 | 11 | » |
| Id. | ancienne rivière. | 2 | 4 | » |
| 4,000, | nouvelle. | 6 | 1 | ». |
| 4,250, | nouvelle vis-à-vis la machine. | 6 | 4 | » |
| Id. | ancienne au-dessus de la machine. | 2 | 6 | » |
| Id. | ancienne sous la machine. | 6 | 8 | 9 |
| | Pointe de Bezons. | » | 2 | 3 |
| | Ancienne digue de la pointe, nouvelle rivière. | » | 8 | 6 |
| | Ancienne rivière. | » | » | » |
| | Digue de Bezons, nouv. riv. | » | 10 | 9 |
| | Ancienne rivière. | » | » | 3 |
| | Digue de la Morue, nouv. r. | 1 | 8 | 2 |
| | Ancienne rivière. | » | » | 3 |
| | Digue de Chatou, nouv. riv. | 1 | 11 | 4 |
| | Ancienne rivière. | 1 | 8 | 4 |
| | Digue de Croissy, nouv. riv. | 4 | 1 | 2 |

| Toises. | | Pieds. | Pouces. | Lignes. |
|---|---|---|---|---|
| | Ancienne rivière. . . . . . | 2 | 1 | 8 |
| | Digue de la Chaussée, n. r. | 6 | 2 | 2 |
| | Ancienne rivière. . . . . . | 2 | 2 | 6 |
| | Nouvelle rivière vis-à-vis la machine. . . . . . . . . | 6 | 10 | » |
| | Ancienne rivière au-dessus de la machine. . . . . . | 2 | 7 | 4 |
| | Ancienne rivière au-dessous de la machine. . . . . . | 7 | 1 | 4 |

Pentes des rivières de Seine, depuis 100 toises au-dessus de la pointe de Bezons, jusqu'à la machine, toutes lesdites pentes et les longueurs étant prises à l'égard desdites 100 toises. — La digue n'étant pas fermée.

| Longueurs. | | Pieds. | Pouces. | Lignes. |
|---|---|---|---|---|
| 100, | pointe de Bezons, anc. riv. | » | 2 | » |
| Id. | id. nouv. r. | » | 2 | » |
| 130, | ancienne digue de la pointe, ancienne rivière. . . . . | » | 1 | » |
| Id. | ancienne digue de la pointe, nouvelle rivière. . . . . | » | 5 | » |
| 200, | digue de Bezons, anc. riv. | » | 1 | 6 |
| Id. | id. nouv. r. | » | 7 | » |
| 770, | digue de la Morue, anc. riv. | » | 4 | » |
| Id. | id. nouv. r. | 1 | 5 | » |
| 2,400, | digue de Chatou, anc. riv. | 1 | 10 | 6 |
| Id. | id. nouv. r. | 2 | 4 | 3 |
| 3,100, | digue de Croissy, anc. riv. | 2 | 7 | » |
| Id. | id. nouv. r. | 3 | 8 | 9 |
| 3,900, | digue de la Chaussée, a. r. | 2 | 4 | » |
| Id. | id. n. r. | 5 | 11 | » |

| Longueurs. | | Pieds. | Pouces. | Lignes. |
|---|---|---|---|---|
| 4,250, | Ancienne rivière au-dessus de la machine. . . . . | 2 | 6 | » |
| | Nouvelle rivière vis-à-vis la machine. . . . . . . . | 6 | 4 | » |
| | Ancienne rivière au-dessous de la machine. . . | 6 | 8 | 9 |

Les divers devis pour les digues sont de l'année 1681, et signés de Colbert.

Extrait des archives de la machine de Marly.

NOTE N° 7.

Les renseignements suivants ont été pris dans les archives de la machine de Marly :

1° La tour en pierre et l'aqueduc de Louveciennes ont été construits en 1684, sur les plans et sous la direction de Mansart. Les devis de ces constructions, signés de lui, sont aux archives de la machine.

2° Dans un rapport de M. Lucas, contrôleur de la machine, adressé en janvier 1784 à M. le comte d'Angeviller, on trouve l'observation suivante sur la cause qui fit élever la tour :

« Le point capital de l'établissement de la grande tour a été d'y monter l'eau de la rivière, afin de dominer tous les endroits où cette eau communique. »

3° Dans une note sur les contrôleurs, qui parait aussi avoir été écrite par M. Lucas, on lit :

« M. Delespine père, contrôleur de la machine, l'a été environ quarante-quatre ans; il est entré au département de la machine en 1707, sous le règne de Louis XIV, et sous le gouvernement du chevalier Arnold de Ville, qui n'est mort qu'en 1722. Il était gouverneur (M. de Ville) depuis le commencement de la machine, et a été le seul qu'il y ait eu dans ce département. »

Et plus loin :

« Après M. Lambert, qui a été le premier contrôleur, c'est M. *Cochu* qui l'a remplacé. Il était ingénieur des fortifications que l'on faisait dans ce temps à Maubeuge, et c'est le chevalier de Ville qui l'a tiré de cet endroit pour le faire venir à la machine. »

4° En 1792, M. Gondouin, contrôleur, adresse à M. Laporte, intendant de la liste civile, un rapport dans lequel il fait l'historique suivant des officiers de la machine :

« Lors de la construction de la machine, en 1680, le sieur de Ville, mécanicien et inventeur de la machine, en fut nommé le gouverneur, avec 18 à 20,000 livres, et le logement du pavillon de Luciennes, occupé aujourd'hui par madame du Barry. Les sieurs Lambert, Petit et Cochu, successivement contrôleurs, jusqu'en 1683, eurent 4,000 livres d'appointements, et 1,000 livres de gratification. Le sieur Delespine père eut le même traitement jusqu'en 1742, où il fit recevoir son fils adjoint à sa place, et demanda que sur les 4,000 livres de traitement il en fût donné 1,000 livres à son fils. A la mort de M. Delespine père, le fils lui succéda jusqu'en 1749, et il n'eut plus pour appointements que 3,000 livres et 1,000 livres de gratification. Le sieur Tarbé succéda au sieur Delespine fils en 1749, avec les mêmes appointements jusqu'en 1754, où il obtint de commuer en pension sa gratification de 1,000 livres. Le sieur Lucas succéda au sieur Tarbé en 1768, et n'eut plus que 3,000 livres, sans aucune espèce de gratification, ce qui est mon traitement actuel. »

5° Les personnes qui attribuent à Rennequin l'invention de la machine donnent comme une preuve les faveurs du gouvernement envers sa famille ; et ils racontent qu'une demoiselle Lambotte, presque centenaire, et petite-nièce de Rennequin, était logée aux bâtiments de la machine, et jouissait d'une pension prise sur les fonds affectés à l'entretien de l'établissement. On va voir par la lettre ci-après quelles étaient ces faveurs du gouvernement.

Lettre du sieur Lucas, contrôleur de la machine, à M. le comte d'Angeviller :

« Monsieur le comte,

» J'ai l'honneur de vous informer du décès de mademoiselle Marie-Benoist Lambotte, fille d'un ancien inspecteur de ce département, qui jouissait d'un petit logement dans les mansardes au-dessus de celui de l'inspecteur actuel, et d'une pension de 400 livres sur le trésor royal.

» Je suis, etc. »

C'était là une faveur que l'on accordait à toutes les femmes des employés de la machine morts en exercice.

## NOTE N° 8.

Renseignements sur de Ville et Rennequin, puisés dans divers ouvrages :

1° Curiosités de Paris, de Versailles, Marly, Vincennes, Saint-Cloud et ses environs, par Claude Saugrain; Paris, 1716.

Cette machine (de Marly) étonnante *a été inventée par le chevalier de Ville, et n'a sûrement jamais eu de pareille dans le monde.*

2° Nouvelle description des châteaux et parcs de Versailles et de Marly, par Piganiol de la Force; Paris, 1764.

La grosseur de ce volume, dit Piganiol, suffirait à peine pour en décrire la construction (de la machine), les mouvements et les effets. Peu de gens sont d'ailleurs capables de les comprendre, puisque *M. de Ville assure qu'il n'a presque trouvé que feu M. le maréchal de Vauban qui, en voyant ce merveilleux ouvrage, en ait connu la plupart des effets.*

3° Dictionnaire géographique, historique et politique des Gaules et de la France, par l'abbé Expilly; Amsterdam, 1766.

*Cette machine a été inventée par le chevalier de Ville.*

4° État de la France. — Janvier 1708.

La machine de Marly, qui fournit d'eau de la rivière de Seine les châteaux de Marly, de Versailles et de Trianon.

*M. le baron de Ville* a le gouvernement et la direction de cette machine, lequel a d'appointements et de pension 12,000 livres.

Entretien de la ferrure des pistons et de la serrurerie des bâtiments, le sieur Lempérier.

Entretien des ouvrages de cuivre, le sieur Lemoine.

Entretien des couvertures des maisons dépendantes de la machine, le sieur Charuel.

Entretien des cuirs forts pour les pompes., le sieur Nolant.

Entretien de la maçonnerie, du moellon et cailloux des digues, le sieur Loison.

Entretien des vitres, le sieur Cosset.

Entretien du pavé des puisards, le sieur Regnout.

Un contrôleur, M. Delespine.

Un garde-magasin, le sieur Creté.

Un charpentier liégeois, le *sieur Rennequin*.

Les fêtes et dimanches, les Récollets viennent dire la messe à cette machine pour les ouvriers.

NOTE N° 9.

L'ARRIVÉE DE LA SEINE AU CHATEAU DE MARLY.

Poëme, par M. Cassan, *Mercure galant*, année 1699.

L'auteur décrit d'abord le cours de la Seine avant son arrivée au château de Marly. — Au moment où le fleuve se resserre par suite des travaux d'endiguement, il décrit ainsi la machine :

> Mais enfin son penchant lui faisant violence,
> L'entraine dans ce lieu, malgré sa résistance,
> Et fait voir à la nymphe, au delà du tournant,
> Le formidable objet d'un travail surprenant.
> Comme on voit en hiver la forêt des Ardennes,
> Quand la bise a fait choir le feuillage des chênes,
> Et chassé les voleurs de tous les défilés,
> Présenter ses vieux troncs qui paraissent brûlés;
> Ainsi se voit de loin la machine effroyable,
> Ouvrage de nos jours, qui paraît incroyable,
> Avec tout l'attirail de son corps hérissé
> De rouage et de ponts, l'un sur l'autre exhaussé,

## PIÈCES JUSTIFICATIVES.

Dont les bras, s'étendant vers le haut de la côte,
Meuvent les balanciers comme on voit une flotte,
Que la vague entretient dans le balancement,
Incliner tous ses mâts à chaque mouvement.
Quoi! dit-elle en voyant la machine étonnante,
Serai-je donc contrainte à poursuivre ma pente,
Et me faire rouer parmi tous les ressorts
Que je vois remuer par de si grands efforts !
Non, non, dit-elle alors, la nymphe de la Seine
Se mêlera plutôt avec l'eau qui l'entraîne,
Et, par son changement, saura bien éviter
Les outrages cruels qu'elle voit apprêter.
Ainsi dit, à l'instant elle se rend liquide;
Son corps va se mêler avec l'onde rapide,
Et, dans le fil de l'eau, tâche de s'allonger,
Croyant par ce moyen éviter le danger.
Mais en vain, car aux ponts cent pompes aspirantes
L'enlèvent de son lit à reprises fréquentes,
Et la livrent ensuite aux pistons refoulants,
Qui font pour l'enlever des efforts violents.
Alors par ces efforts elle sent qu'elle monte
Vers le haut du coteau dans des tuyaux de fonte,
Qui vont la revomir au prochain réservoir,
Où cent autres tuyaux viennent la recevoir.
Là, les pistons changeant leur manière ordinaire,
Pressent de bas en haut par un effet contraire.
Elle reçoit le jour pour la seconde fois,
Et reprend en ce lieu l'usage de la voix,
Pour se plaindre en passant *du chevalier de Ville*
Qu'elle voit sur sa gauche avec son air tranquille.
*Qui t'oblige*, dit-elle, *avec ton art maudit,*
*A venir malgré moi m'enlever de mon lit?*
A ces mots les pistons lui coupant la parole,
Le clapet la retient, s'ouvrant à tour de rôle,
Et la fait parvenir, après tant de détours,
Sur le haut du regard pour lui donner son cours.
De là sur l'aqueduc, sa pente naturelle
Lui fait prendre bientôt une route nouvelle.
Enfin elle descend par des tuyaux de fer
Dans un long réservoir appelé *Trou d'Enfer.*

Après cette description, le poëte la fait arriver dans

les jardins de Marly, où, brillant d'un nouvel éclat, elle concourt à l'ornement des jardins du grand roi.

Ces vers sont reproduits dans *le Mercure de France* d'avril 1739.

### NOTE N° 10.

En 1681, Charles II d'Angleterre, sachant combien Louis XIV désirait avoir de l'eau à Versailles, lui envoya sir Samuel Morland, célèbre mécanicien anglais. Ce sir Morland fut d'abord employé par Cromwell à des missions diplomatiques. Après le rétablissement de Charles II sur le trône, il fut tout à fait dans les bonnes grâces du roi, qui le créa baronnet, gentilhomme de la chambre privée, et le nomma maître des mécaniques du roi. Il venait d'inventer une machine qui élevait l'eau de la Tamise jusqu'à la plus haute corniche du château de Windsor, quand Charles II, croyant faire plaisir au roi de France, lui envoya cet ingénieur. En 1683, Morland fut reçu par Louis XIV, dans son château de Saint-Germain, où il lui expliqua ses inventions. Il chercha à démontrer au roi qu'à l'aide d'une mécanique beaucoup plus simple et bien moins dispendieuse que la machine de Marly, il obtiendrait un résultat bien plus satisfaisant, puisqu'il avait la prétention de faire arriver d'un seul jet l'eau de la Seine sur les hauteurs de Louveciennes. Il paraît que ses démonstrations ne convainquirent pas le roi, puisque l'on n'en continua pas moins les travaux de la machine. Il fit un essai de son invention au château du président de Maisons; cet essai n'eut point un résultat favorable;

## PIÈCES JUSTIFICATIVES.

il en explique la raison dans un ouvrage qu'il publia en 1685, intitulé :

Élévation des eaux pour toutes sortes de machines, réduites à la mesure, au poids, à la balance, par le moyen d'un nouveau piston et corps de pompe, et d'un nouveau mouvement cyclo-elliptique, en rejetant l'usage de toute sorte de manivelles ordinaires. — Paris, Michallet, 1685, in-4°.

Après avoir décrit sa nouvelle invention, il parle ainsi des explications qu'il fit devant Louis XIV :

« C'est par le moyen de cette nouvelle manière de piston, corps de pompe, et mouvement cyclo-elliptique, que l'on peut aisément, et en peu de temps, fabriquer une petite machine et la réduire à la mesure, au poids et à la balance, conformément aux démonstrations oculaires et convaincantes que j'ai eu l'honneur de montrer au roi, à Saint-Germain, en l'année 1683. Et cette machine, dont la construction ne montera pas à une grande somme, ni son entretien annuel à dix pistoles, peut pousser, par la force d'un cheval, tout le produit d'eau de la fontaine de la ville d'Avrée, jusqu'au haut du château de Versailles, d'ici à cent années, tout au long du grand chemin, dans un tuyau de plomb d'environ sept lignes de diamètre intérieur, et d'environ trois lignes et demie ou quatre d'épaisseur. »

Et plus loin, en parlant de l'essai qu'il fit au château de Maisons, il dit :

« Que si j'avais eu douze grandes roues pareilles, posées dans un bâtiment d'un moulin, semblable à celui de Maisons, là où la rivière de Seine aurait eu une pente de huit ou neuf pieds, j'aurais fait lever plus de deux mille pouces d'eau à la hauteur perpendiculaire de quatre cents pieds, par des machines qui auraient duré plus d'un siècle, sans avoir coûté cinq cents pistoles par année pour les entretenir. »

On voit ici une critique indirecte de la machine de Marly, dont l'entretien annuel était fort coûteux.

### NOTE N° 11.

Nous devons à l'obligeance de M. Parent de Rosan communication d'un travail manuscrit de M. Stanislas Bormans, archiviste de Liége, sur cette question controversée de l'auteur de la machine, d'où il résulte les faits suivants relatifs à de Ville.

De Ville, né le 15 mai 1653, était fils de Reynaud de Ville, bourgmestre de Ville. Il passa la plus grande partie de sa jeunesse chez les comtes de Marchin, seigneurs de Modave. C'est dans ce domaine qu'il fit exécuter, avec Rennequin, la machine dont la célébrité engagea Colbert à le faire venir à Versailles. Après la construction de la machine, il en fut nommé gouverneur, et, Louis XIV lui ayant fait construire une habitation, il resta en France. Mais il avait toujours les yeux tournés vers son pays, et, à la mort du dernier comte de Marchin, il acheta la terre des Modaves, dont il devint ainsi le seigneur, et y mourut le 22 février 1722.

M. Bormans a retrouvé dans l'église de Modave sa pierre tumulaire, portant l'inscription suivante :

Ci gist noble et illustre seigneur, Arnould de Ville,

# PIÈCES JUSTIFICATIVES.

baron libre du Saint-Empire romain, seigneur des Modaves, etc., né le 15 mai 1653, — mort le 22 février 1722.

Il a retrouvé aussi son testament, dans lequel est ainsi consignée l'une de ses volontés :

J'ordonne que tous les ouvrages que j'ai composés, concernant les constructions de la machine de Marly, soient imprimés suivant mes *desseins* (sic) en grand.

Le dernier des comtes de Marchin, Ferdinand, vint en France à l'âge de dix-sept ans, après la mort de son père. Capitaine-lieutenant des gendarmes de Flandres, en 1673, on le voit s'élever de grade en grade jusqu'à celui de maréchal de France, qui lui fut conféré en 1703. Il est très-probable que, tenant déjà un rang distingué à la cour de France, il fit savoir à Colbert, qui recherchait partout les moyens de faire venir de l'eau à Versailles, l'établissement de la machine hydraulique exécutée dans son domaine de Modave, par de Ville et Rennequin. Il mourut sans postérité, à la suite d'une blessure qu'il reçut dans un combat près de Turin, le 7 septembre 1706. Ce fut à cette époque et par suite de l'extinction des comtes de Marchin, que le chevalier de Ville se rendit propriétaire du domaine des Modaves, et que probablement il reçut le titre de baron du Saint-Empire romain, attaché à quelques-unes des terres de ce domaine, achetées par le père du dernier comte de Marchin. Quoique devenu seigneur des Modaves, il n'en conserva pas moins le titre de gouverneur de la machine de Marly jusqu'à sa mort, arrivée le 22 février 1722.

## NOTE N° 12.

### FAMILLE DE VILLE.

Anne-Léon de Montmorency, premier du nom, chef des noms et armes de sa maison, baron de Fosseux, seigneur de Courtalain, Bois-Ruffin, le Plessis, d'Arroue, etc., né en 1705, appelé le baron de Montmorency, successivement capitaine-lieutenant de la compagnie des gendarmes d'Anjou en février 1735, brigadier de cavalerie le 20 février 1743, capitaine-lieutenant des gendarmes de la reine en décembre 1744; maréchal de camp le 1er mai 1745; menin de feu M. le Dauphin en 1746; lieutenant général des armées du roi le 10 mai 1748; nommé chevalier de ses ordres le 2 février 1749; reçu le 25 mai suivant, et chevalier d'honneur de Madame Adélaïde, en octobre 1750, fille de feu Louis XV, a été nommé, le 21 octobre 1771, commandant en chef du pays d'Aunis. — Il a épousé : 1° *le 11 décembre 1730, Anne-Marie Barbe de Ville, morte en couche le 13 août 1731, fille et unique héritière de feu Arnold de Ville, chevalier, baron libre du Saint-Empire romain, etc., gouverneur et directeur de la machine de Marly, dont il était l'inventeur, et d'Anne-Barbe de Courcelles;* et 2° le 23 octobre 1752, Marie-Madeleine-Gabrielle de Charette de Montebert, d'une ancienne noblesse de Bretagne, veuve, en premières noces, de Louis de Serent, marquis de Kerfily; et en secondes, de Henri-François, baron d'Avaugour, comte de Vertus, etc.

Extrait du Dictionnaire de la noblesse, par de la Chesnaye-Desbois, tom. X, p. 411.

# PIÈCES JUSTIFICATIVES.

Ajoutez à l'article de Anne-Léon de Montmorency : Il épousa, le 11 décembre 1730, Anne-Barbe de Ville, morte à Paris le 13 août 1731, dans sa dix-neuvième année, fille d'Armand, baron de Ville, et d'Anne-Barbe de Courcelles, dont il eut * N. de Montmorency, né au mois d'août 1731.

Extrait de l'Histoire généalogique de France, par le P. Anselme,<br>tom. IX, p. 417.

* Ce fils fut Anne-Léon de Montmorency, deuxième du nom, appelé le marquis de Fosseux, né le 11 août 1731 ; par son mariage en secondes noces avec Charlotte-Anne-Françoise de Montmorency-Luxembourg, le 21 septembre 1767, il a pris le titre de duc de Montmorency, que lui apportait sa femme.

Dictionnaire de la noblesse de la Chesnaye-Desbois, tom. IX, p. 411.

## MORTS DANS LE MOIS D'AOUT 1731.

Le 13 de ce mois, dame Anne-Marie-Barbe de Ville, épouse de Anne-Léon de Montmorency, chef du nom et armes de la maison, premier baron chrétien en France, enseigne des gendarmes de Berry, seigneur de Courtalin, Bois-Ruffen, le Plessis-d'Arouë, le Poilay, le Vernay, les deux Modaves, de Biemrcé, de Banderesse, de Fermée, Termoyne, etc., mourut âgée de dix-huit ans sept mois.

*Mercure de France*, août 1731, p. 2044.

On lit dans les mémoires du duc de Luynes, à la date du mardi 2 mai 1739 :

« Madame de Châteaurenaud a un frère qu'on appelle le baron de Montmorency, qui est celui qui avait épousé mademoiselle de Ville (*M. de Ville était chargé de l'entre-*

*tien de la machine de Marly et en était regardé comme l'auteur).*
M. le baron de Montmorency est veuf depuis quelques années. »

### NOTE N° 13.

Acte de baptême de Rennequin, ou mieux Renier Sualem, extrait des registres d'état civil tenus par les anciens curés de Jemeppe, province de Liége :

« 29ᵃ januarii 1645, baptisatus Renerus filius Renardi Sualem, et Catharinæ David, susc. Leonardo Alard et Anna Simon. »

Acte de décès de Rennequin, extrait des registres de l'état civil de la commune de Bougival, département de Seine-et-Oise :

« L'an de grâce mil sept cent huit, le lundy trentième de juillet, a esté inhumé dans l'église de Notre-Dame de Bougival le corps de deffunt René Soüalem, autrement dit Rennequin, premier ingénieur du roy à la machine et constructeur de la machine, mort d'hier à onze heures et demie du matin, âgé de soixante-quatre ans et demi, en présence de M. Levesque, curé, M. Lherminot, brodeur du roy, de M. Prévotel, vicaire de cette paroisse, qui ont signé : Lherminot, Levesque, Prévotel, Ricard. »

#### ÉPITAPHE GRAVÉE SUR LA TOMBE DE RENNEQUIN.

#### D. O. M.

« Cy-gissent honorables personnes sieur Rennequin Sualem, seul inventeur de la machine de Marly, décédé le 29 juillet 1708, âgé de soixante-quatre ans, et dame Marie Nouelle, son épouse, décédée le 4 mai 1714, âgée de quatre-vingt-quatre ans, laquelle, pour satisfaire à la dernière volonté dudit deffunct sieur Rennequin, son mari, a fondé à perpétuité en cette église de Bougival une messe basse tous les premiers lundys de chaque mois de l'année, un service complet le 29 juillet de chaque année, jour du décéds dudit deffunct, et vingt libéras pour être dits sur leurs *sepulturs*, scavoir les quatre grandes festes de l'année, les quatre *principalles* festes de la sainte Vierge, et les douze autres tous les premiers dimanches de chaque mois de l'année, à l'issue des vespres ; à quoi les sieurs curé et marguilliers de l'œuvre et fabrique de ladite paroisse se sont obligés faire dire et célébrer mesme fournir les pain, vin, luminaire et ornements nécessaires, et ce, moyennant certaine *sôme* que ladite dame leur a payée, *ainssy* qu'il est plus au long porté par le contract passé devant Dupuis et Gervais, notaires au Châtelet de Paris, le 2 août 1710.

» Priez Dieu pour leurs âmes. »

## VII

## DÉTAILS INÉDITS
## SUR LA MORT DE LOUIS XIV.
### 1715.

Le lundi 26 août 1715, le roi Louis XIV venait de subir une opération douloureuse. Couché sur son lit de mort, il voulut dire un dernier adieu au jeune Dauphin, son successeur. A midi, madame de Ventadour, gouvernante du prince, l'amena dans la chambre du roi, qui, après l'avoir embrassé et fait placer sur son lit, lui adressa quelques conseils dans lesquels ce monarque, en faisant l'aveu solennel de ses fautes, montra plus peut-être la grandeur de son caractère que dans aucune autre circonstance de sa vie.

Les paroles prononcées par Louis XIV dans cette occasion furent entendues d'un grand nombre de courtisans. La plupart les répétèrent plus ou moins fidèlement : de là les nombreuses versions qui en ont été données, où, tout en conservant les idées principales, les divers historiens du grand roi ont ajouté ou retranché suivant le besoin de leurs éloges ou de leurs critiques.

La première donnée au public parut dans les premiers jours d'octobre 1715, un mois environ après la mort de Louis XIV. Elle se trouve dans un écrit intitulé : *Journal historique de tout ce qui s'est passé depuis les premiers jours de la maladie de Louis XIV, jusqu'au jour de son service à Saint-Denis,* par le sieur Lefebvre. Voici comment l'auteur s'exprime : « Sa Majesté fit venir le Dauphin dans sa chambre, où il entra avec madame la duchesse de Ventadour, sa gouvernante, et après l'avoir embrassé, elle lui dit : —Mignon, vous allez estre un grand roy; mais tout vostre bonheur dépendra d'estre soumis à Dieu, et du soin que vous aurez de soulager vos peuples. Il faut pour cela que vous évitiez autant que vous le pourrez de faire la guerre. C'est la ruine des peuples. Ne suivez pas le mauvais exemple que je vous ay donné sur cela : j'ay entrepris la guerre trop légèrement, et l'ay soutenue par vanité; ne m'imitez pas! mais soyez un prince pacifique, et que vostre principale application soit de soulager vos sujets. Profitez de la bonne éducation que madame de Ventadour vous donne, obéissez-luy, et suivez les bons sentiments qu'elle vous inspire. »

Cette version est-elle la bonne? Certainement elle renferme au fond ce qu'a dit Louis XIV; mais a-t-il dû s'exprimer dans ces termes? Sans doute il se repentait de ses guerres trop nombreuses et des maux qu'elles avaient attirés sur ses peuples, et il recommandait à son petit-fils de ne pas l'imiter en cela; mais on ne peut croire qu'il ait été jusqu'à se servir de ces expressions : « Ne suivez pas le mauvais exemple que je vous ay donné sur cela, » et qu'il ait encore ajouté, comme s'il ne se fût pas assez humilié : « J'ai souvent entrepris la guerre trop légèrement et l'ay soutenue par vanité. » Non, Louis XIV ne pouvait ni penser, ni dire que ce fût par vanité qu'il eût soutenu ses guerres! Il avait vu, dans ses dernières années, le royaume à deux doigts de sa perte par suite de la guerre, et il recommandait à son successeur de l'éviter autant que possible pour le bonheur de ses sujets, voilà tout.

A peu près à la même époque, Saint-Simon, ce courtisan frondeur, rapportait aussi à sa manière les paroles de Louis XIV : « Mon enfant, vous allez être un grand roi; ne m'imitez pas dans le goût que j'ai eu pour les bâtiments ni dans celui que j'ai eu pour la guerre; tâchez, au contraire, d'avoir la paix avec vos voisins. Rendez à Dieu ce que vous lui devez; reconnaissez les obligations que vous lui avez; faites-le honorer par vos sujets. Suivez toujours les bons conseils; tâchez de soulager vos peuples, ce que je suis assez malheureux pour n'avoir pu faire. N'oubliez point la reconnaissance que vous devez à madame de Ventadour. »

Si le fond des pensées est le même que dans la version précédente, la forme en est complétement changée. Puis Saint-Simon, dépréciateur constant des constructions de Louis XIV, et en particulier de Versailles, n'étant pas fâché, pour excuser ses amères critiques, de supposer qu'à ses derniers moments ce prince pensait comme lui, ne craint pas de le faire s'accuser d'une faute de plus en mettant dans sa bouche cette phrase évidemment inventée par lui : « Ne m'imitez pas dans le goût que j'ai eu pour les bâtiments. » Il ajoute encore cette autre phrase que l'on ne trouve pas dans les paroles rapportées par Lefebvre, en parlant de Dieu : « Faites-le honorer par vos sujets. »

En 1742, Bruzen de la Martinière, dans la continuation de l'*Histoire de Louis XIV*, commencée par Larrey, adopte la version de Saint-Simon, sauf la phrase : « Ne m'imitez pas dans le goût que j'ai eu pour les bâtiments, » qu'il supprime.

Reboulet, dans son *Histoire de Louis XIV*, publiée en 1744, copie d'un bout à l'autre le *Journal historique* de Lefebvre.

Enfin, le père Daniel, en 1756, revient à la version de Saint-Simon, corrigée par la Martinière.

Puis vient Voltaire! Voltaire historiographe de France, Voltaire écrivant le *Siècle de Louis XIV*, devait avoir une autre importance que ceux qui jusqu'alors avaient rapporté ces paroles. Il en sentait toute la gravité ; il puisait aux sources les plus authentiques, et ce qu'il allait dire devait être la vérité. Aussi, voyez s'il est possible de douter de son récit ! « Son successeur, dit-il, a toujours conservé écrites, au chevet de son lit, les paroles remarquables que ce monarque lui dit, en le tenant sur son lit entre ses bras : ces paroles ne sont point telles qu'elles sont rapportées dans toutes les histoires; les voici *fidèlement copiées* : — « Vous allez être bientôt roi d'un grand royaume. Ce que je vous recommande plus fortement est de n'oublier jamais les obligations que vous avez à Dieu. Souvenez-vous que vous lui devez tout ce que vous êtes. Tâchez de conserver la paix avec vos voisins. J'ai trop aimé la guerre; ne m'imitez pas en cela, *non plus que dans les trop grandes dépenses que j'ai faites.* Prenez conseil en toutes choses, et cherchez à connaître le meilleur pour le suivre toujours. Soulagez vos peuples le plus tôt que vous pourrez, et faites ce que j'ai eu le malheur de ne pouvoir faire moi-même, etc. »

Voltaire avait raison, Louis XV a toujours conservé, écrites au chevet de son lit, les dernières paroles de Louis XIV; mais Voltaire ne disait plus vrai lorsqu'il ajoutait qu'il les donnait « *fidèlement copiées;* » car si rien n'est omis de ce qui y était écrit, tout est transposé, arrangé pour l'effet de la phrase, et n'a plus cet abandon qui donne tant de vérité à ces paroles que Louis XV pouvait lire tous les jours. Il y a mieux, si Voltaire, tout en arrangeant, n'a cependant rien retranché, il a au contraire ajouté. Ainsi, nous retrouvons encore ici la fameuse phrase de Saint-Simon sur les dépenses. C'est que Voltaire, comme Saint-Simon, critiquait les dépenses de Louis XIV [1], et que, comme lui, il tenait, par le repentir du prince, à montrer combien il avait raison.

Jusqu'à ce jour, cependant, la version donnée par Voltaire était considérée comme la bonne, et presque tous ceux qui écrivirent sur Louis XIV depuis lui, ne firent que la copier.

Le hasard nous fit trouver la minute d'après laquelle fut faite la copie placée dans la chambre à coucher du roi Louis XV; nous allons la transcrire, et l'on pourra juger ainsi quelles altérations on lui a fait subir.

Lorsque Louis XIV fit venir le jeune Dauphin et prononça les paroles que nous allons rapporter, l'un des secrétaires écrivait dans la chambre même tout ce que disait ce prince. Madame de Ventadour, gouvernante du Dauphin, frappée de la grandeur de cette scène, et persuadée que ces conseils du grand roi pouvaient avoir une heureuse influence sur la

---

[1] « S'il avait employé à embellir Paris, à finir le Louvre, les sommes immenses que coûtèrent les aqueducs et les travaux de Maintenon pour conduire des eaux à Versailles, travaux interrompus et devenus inutiles; s'il avait dépensé à Paris la cinquième partie de ce qu'il en a coûté pour forcer la nature à Versailles, Paris serait, dans toute son étendue, aussi beau qu'il l'est du côté des Tuileries et du pont Royal, et serait devenu la plus magnifique ville de l'univers. » (Voltaire, *Siècle de Louis XIV*, t. II, p. 272.)

jeune imagination de son élève, voulut, en les plaçant constamment sous ses yeux, les graver dans sa mémoire. Elle envoya donc la minute qui lui fut remise par le secrétaire à Charles Gilbert, maître à écrire du Dauphin, et l'un des calligraphes les plus distingués de cette époque, avec ordre d'en faire immédiatement une copie sur vélin pour la placer au chevet du lit du jeune prince. Voici ces paroles telles qu'elles sont sur le manuscrit :

« Mon cher enfant, vous allez estre le plus grand roy du monde. N'oubliez jamais les obligations que vous avez à Dieu. Ne m'imitez pas dans les guerres, taschez de maintenir tousjours la paix avec vos voisins, de soulager vostre peuple autant que vous pourrez, ce que j'ay eu le malheur de ne pouvoir faire par les nécessitez de l'Estat. Suivez tousjours les bons conseils, et songez bien que c'est à Dieu à qui vous devez tout ce que vous estes [1]. Je vous donne

---

[1] Songez bien que c'est à Dieu à qui vous devez tout ce que vous estes. Cette faute de français, qui peut paraître aujourd'hui assez extraordinaire dans la bouche de Louis XIV, nous semble, au contraire, établir la vérité de la version que nous donnons. C'était, à cette époque, une locution presque généralement en usage, et nous voyons Boileau lui-même y céder dans ce vers célèbre :

C'est à vous, mon esprit, à qui je veux parler.

C'est là, à notre avis, une preuve presque certaine que ces paroles, telles qu'elles sont rapportées ici, ont été en quelque sorte sténographiées par celui qui était chargé de les recueillir.

le père Letellier pour confesseur, suivez ses advis et ressouvenez-vous toujours des obligations que vous avez à madame de Ventadour [1]. »

Gilbert se mit aussitôt à la besogne. Une copie textuelle sur vélin, ornée de majuscules dorées, fut faite en quelques jours. Mais tandis qu'il s'empressait de se conformer aux désirs de la gouvernante, la mort, encore plus prompte, venait frapper le monarque. Louis XIV mort, tout changeait dans l'État. Le père Letellier, qui était resté auprès du roi jusqu'à son dernier moment, fut envoyé en exil par le régent. L'on ne pouvait donc laisser sous les yeux du jeune souverain la recommandation de son bisaïeul, de conserver ce jésuite pour son confesseur.

Gilbert reçut alors l'ordre de faire une autre copie et de supprimer la phrase ayant rapport au confesseur, et c'est cette copie qui fut placée dans la chambre à coucher de Louis XV.

La minute envoyée à Gilbert, la première copie sur vélin qu'il en avait faite, et deux autres aussi sur vélin avec la correction, furent précieusement conservées par lui et transmises à son petit-fils, P.-Ch. Gilbert, qui lui succéda dans sa charge de maître à écrire du Dauphin. Celui-ci la garda jusqu'à l'époque de sa mort, arrivée vers 1789, et c'est

---

[1] Dangeau, qui ne quittait presque jamais Louis XIV, donne dans son journal une version à peu près semblable à celle-ci, dans laquelle on trouve aussi cette phrase : « *Je vous donne le père Letellier pour confesseur.* »

alors qu'elles passèrent entre les mains de son neveu, F. Dumesnil de Saint-Cyr, dernier maître à écrire du Dauphin (Louis XVII). C'est à la mort de M. de Saint-Cyr, survenue à Versailles en 1845, que l'une de ses héritières, mademoiselle Ducroset, nous montra ce curieux document historique au milieu des précieux manuscrits renfermés dans le cabinet de son oncle, et c'est entre les mains de cette demoiselle qu'il se trouve aujourd'hui.

Les faits que nous venons de raconter ne laissent aucun doute sur l'authenticité de ce document, et fixent d'une manière positive la nature des paroles prononcées par Louis XIV mourant à l'héritier de sa couronne.

# VIII

## RELEVÉ DES DÉPENSES
## DE MADAME DE POMPADOUR

DEPUIS LA PREMIÈRE ANNÉE DE SA FAVEUR
JUSQU'A SA MORT.

---

On sait que Jeanne-Antoinette Poisson, mariée fort jeune au sous-fermier général Lenormand d'Étiolles, ne tarda pas à devenir la maîtresse de Louis XV. La mère de madame d'Étiolles, ambitieuse et intrigante, avait toujours rêvé pour sa fille le rôle *honorable* auquel elle venait de parvenir. Elle lui fit, en conséquence, donner une éducation brillante, et lui inspira surtout le goût des arts. Ce fut en 1745 qu'elle fut reconnue maîtresse en titre du roi et créée par lettres patentes marquise de Pompadour.

C'est de cette année 1745 que date le manuscrit dont nous allons nous occuper. C'est un petit in-quarto sur papier gros et gris. Écrit en petit caractère et sans orthographe, il paraît être de la main de quelque employé de la maison de la marquise, et a été composé sur des notes dont un grand nombre ont été écrites par madame de Pompadour elle-même, ainsi qu'il est facile de le voir quand le copiste, ne se donnant pas la peine de changer ce qu'il a sous les yeux, parle à la première personne, comme dans cet article : *J'avais en vaisselle d'argent pour,* etc., et dans cet autre : *Gages de mes domestiques,* etc. — Il est recouvert d'une feuille de papier jaune sur laquelle est écrit : *Énorme dépense.* La première feuille porte ce titre : *État des dépenses faites pendant le règne de madame la marquise de Pompadour, à commencer le 9 septembre 1745 jusqu'au 15 d'avril 1764.* — C'est le jour où elle est morte.

La première partie du manuscrit est consacrée aux dépenses des bâtiments. Madame de Pompadour aimait beaucoup les constructions. Non-seulement elle fit réparer à grands frais plusieurs propriétés qu'elle avait achetées, mais encore elle fit élever un assez grand nombre de maisons. Son jeune frère, Poisson, connu sous le nom de marquis de Marigny, qui fut directeur gérant des bâtiments du roi, la seconda dans ses vues. Il dirigea particulièrement la construction du charmant château de Bellevue, qui a depuis appartenu à Mesdames de France, et dont il ne reste plus de traces aujourd'hui. — Ce chapitre est intitulé : *État des sommes payées par ordre du roi par le sieur de Montmartel sur les travaux et bâtiments* de Crécy, Bellevue et autres endroits, suivant les mandements visés par les sieurs de l'Assurance, d'Isle, et Maurenzel.

*Crécy et Aunay.* — Crécy était un fort joli château, faisant aujourd'hui partie du département d'Eure-et-Loir. Madame de Pompadour en fit l'acquisition, en 1748, pour la somme de 650,000 l. Elle acheta en même temps, 140,000 l., la terre d'Aunay, qui touche à Crécy. Les travaux qu'elle y fit faire, pendant les années 1748, 1749, 1750, 1751, 1752, 1753, 1754, s'élevèrent à la somme de 3,288,403 l. 16 s. 6 d.

*La Celle* est une charmante propriété, à la porte de Versailles. Madame de Pompadour l'acheta 260,000 l., en 1749. Les sommes payées pour l'embellissement du château, pendant les années 1749 et 1751, s'élevèrent à 68,114 l. 15 s. 4 d.

En 1749, Louis XV lui donna une portion du terrain du petit parc de Versailles, sur lequel elle fit construire une jolie habitation qu'elle appela son *Ermitage*. La construction de l'*Ermitage* lui coûta 283,013 l. 1 s. 5 d.

Madame de Pompadour ne s'arrêtait pas dans son goût de construction qu'elle sut faire partager à Louis XV. Elle venait de créer un charmant bijou dans sa propriété de l'Ermitage, elle voulut construire un véritable château, avec son parc et ses jardins. Il existait sur la côte qui domine la Seine, entre Sèvres et Meudon, des terres qui appartenaient au roi; Louis XV les lui donna, et, grâce au goût de Marigny, l'on vit s'élever l'une des plus jolies habitations princières des environs de Paris. *Bellevue,* nom que méritait bien cette charmante maison, fut construite en 1750. Elle revint à 2,526,927 l. 10 s. 11 d.

Outre ces propriétés, madame de Pompadour avait encore des habitations particulières dans les principales résidences royales. A Versailles, à Compiègne, à Fontainebleau et à Paris.

A Versailles, le roi lui donna, en 1752, le terrain sur lequel se trouvait, sous Louis XIV, la Pompe ou Tour d'Eau, détruite en 1686. Elle y fit construire un hôtel qui lui revint à 210,844 l. 14 s. 10 d. C'est aujourd'hui l'*Hôtel des Réservoirs* ou *restaurant Duboux.* On avait fait établir contre le mur du réservoir de l'Opéra un corridor qui permettait d'aller du château dans cet hôtel. Madame Duhausset en parle dans un endroit de ses Mémoires : « J'avais, dit-elle, un très-joli appartement à l'hôtel, où j'allais presque toujours à couvert, etc. »

Dans son hôtel de Compiègne, elle dépensa, en 1751, 1752 et 1753, 30,242 l. 7 s. 8 d.

A Fontainebleau, elle fit construire, en 1753, à l'imitation de celui de Versailles, un ermitage qui lui revint à 216,382 l. 18 s. 8 d. Elle acheta à Paris l'hôtel d'Évreux, qu'elle paya 730,000 l., et y dépensa, en 1754, 95,169 l. 6 s.

On trouve encore, au chapitre des dépenses des

bâtiments, diverses sommes pour des institutions religieuses. Ainsi l'on voit, pour le couvent des ursulines de Poissy, dont sa tante du côté maternel madame Sainte-Perpétue était l'abbesse, une somme de 4,908 l. 15 s. 10 d., et pour les dames de l'Assomption de Paris, une autre somme de 32,069 l. 14 s. Enfin l'on voit le marquisat de Pompadour y figurer pour 28,000 l., dépensées en 1753. — Dans ce chapitre des bâtiments se trouvent les noms de tous les entrepreneurs et artistes qui ont été employés soit à construire, soit à embellir ces diverses maisons. Les artistes qui ont travaillé au château de Crécy et à Aunay sont : Rousseau, Verbeck et Pigalle, sculpteurs; à la Celle, Rousseau, sculpteur; à l'Ermitage, près Versailles, Rousseau et Verbeck, sculpteurs, et Rysbrack, peintre de fleurs; à son hôtel de Versailles, Rousseau et Verbeck, sculpteurs, et Rysbrack, peintre; à Bellevue, Coustou, Rousseau, Maurisan, la veuve Chevalier, Verbeck, sculpteurs; Nelson, Gavau, Brunelly, Oudry, peintres; Janson, la veuve Cropel, dessinateurs; Martinière, émailleur; à l'hôtel d'Évreux, à Paris, Verbeck, sculpteur; à l'Ermitage de Fontainebleau, Verbeck.

A la suite du chapitre des dépenses de bâtiments vient un journal commencé le 9 septembre 1745, et terminé en mars 1764, dans lequel est inscrit, mois par mois, ce que recevait madame de Pompadour pour ses dépenses ordinaires. L'on y voit que, pendant ces dix-neuf années, les recettes, pour ses dépenses ordinaires, ont été de 1,767,678 l. 8 s. 9 d., et les dépenses de 977,207 l. 11 s. 6 d. Ce journal peut donner lieu à quelques curieuses observations. Madame de Pompadour touchait une pension qui lui était payée tous les mois, sans compter les sommes qu'elle recevait du roi comme cadeau, toujours pour sa dépense ordinaire. Cette pension était, la première année, de 2,400 l. par mois; en 1746, 1747, 1748 et 1749, les sommes données s'élèvent souvent jusqu'à 30,000 l. dans un mois; puis, dans les années suivantes, pendant lesquelles la passion du roi pour sa maîtresse s'était beaucoup affaiblie, l'on voit la pension se régulariser et se réduire presque constamment à 4,000 l. par mois. On remarque encore que, pendant les premières années, madame de Pompadour reçoit du roi des étrennes, qui disparaissent aussi dans les années suivantes : ainsi, en 1747, année du plus fort de la passion de Louis XV, elle reçoit 50,000 l. d'étrennes; en 1749, elle n'en reçoit plus que 24,000 l., et depuis 1750, on ne les voit plus figurer dans les comptes.

Les sommes qu'elle recevait du roi étant moins fortes et ses dépenses habituelles étant toujours fort considérables, il fallait trouver d'autres ressources. C'est dans le jeu et dans la vente de ses bijoux que madame de Pompadour trouve le moyen d'équilibrer les recettes avec les dépenses. Ainsi on la voit gagner au jeu à Marly, le 15 mai 1752, 9,120 l., et le 31 du même mois, 28,000 l. — En 1760, elle vend des *bracelets de perles* 12,960 l. — En 1761, elle vend encore des bijoux pour 9,000 l.; en 1762, sa vente de bijoux et le gain du jeu lui rapportent 20,489 l.

Ce journal est terminé par une récapitulation, dans laquelle les recettes et leur emploi sont comparés année par année, et qui montre, comme je l'ai indiqué en donnant le chiffre des recettes et des dépenses, que madame de Pompadour savait très-bien dépenser tous les ans ce qui lui était donné, et ne faisait aucune économie.

A la suite de ce journal se trouve une sorte de dénombrement des richesses de madame de Pompadour et des dépenses autres que celles des bâtiments. C'est particulièrement à cette partie que s'applique la remarque faite plus haut, sur la manière dont l'auteur du manuscrit fait souvent parler madame de Pompadour elle-même. Tous les articles de cette partie sont curieux et méritent d'être cités :

*État de mes effets en général.*

| | Livres. |
|---|---|
| 1. J'avais en vaisselle d'argent, pour... | 537,600 |
| 2. Plus, en vaisselle d'or ou en collifichets. | 150,000 |
| 3. Elle a dépensé pour ses menus plaisirs et en se satisfaisant............ | 1,338,867 |
| 4. Pour sa bouche, pendant les dix-neuf années de son *règne*.......... | 3,504,800 |

| | Livres. |
|---|---|
| 5. Pour les voyages du roi, extraordinaires, comédies, opéras, faits et donnés en différentes maisons.......... | 4,005,900 |
| 6. Gages pour mes domestiques, dix-neuf années................. | 1,168,886 |
| 7. Pensions que j'ai toujours faites, *jusqu'à ma mort* (sic)............... | 229,236 |
| 8. Ma cassette, contenant quatre-vingt-dix-huit boîtes d'or, évaluées l'une dans l'autre à 3,000 livres.......... | 294,000 |
| 9. Une autre cassette contenant tous mes diamants................. | 1,783,000 |
| 10. Une superbe collection de pierres gravées chez moi par le sieur le Guay, donnée au roi, estimée........ | 400,000 |

Madame de Pompadour, qui dessinait fort bien, grava elle-même *une suite de soixante-trois estampes*, d'après ces pierres. Ces gravures ont été publiées et forment un petit in-folio, fort rare, dont il n'avait été tiré qu'un très-petit nombre d'exemplaires pour faire des présents : en 1782, il en parut une autre édition in-quarto, qui est moins recherchée. Ce fut à l'occasion de son talent pour le dessin que Voltaire, l'ayant un jour surprise dessinant une tête, improvisa ce madrigal :

> Pompadour, ton crayon divin
> Devrait dessiner ton visage;
> Jamais une plus belle main
> N'aurait fait un plus bel ouvrage.

|    |                                                           | Livres.   |
|----|-----------------------------------------------------------|-----------|
| 11.| En différents morceaux de vieux laque..                   | 111,945   |
| 12.| En porcelaine ancienne.                                   | 150,000   |
| 13.| Achat de pierres fines pour compléter la collection       | 60,000    |
| 14.| Linge pour draps et table, pour Crécy..                   | 600,452   |
| 15.| Plus, pour mes autres maisons.                            | 400,325   |
| 16.| Ma garde-robe, tout compris.                              | 350,235   |
| 17.| Ma batterie de cuisine pour toutes mes maisons.           | 66,172    |
| 18.| Ma bibliothèque, y compris nombre de manuscrits [1]       | 12,500    |

[1] Le catalogue de la bibliothèque de madame de Pompadour, recherché encore aujourd'hui des bibliographes, contient 3,535 articles de livres, 235 de musique, 36 d'estampes. Il est terminé par une table des auteurs et orné de son portrait. La marquise n'avait pas en tout dix volumes latins, y compris un *Épinicion*, en l'honneur de milord Pot-au-feu, et l'Horace gravé en 1733, exemplaire auquel était jointe une explication française manuscrite des figures. Les grands auteurs grecs et latins n'existaient qu'en traductions dans cette bibliothèque; qui, à la réserve tout au plus de dix articles, se composait de livres français et italiens. Il paraît, au reste, qu'on avait distrait quelques articles, car on n'y a pas trouvé l'exemplaire de l'*Abrégé* chronologique du président Hénault, donné par l'auteur à Voltaire, puis offert par celui-ci à madame de Pompadour. Il avait écrit sur la première page quelques vers, dont les premiers seulement ont été conservés :

Le voici ce livre vanté;
Les Grâces daignèrent l'écrire
Sous les yeux de la Vérité :
Et c'est aux Grâces de le lire.

|   |   |
|---|---:|
|   | Livres. |
| 19. Donné aux dames qui m'ont toujours accompagnée, pour présent, en variant les effets. | 460,000 |
| 20. Donné aux pauvres pendant tout mon règne. | 150,000 |
| 21. En générosités aux concierges, en robes, vestes, étoffes, ainsi qu'au cabinet du roi. | 100,000 |
| 22. Pour les affaires de mon père, M. de Machault les régla à la somme de. | 400,000 |

Le père de madame de Pompadour, François Poisson, avait eu dans l'administration des vivres un emploi fructueux. Accusé de gestion infidèle, il fut forcé de se soustraire aux poursuites du gouvernement. On voit, par cet article, que dans sa fortune elle n'oublia point de faire payer les dettes de son père. Jusqu'ici tous les biographes avaient bien dit que l'affaire de François Poisson avait été oubliée, grâce au crédit de sa fille; mais ce qu'on ignorait, c'est que c'était en satisfaisant ses créanciers :

|   |   |
|---|---:|
|   | Livres. |
| 23. En tableaux et autres fantaisies. | 60,000 |
| 24. La dépense de la bougie, pendant dix-neuf ans. | 660,000 |
| 25. La dépense des fallots et chandelles. | 150,000 |
| 26. En belles juments, voitures, chaises à porteurs, chevaux de selle, quoi qu'en ait dit *le Gazetier d'Utrecht*, en tout. | 1,800,000 |

Nous ne savons ce qu'a pu dire le *Gazetier d'Utrecht* à l'occasion des chevaux de madame de Pompadour, car nous avons inutilement cherché ce qui pouvait avoir trait à cette question dans la collection de cette gazette que possède la bibliothèque de Versailles. Ce qu'il y a de certain, c'est que madame de Pompadour aimait beaucoup les chevaux ; qu'elle fit acheter de fort beaux étalons dans plusieurs pays, et les réunit dans sa terre de Pompadour, où elle fonda le superbe haras qui existe aujourd'hui, et qu'en 1763 M. de Choiseul fit transformer en haras royal :

|   |   | Livres. |
|---|---|---:|
| 27. | Fourrages, fourniture de mes chevaux pendant dix-neuf années. . . . . . . | 1,300,000 |
|   | (Cette somme montre que madame de Pompadour devait avoir, en effet, un assez grand nombre de chevaux.) |   |
| 28. | Pour toute ma livrée, dans toutes mes maisons. . . . . . . . . . . . . . . | 250,000 |
| 29. | Pour achat de Crécy. . . . . . . . . | 650,000 |
| 30. | Achat de la Celle. . . . . . . . . . . | 260,000 |
| 31. | Achat d'Aunay. . . . . . . . . . . . | 140,000 |
| 32. | Achat de la baronnie de Tréon. . . . . | 80,000 |
|   | (Tréon est auprès de la terre de Crécy.) |   |
| 33. | Achat de Magenville. . . . . . . . . . | 25,000 |
| 34. | Achat de Saint-Remy. . . . . . . . . | 24,000 |
| 35. | Achat d'Ovillé, à moitié chemin d'Orléans. . . . . . . . . . . . . . . . | 11,000 |
| 36. | Achat de l'hôtel d'Évreux, à Paris. . . | 650,000 |
| 37. | Achat du terrain à côté dudit hôtel. . . | 80,000 |
| 38. | Dépensé à Champs, pendant l'espace de trois ans. . . . . . . . . . . . . . | 200,000 |

(Champs est un village du département de Seine-et-Marne, dans lequel se trouvait une fort jolie habitation.)

|  | Livres. |
|---|---|
| 39. Dépensé à Saint-Ouen pendant l'espace de cinq ans, sans faire les réparations constatées par la maison de Gesvres. | 500,000 |

Saint-Ouen ne paraît pas avoir appartenu à madame de Pompadour, mais elle en avait la jouissance; et, comme on le voit par cet article, elle y fit faire des embellissements qu'elle paya de ses propres fonds.

Dans cette nomenclature des richesses de madame de Pompadour, l'auteur du manuscrit ne dit rien du château de Ménars, qui appartenait aussi à la marquise; on trouve seulement dans le journal de ses dépenses, en marge de l'année 1760 : *Achat de Ménars*. Cette propriété paraît avoir été payée par elle sur ses revenus annuels et par petites sommes, car on trouve indiquées dans les années 1760, 1761, 1762, 1763, un assez grand nombre de sommes, sous le titre : *Gratification pour Ménars*.

Enfin, cette partie se termine par un dernier article, intitulé :

40. Médailles d'or et d'argent. . . . . . 400,000 liv.

Puis, à la suite, l'auteur ajoute quelques réflexions assez curieuses :

« D'après toutes ces dépenses énormes, dit-il, voici un fait que personne ne voudra croire, qui est qu'à sa mort l'on n'ait trouvé à cette femme que

37 louis d'or dans sa table à écrire, qu'elle avait destinés pour les pauvres. »

« Autre fait incroyable, ajoute-t-il, lâché par Collin [1], c'est que pendant sa maladie il fut obligé d'emprunter 70,000 l. pour faire face à la dépense. Ce fait détruit entièrement l'imposture, qui est qu'on a prétendu qu'elle avait dans toutes les banques de l'Europe, et elle se trouve devoir après sa mort la somme de 1,700,000 l. »

Vient ensuite l'énumération de tous les gens attachés à madame de Pompadour, tant à Versailles que dans toutes ses maisons particulières, avec leurs appointements. On remarque parmi tous ces noms :

|  | Livres. |
|---|---|
| Nesme, premier intendant. | 8,000 |
| Collin, chargé des domestiques, et lui servant de secrétaire. | 6,000 |
| Le médecin Quesnay, entretenu de tout. | 3,000 |
| La Duhausset, femme de chambre. | 150 |
| La Couraget, id. | 150 |
| La Neveu, id. | 150 |

On sait que madame Duhausset a écrit des *Mémoires* qui donnent des détails fort curieux sur la vie intime de madame de Pompadour. L'une des deux autres femmes de chambre était femme de condition, mais elle prit un nom emprunté, que madame Duhaus-

---

[1] Collin était le factotum de madame de Pompadour.

set elle-même ne connut jamais bien. Celle-ci seule ne changea point de nom, quoique au service de la maîtresse du roi.

L'on y voit aussi figurer deux nègres, à raison de 1,800 l.

Puis une série de gens attachés à la cuisine, à la garde-robe ; la livrée et les employés des différentes maisons, concierges, portiers, jardiniers, etc., et trois aumôniers : un à Versailles, un à Fontainebleau et un à Compiègne.

Après l'énumération des gens attachés à son service, se trouve l'état des pensions que faisait madame de Pompadour. On voit avec plaisir dans ce chapitre qu'une partie des sommes considérables qu'elle touchait était employée en bonnes œuvres.

La première pension sur cette liste et la plus curieuse est celle faite à madame Lebon pour lui avoir prédit à l'âge de neuf ans qu'elle serait un jour la maîtresse de Louis XV, 600 l. Cette prédiction, dont ne parlent pas les biographes, et dont, on le voit, madame de Pompadour s'est toujours souvenue, a dû avoir une grande influence sur sa destinée, et a été probablement l'une des causes qui poussa sa mère à chercher par tous les moyens à mettre Louis XV en rapport avec la jeune et jolie madame d'Étiolles. La reconnaissance que madame de Pompadour conserva pour madame Lebon fut sans doute la raison qui lui fit toujours avoir un faible pour les sorcières et les sorciers. Madame Duhausset raconte dans ses Mémoires une histoire qui le prouve bien :

« Un an ou quinze mois avant la disgrâce de l'abbé de Bernis, dit-elle, Madame [1] étant à Fontainebleau, elle se mit devant un petit secrétaire pour écrire; il y avait au-dessus un portrait du roi. En fermant le secrétaire, après avoir écrit, le portrait tomba et frappa assez fortement sa tête. Les personnes qui en furent témoins s'alarmèrent, et on envoya chercher M. Quesnay. Il se fit expliquer la chose, et ordonna des calmants et une saignée. Comme elle venait d'être faite, entre madame de Brancas, qui vit du trouble, du mouvement, et Madame sur sa chaise longue. Elle demanda ce que c'était, et on le lui dit. Après avoir témoigné à Madame ses regrets et l'avoir rassurée, elle lui dit : « Je demande en grâce à Madame et au roi, qui venait d'entrer, d'envoyer aussitôt un courrier à M. l'abbé de Bernis, et que madame la marquise veuille bien lui écrire une lettre dans laquelle, sans autre détail, elle lui demandera de lui marquer ce que lui a dit sa sorcière, et qu'il ne craigne pas de l'inquiéter. » La chose fut faite, et ensuite madame de Brancas dit que *la Bontemps* lui avait prédit dans du marc de café, où elle voyait tout, que la tête de sa meilleure amie était menacée, mais qu'il n'en arriverait rien de fâcheux. Le lendemain, l'abbé écrivit que madame Bontemps lui avait

---

[1] Madame Duhausset donne toujours à madame de Pompadour le nom de *Madame*.

dit aussi : « Vous étiez presque noir en venant au monde, » et que cela était vrai, et qu'on a attribué cette couleur, qui avait duré quelque temps, à un tableau qui était devant le lit de sa mère, et qu'elle regardait souvent ce tableau, qui représentait Cléopâtre se tuant au moyen d'une piqûre d'aspic, que lui apportait un Maure dans des fleurs. Il dit encore qu'elle lui avait dit : « Vous avez bien de l'argent avec vous, mais il ne vous appartient pas; » qu'effectivement il avait deux cents louis pour remettre au duc de la Vallière. Enfin il marquait que, regardant dans la tasse, elle avait dit : « Je vois une de vos amies, la meilleure, une grande dame, menacée d'un accident. » Qu'il devait avouer, malgré sa philosophie, qu'il avait pâli; qu'elle s'en était aperçue, avait regardé de nouveau, et avait dit : « Sa tête sera un peu menacée, mais il n'y paraîtra pas une demi-heure après. » Il n'y avait pas moyen de douter du fait, et il parut fort étonnant au roi, qui fit prendre des informations sur la sorcière, mais que Madame empêcha d'être poursuivie par la police. Elle protégea aussi le fameux *comte de Saint-Germain*, qui prétendait avoir plus de deux mille ans, blanchissait les diamants, faisait grossir les perles, était enfin un véritable sorcier, et que, malgré tout ce charlatanisme, le roi voyait chez madame de Pompadour par amour pour elle. »

La liste des pensions contient ensuite :

| | Livres. |
|---|---|
| A madame Sainte-Perpétue, sa tante du côté maternel............................ | 3,000 |
| (Elle était supérieure des ursulines de Poissy.) | |
| A mademoiselle Clergé, ancienne femme de chambre de sa mère................. | 600 |
| Aux capucines de Paris................ | 720 |
| (C'est dans l'église de ce couvent qu'elle fut inhumée.) | |
| Aux filles de l'Ave-Maria............. | 240 |
| A madame Becker, religieuse de Saint-Joseph. | 240 |
| A la dame Plantier, nourrice de sa fille..... | 200 |
| A la dame Pin, son ancienne fille de garde-robe. | 50 |
| A Dablon, son père nourricier........... | 300 |

Madame de Pompadour eut une fille de M. d'Étiolles ; elle se nommait Alexandrine. Il paraît que sa figure était charmante et pleine de feu. Sa mère rêvait pour elle les plus brillantes alliances, lorsqu'elle mourut à quatorze ans, de la petite vérole, dans le couvent de l'Assomption, où elle était élevée. On voit par ces pensions que madame de Pompadour n'oubliait pas ceux qui avaient approché sa fille, et cela explique aussi pourquoi elle protégea toujours ce couvent de l'Assomption, et y fit faire des embellissements dont nous avons vu le chiffre au chapitre des bâtiments.

| | Livres. |
|---|---|
| Au fils de sa première femme de chambre... | 212 |
| (Celle qui la servait sous un nom supposé.) | |

|   |   |
|---|---:|
|   | Livres. |
| Au fils de Douy. | 300 |
| Au fils de madame Duhausset, seconde femme de chambre. | 400 |
| Pour le petit Beaulieu, gentilhomme. | 150 |
| Pour le petit Capon, gentilhomme. | 300 |
| Pour la fille Manoyé. | 380 |
| Pour mademoiselle Guillier. | 300 |
| Pour mademoiselle de Pontavici. | 250 |
| Pour madame la baronne de Rhone, âgée de quatre-vingt-dix ans. | 3,000 |
| Pour mesdemoiselles de Farges. | 2,000 |
| Pour la petite nymphe de Compiègne. | 400 |
| Pour le petit Jean-Simon. | 300 |
| (Elle faisait distribuer dans les greniers de Versailles, par son homme de confiance, tous les ans, 12 à 13 mille livres.). | 12,000 |
| Au petit Sans-Bras. | 144 |
| A un pauvre boiteux. | 36 |
| A madame Questier. | 72 |
| A madame de Gosmond, pour être religieuse. | 1,800 |
| A mademoiselle Dulaurent, pour être religieuse. | 1,800 |
| A mademoiselle Duhausset. | 400 |
| A mademoiselle de Longpré, sa parente. | 600 |
| A madame de la Croix. | 300 |
| A madame Trusson, pour remettre à quelqu'un à Paris. | 240 |

Puis vient une longue liste des maisons religieuses auxquelles madame de Pompadour accordait des secours; ces maisons sont au nombre de cinquante et une.

|  | Livres. |
|---|---|
| Elle leur donnait tous les ans dans le carême. | 600 |
| A tous les curés de ses maisons. | 1,452 |
| Aux deux curés de Versailles, à chacun 10 louis. | 480 |
| Au curé de Fontainebleau. | 120 |
| Au curé de Choisy. | 120 |
| Aux sœurs grises de Choisy. | 120 |
| Aux sœurs grises de Fontainebleau. | 120 |
| A tous les curés de Compiègne. | 600 |
| A toutes les maisons religieuses de Compiègne. | 1,200 |
| A un pauvre abbé de Compiègne, aux carmélites. | 48 |
| A madame de Villars, pour ses pauvres, tous les ans. | 1,200 |
| Aux frères de la forêt de Sénart. | 46 |
| A la bouquetière du château de Versailles, suivant la cour. | 120 |
| La fondation d'une grand'messe aux carmélites de Compiègne. | 600 |
| Le jour de l'an, à tous les officiers des petits appartements du roi, et garçons du château, à chacun une très-belle veste. | 1,000 |
| A tous les autres domestiques du roi, suisses des appartements grands et petits, valets de pied, frotteurs, cochers, postillons et palefreniers du roi, et tous les métiers travaillant au château. | 1,200 |
| A la naissance de Mgr le duc de Bourgogne, elle donna 3,000 livres à distribuer aux pauvres de Versailles. | 3,000 |
| Ainsi qu'aux autres naissances, trois autres fois. | 9,000 |

|  | Livres. |
|---|---|
| Elle fit donner aux pauvres de la Trappe, en deux fois. . . . . . . . . . . . . . . . . | 15,000 |
| Elle fit à Crécy, en deux fois, quarante-deux mariages, à l'occasion de la naissance des princes. Elle dota mari et femme à raison de 300 livres et 200 livres pour les habits. . . | 21,000 |

Telle est la liste de ses dons.

Le manuscrit est enfin terminé par une récapitulation des sommes dépensées par madame de Pompadour pendant les dix-neuf années de sa faveur. — Le total général est de 36,924,140 l. 8 s. 9 d.

Voilà, sur sa déclaration, le relevé de ce que madame de Pompadour a coûté à la France.

# IX

## LE PARC AUX CERFS SOUS LOUIS XV.

1755-1771.

Il n'est aucun fait historique qui ait rendu plus odieux le nom de Louis XV, et qui, d'un autre côté, ait donné lieu à plus de divagation parmi les écrivains, que *le mystérieux établissement du Parc aux Cerfs*. Les historiens les mieux renseignés ne savent où il était placé. Les uns, se fondant sur son nom, en font une ancienne habitation de chasse de Louis XIII transformée en une sorte de petit palais entouré de jardins et de bois. D'autres le confondent avec l'Ermitage de madame de Pompadour; personne en un mot, jusqu'à ce jour, n'a pu dire d'une manière positive où il était placé. Depuis fort longtemps, nous cherchions à découvrir cette énigme historique, et tous nos efforts avaient été inutiles. Il y a peu de temps qu'en parcourant les Mémoires de madame Campan, nous fûmes frappé d'une anecdote sur Louis XV, à laquelle nous avions fait jusqu'alors peu d'attention. La voici :

« Louis XV, dit madame Campan, avait, comme on le sait, adopté le système bizarre de séparer Louis de Bourbon du roi de France. Comme homme privé, il avait sa fortune personnelle, ses intérêts de finance à part.

» Louis XV traitait comme particulier dans toutes les affaires ou les marchés qu'il faisait ; il avait *acheté au Parc aux Cerfs, à Versailles, une jolie maison* où il logeait une de ces maîtresses obscures que l'indulgence ou la politique de madame de Pompadour avait tolérées pour ne pas perdre ses droits de maîtresse en titre. Ayant réformé cet usage, le roi voulut vendre sa petite maison. Sévin, premier commis de la guerre, se présenta pour l'acheter ; le notaire qui était chargé de cette commission en rendit compte au roi. Le contrat de vente fut passé entre Louis de Bourbon et Pierre Sévin, et le roi lui fit dire de lui apporter lui-même la somme en or. Le premier commis réunit 40,000 francs en louis, et, introduit par le notaire dans les cabinets intérieurs du roi, il lui remit la valeur de sa maison. »

Ces renseignements donnés par madame Campan, quoique bien incomplets, puisqu'elle ne donne ni la rue, ni l'époque de la vente et de l'achat, ni le nom du notaire, étaient cependant une précieuse indication, s'ils se trouvaient exacts, car ils venaient confirmer l'établissement de la petite maison du roi dans

le Parc aux Cerfs et donnaient, en outre, le nom d
la personne à laquelle cette maison avait été vendue,
lorsque, par suite d'autres habitudes, elle devint
inutile à Louis XV.

Nous résolûmes alors de faire de nouvelles recherches, et nous sommes parvenu, non sans peine, à découvrir cette mystérieuse habitation du Parc aux Cerfs. Mais, avant tout, rappelons ici ce qu'on entendait par ce nom de *Parc aux Cerfs*.

Quand Louis XIII acheta la seigneurie de Versailles et y fit construire un petit château, c'était surtout pour être plus facilement au milieu des bois dont ce lieu était entouré et pour s'y livrer au plaisir de la chasse, qu'il aimait passionnément. Aussi l'un de ses premiers soins fut de faire élever près de son habitation les animaux pouvant servir à ses plaisirs. C'est pour cela qu'il choisit, dans les bois qui couvraient alors le sol de la ville, un emplacement dans lequel il pût réunir et faire élever des cerfs, des daims, et d'autres bêtes fauves. Il le fit entourer de murs, y fit construire quelques habitations de gardes, et ce lieu reçut le nom de *Parc aux Cerfs*.

Le Parc aux Cerfs comprenait tout l'espace situé entre la rue de Satory, la rue des Rossignols et la rue Saint-Martin. Ce Parc aux Cerfs fut d'abord conservé par Louis XIV, et la ville se composa du vieux Versailles et de la ville neuve, ne formant qu'une seule paroisse, celle de Notre-Dame.

Quelques années après son séjour à Versailles,

vers 1694, Louis XIV, voyant les habitations s'élever avec rapidité dans la ville qu'il venait de créer, songea à son agrandissement. Le Parc aux Cerfs fut alors sacrifié. Louis XIV fit abattre les murs, arracher les arbres, détruire les maisons des gardes, niveler le sol, et l'on y traça des rues et des places. Des terrains furent donnés, surtout à des gens de la maison du roi, mais l'on n'y vit cependant s'élever sous son règne que quelques rares habitations. Louis XIV mort, Versailles resta pendant quelques années comme une ville abandonnée. Aucune construction ne s'y fit. Mais lorsque Louis XV y eut de nouveau fixé son séjour, et que la cour y fut revenue, on vit affluer de toutes parts de nouveaux habitants. Leur nombre, qui, à la mort de Louis XIV, était de vingt-quatre mille, fut presque doublé dans les quinze premières années du règne de son successeur. Les maisons se construisirent de tous côtés dans le quartier du *Parc aux Cerfs,* et les habitants de ce quartier furent si nombreux que l'on sentit la nécessité de diviser la ville en deux parties égales et de créer une nouvelle paroisse formant aujourd'hui le quartier ou la paroisse Saint-Louis.

Revenons maintenant à la petite maison de Louis XV.

Nous n'avions pour nous diriger dans nos recherches que le nom de *Sévin*. Mais dans quel endroit du *Parc aux Cerfs* était placée cette maison achetée au roi par Sévin ?

Nous savions que les archives du bailliage de Versailles étaient déposées au palais de justice de cette ville, et que ces archives contenaient les rôles de la répartition des sommes dues chaque année par les propriétaires des maisons de Versailles pour les boues et lanternes, depuis l'année 1664 jusqu'en 1788. Le dépouillement assez fastidieux de tous les noms des propriétaires du quartier du Parc aux Cerfs nous fit enfin rencontrer, comme propriétaire d'une maison située rue Saint-Médéric, en 1772, le nom de *Sévin*. La place qu'elle occupait dans le rôle nous indiquait que ce devait être ou la maison n° 2, ou celle n° 4.
— Mais était-ce bien celle ayant appartenu à Louis XV et indiquée par madame Campan? Rien ne nous le prouvait, car sur ces rôles nous trouvions immédiatement comme propriétaire avant *Sévin* le nom de *Vallet*.

En cherchant dans les titres actuels de propriété de la maison n° 4, nous avons trouvé qu'elle appartenait effectivement à Sévin, et qu'elle fut vendue par ses héritiers, après la Révolution, aux criées du tribunal civil. Ces titres, ne remontant point au delà, nous laissaient toujours dans l'obscurité sur les noms des propriétaires antérieurs à *Sévin*.

Nous nous adressâmes alors aux possesseurs des maisons n°$^{os}$ 2 et 4, qui nous permirent gracieusement de rechercher dans tous les papiers antérieurs ce que nous pourrions trouver chez les notaires touchant cette intéressante question. Voici maintenant le résultat de ces recherches:

Quand Louis XIV eut décidé de faire un nouveau quartier dans l'ancien Parc aux Cerfs, les terrains furent donnés en propriété à divers particuliers et surtout aux personnes appartenant à la maison du roi. C'est ainsi que le roi fit don de l'emplacement occupé aujourd'hui par les nos 2 et 4 de la rue Saint-Médéric à Jacques *Desnoues*, maître d'hôtel et l'un de ses valets de chambre. Le 18 juin 1712, *Desnoues* vend à *J.-B. Pizet, écuyer de la Maison-Fort*, le jardin et la *maison* qu'il y avait fait construire. Le 27 septembre 1718, nouvelle vente de cette propriété faite par *J.-B. Pizet* au profit de *Jean-Michel Crémer*, bourgeois de Versailles. A cette époque, le jardin n'était point enclos de murs. En 1734, *Crémer* fait construire les murs, ferme les rues des Tournelles et Saint-Médéric et fait ainsi deux impasses. Ces impasses portent sur les rôles de répartition des boues et lanternes les noms de culs-de-sac Saint-Médéric et des Tournelles.

*Crémer* meurt en 1740. Par suite, la propriété est partagée en deux; la maison et la moitié du jardin échoient en partage à *Jean-Michel-Denis Crémer*, son fils, et l'autre moitié appartient à la *veuve Crémer*. Elle fait à son tour bâtir sur sa portion une maison à peu près semblable à l'autre formant aujourd'hui le n° 2 de la rue Saint-Médéric.

Tel était l'état des lieux, lorsqu'en 1755 les agents

secrets des honteuses passions de Louis XV cherchent au roi une petite maison, de façon à éviter la publicité dans ses rendez-vous de galanterie. Quelle maison pouvait mieux convenir que celle de *Crémer?* Placée dans un quartier retiré, au fond d'une impasse, n'ayant de voisins que la maison construite par la veuve Crémer, dont toutes les fenêtres regardaient sur la rue des Tournelles et n'avaient point de vue sur celle du fils, tout enfin la désignait à leur choix. Ils proposent son acquisition au roi, et l'argent est aussitôt donné. Il restait un dernier embarras : si le roi lui-même ou ses agents bien connus traitent directement de l'achat de cette maison, il n'y a plus de secret possible, et sa destination sera bientôt découverte. On charge alors un tiers inconnu de cet achat. Un huissier au Châtelet de Paris, nommé *Vallet*, traite directement avec Crémer, et la maison est achetée en son nom. De là l'obscurité qui a si longtemps régné sur l'emplacement de ce triste séjour. Qui aurait pu penser que sous ce nom de *Vallet*, de cet huissier, que les rôles des impôts de Versailles portent comme propriétaire de cette maison, se cachait le nom du roi de France [1] ?

---

[1] Louis XV avait eu déjà, avant 1755, quelques rendez-vous galants, soit dans cette maison louée probablement avant d'en faire l'acquisition, soit dans quelque autre de ce quartier, car on lit dans le journal de l'avocat Barbier, à la date du mois de mars 1753, *que le bruit courait dans Paris qu'une jeune fille de seize ans avait été logée au Parc aux*

Crémer croyait avoir vendu à Vallet; mais celui-ci, aussitôt l'acquisition terminée, se présente seul devant notaires et fait la déclaration suivante :

« Aujourd'hui est comparu par-devant les conseillers du roi, notaires au Châtelet de Paris, soussignés, sieur François Vallet, huissier-priseur audit Châtelet de Paris, y demeurant, rue des Déchargeurs, paroisse Saint-Germain l'Auxerrois, lequel a déclaré ne rien avoir ni prétendre en l'acquisition qui vient d'être faite sous son nom, de Jean-Michel-Denis Crémer et sa femme, d'une maison située à Versailles, rue Saint-Médéric, paroisse Saint-Louis, avec ses dépendances, par contrat passé devant les notaires soussignés, dont M*e* Patu, l'un d'eux, a la minute, cejourd'hui; mais que cette acquisition *est pour et au profit du roi, le prix en ayant été payé des deniers de Sa Majesté à lui fournis à cet effet;* c'est pourquoi il fait cette déclaration, *consentant que Sa Majesté jouisse, fasse et dispose de ladite maison en toute propriété, sans que le payement, qui sera fait sous le nom du comparant, des droits de lots et ventes et centième denier, le décret volontaire, qui sera fait et adjugé, et la jouissance et perception des loyers, qui pourra être faite aussi sous son nom, puissent affaiblir la propriété acquise à Sa Majesté de ladite maison et dépendances,* déclarant que l'expédition dudit contrat d'acquisition et les titres énoncés

---

*Cerfs pour l'amusement du roi;* et dans une note des *Mémoires de madame Duhausset : Quelquefois on a changé de maison et de quartier, mais sans renoncer à l'ancienne maison.*

en icelui ont été par lui remis entre les mains du chargé des ordres de Sa Majesté, ce qui a été accepté pour Sa Majesté par les notaires soussignés, etc.

» Fait et passé à Paris, l'an 1755, le 25 novembre, et a signé :

» Vallet. — Patu, Brochant. ».

Ainsi il n'y a plus de doute, c'est bien là la petite maison du Parc aux Cerfs, si longtemps ignorée. Voilà le lieu où, depuis l'année 1755 jusqu'en 1771, furent successivement installées les jeunes filles que les infâmes fournisseurs des plaisirs du roi offraient aux sens blasés de Louis XV.

L'ignorance où l'on était généralement sur cette maison, sa grandeur et son arrangement, le nom de Parc aux Cerfs toujours donné à cette habitation, tandis que c'était celui du quartier où elle était située, lui ont fait attribuer beaucoup plus d'importance qu'elle n'en avait réellement et sont la cause des exagérations dans lesquelles sont tombés à ce sujet plusieurs historiens.

« La tradition et le témoignage de plusieurs personnes attachées à la cour, dit Lacretelle, ne confirment que trop les récits consignés dans une foule de libelles relativement au Parc aux Cerfs. On prétend que le roi y faisait élever des jeunes filles de neuf ou dix ans. *Le nombre de celles qui y furent conduites fut immense.* Elles étaient dotées, mariées à des hommes vils ou crédules.

» Les dépenses du Parc aux Cerfs se payaient avec des acquits au comptant. Il est difficile de les évaluer ; mais il ne peut y avoir aucune exagération à affirmer qu'elles coûtèrent *plus de cent millions à l'État.* Dans quelques libelles, on les porte jusqu'à un milliard. »

Nous ne voulons diminuer en rien l'odieux de la conduite de Louis XV, et nous pensons aussi que l'entretien de ces jeunes filles, les rentes qu'on leur donnait lorsque le roi en était dégoûté, et celles que l'on faisait à leurs enfants lorsqu'elles en avaient, ont dû coûter des sommes assez considérables. Mais la connaissance exacte de la maison du Parc aux Cerfs ne permet pas d'admettre toutes ces exagérations.

La maison était petite et à peu près comme celle du n° 2, puisque le jardin était derrière et sur le côté. Il était impossible que dans une si petite maison il séjournât plus d'une demoiselle à la fois, avec la dame chargée de la garder [1] et le domestique

---

[1] Cela est confirmé par une note qu'on trouve dans les *Mémoires de madame Duhausset :*

« Un commissaire de la marine, nommé Mercier, qui avait eu part à l'éducation de l'abbé de Bourbon, avait plus de connaissance qu'aucun autre sur cet établissement ; et voici ce qu'il a dit à un de ses amis : « *La maison était de très-peu d'apparence ;* il n'y avait en général qu'une seule jeune personne ; la femme d'un commis du bureau de la guerre lui tenait compagnie, jouait avec elle, ou travaillait en tapisserie. Cette dame disait que c'était sa nièce ; elle la menait,

nécessaire pour les servir. Il faut bien admettre encore que les jeunes filles qui furent conduites dans ce lieu y demeurèrent au moins une année, puisque la plupart n'en sortaient que pour devenir mères ! Eh bien, si le roi ne garda cette maison que depuis 1755 jusqu'en 1771, comme nous allons le voir, c'est-à-dire seize ans, on ne peut dire *que le nombre de celles qui y furent conduites fut immense,* et il faut nécessairement un peu rabattre *du milliard et même des centaines de millions* que coûtèrent les dépenses du Parc aux Cerfs[1].

Madame de Pompadour, voulant donner à Louis XV des maîtresses dont elle n'eût rien à redouter pour son pouvoir, protégea ce commerce du roi avec des jeunes filles, mais il cessa entièrement lorsque ma-

pendant les voyages du roi, à la campagne. » Et plus loin, madame Duhausset dit encore : « Il n'y en avait au reste que deux en général, et très-souvent une seule. Lorsqu'elles se mariaient, on leur donnait des bijoux et une centaine de mille francs. *Quelquefois le Parc aux Cerfs était vacant cinq et six mois de suite.* »

[1] On trouve ce qui suit dans un écrit récent intitulé *le Château de Luciennes,* de M. Léon Gozlan : « Le Parc aux Cerfs, qui est encore mal connu, était un endroit solitaire, silencieux, *lugubre comme un abattoir.* C'est là que le roi, sans suite et à l'entrée de la nuit, allait commettre ses plaisirs. Il en avait tellement pris l'habitude qu'il avait fini par se croire quitte envers Dieu et les hommes en dotant les jeunes filles flétries dans cet antre. — Le Parc aux Cerfs coûtait près de cent soixante-dix mille francs par mois, *ce qui fait pour trente années d'existence plus de cent cinquante millions.* » Où l'auteur a-t-il puisé ces renseignements?

dame du Barry eut su concentrer sur elle seule toute la passion du vieux roi débauché. La petite maison du Parc aux Cerfs n'ayant plus alors aucun but d'utilité, Louis XV, qui l'avait achetée de ses deniers, la vendit afin de faire rentrer cet argent dans sa cassette particulière.

Pour cette vente, Louis XV n'avait plus besoin de se cacher sous un faux nom comme pour l'achat, et, malgré l'assertion de madame Campan, ce n'est pas comme *Louis de Bourbon*, mais bien comme *roi de France* qu'il vendit l'ancienne habitation de ses innocentes victimes à J.-B. Sévin.

Voici ce contrat de vente :

« Vente par le roi, notre sire, à M. J.-B. Sévin, 27 mai 1771.

» Par-devant les notaires au bailliage royal de Versailles, soussignés, fut présent très-haut, très-puissant et très-excellent prince Louis, par la grâce de Dieu roi de France et de Navarre; lequel a, par ces présentes, vendu et abandonné pour toujours et promet garantir de tous troubles à sieur Jean-Baptiste Sévin, huissier de la chambre de madame Victoire de France et commis principal de l'un des bureaux de la guerre, demeurant à Versailles, rue Saint-Médéric, paroisse Saint-Louis, à ce présent et acceptant acquéreur pour lui, ses hoirs et ayant cause, une maison sise à Versailles, susdite rue Saint-Médéric, paroisse Saint-Louis, consistant en bâtiments sur ladite rue, jardin derrière et à côté, ainsi que ladite maison se comporte sans réserve, appartenant à Sa Majesté au moyen de l'acquisition qu'elle en a fait faire *sous le nom de François Vallet,* huissier-priseur au Châtelet de Paris, de J. Crémer et Élisabeth Quartier, sa femme, par contrat passé devant M° Patu et son confrère, notaires à Paris, le 25 novembre 1755, insinué et ensaisiné, lequel Vallet a fait sa déclaration au profit de Sa Majesté par acte passé devant ledit Patu et son confrère le même jour, le brevet original en papier, laquelle est demeurée ci-joint, auxquels Cremer et sa femme ladite maison appartenait de la manière expliquée au contrat sus-daté, étant la dite maison en la censive de Sa Majesté et vers elle chargée à raison de vingt sols de cens par arpent par chacun an pour toutes choses, *de laquelle maison, dont Sa Majesté n'a jamais retiré aucun revenu, elle a toujours entendu jouir à titre particulier pour en disposer ainsi qu'elle jugerait à propos.*

» Cette vente faite à la charge dudit cens seulement pour l'avenir, à compter de ce jour, et sans être tenu par ledit sieur Sévin au payement d'aucuns droits de lots et ventes, contrôles, insinuation et autres qui pourraient être prétendus à cause de la présente vente dont Sa Majesté dispense ledit sieur Sévin.

» La présente vente aussi faite moyennant la somme de 16,000 livres; laquelle somme Sa Majesté reconnaît avoir présentement reçue par les mains d'Alain, l'un des notaires soussignés, qui, des deniers à lui remis par ledit sieur Sévin, la lui a payée réellement délivrée en louis d'or et monnoye ayant cours, à la vue desdits notaires, dont quittance transportant, dessaisissant, voulant procureur, le porteur donnant pouvoir.

» Reconnaissant, ledit sieur Sévin, que Sa Majesté lui a fait remettre l'expédition en parchemin du contrat de vente susdaté, ensemble tous les titres et pièces que ledit Vallet a reconnu par icelui lui avoir été remis par lesdits Crémer et sa femme, dont déchargé.

» Par ainsi promettant, obligeant, renonçant; fait et passé audit Versailles *à l'égard de Sa Majesté en son appartement au château*, et à l'égard dudit sieur Sévin ès étude, l'an 1771, le 27 mai, avant midi. Sa Majesté a signé, ainsi que ledit sieur Sévin. Signé : Louis, Sévin, Ducro et Alain. »

Il résulte donc de ces diverses pièces que la fameuse maison désignée dans l'histoire de Louis XV sous le nom de *Parc aux Cerfs* était placée au n° 4 de la rue Saint-Médéric.

Aujourd'hui cette maison a entièrement changé d'aspect; transformée en un fort joli hôtel par les propriétaires qui l'ont successivement habitée depuis quelques années, elle ne rappelle plus rien de cette trop célèbre *petite maison*.

# X

## MADAME DU BARRY.

### 1768 — 1793.

Les archives de la préfecture de Seine-et-Oise contiennent deux cartons avec cette suscription : *Madame du Barry*. Ces cartons renferment en effet un grand nombre de papiers transportés dans les archives du district de Versailles, lors de sa condamnation à mort, en 1793. A cette époque, on apporta à Versailles tout ce qui fut trouvé de papiers au château de Louveciennes. Ils étaient fort nombreux, et furent pour la plupart rendus à la famille en 1825. On peut voir par l'inventaire dressé alors, qui se trouve plus loin, qu'un grand nombre d'entre eux étaient du plus haut intérêt. Tels qu'ils sont, ceux de la préfecture de Versailles sont encore fort curieux et méritent d'être connus.

On a écrit plus d'une fois la vie de madame du Barry ; mais dans tous ces écrits le vrai est fréquemment mêlé au faux, et ce sont pour la plupart de véritables romans.

Les documents renfermés aux archives de Seine-et-Oise, et d'autres que nous avons puisés à des sources aussi sûres [1], s'ils ne nous éclairent pas sur tous les points de la vie de cette célèbre maîtresse de Louis XV, nous mettent au moins à même d'établir avec certitude plusieurs faits principaux.

Vers 1767, un homme, comme on en voit souvent dans les grandes capitales, sans principes et sans mœurs, mais non pas sans esprit, le comte *Jean du Barry*, rencontra dans une de ces maisons qu'on appellerait aujourd'hui du *demi-monde* une des plus jolies personnes qu'il eût encore vues de sa vie. Frappé de sa beauté et de ses grâces, il lui donna aussitôt le nom de l'*Ange*, et vit tout le parti qu'il en pourrait tirer dans l'intérêt de sa fortune et de son ambition. Dès ce moment il rêva et parvint à en faire la maîtresse du roi.

Depuis l'année 1764, date de la mort de madame de Pompadour, Louis XV n'avait plus de maîtresse en titre, et il commençait à se lasser de ses amours obscures du Parc aux Cerfs. Le comte du Barry était

---

[1] La bibliothèque de la ville de Versailles possède aujourd'hui la plus grande partie des papiers concernant madame du Barry, formant quinze dossiers. Ces papiers donnent les renseignements les plus détaillés sur sa famille, sa fortune, sa liaison avec de grands personnages, les procès de ses héritiers, etc.

ami de Lebel, ce valet de chambre du roi, dont le principal emploi est connu de tout le monde. Il est de certains hommes qui finissent toujours par se donner la main. Du Barry lui présenta mademoiselle l'Ange, et Lebel, frappé de sa beauté, n'hésita point à la mettre en rapport avec le roi. — Dès la première entrevue, Louis XV fut tellement subjugué par les charmes de mademoiselle l'Ange, qu'il ne voulut plus entendre parler d'une autre femme. Les rendez-vous se succédèrent rapidement, et le roi brûla du désir de la déclarer maîtresse en titre. Mais mademoiselle l'Ange n'avait point de nom, et pour paraître à la cour et y jouer un rôle aussi important, il fallait qu'elle fût revêtue d'un titre et qu'elle eût une position sociale un peu moins équivoque. Le comte Jean du Barry aimait bien plus mademoiselle l'Ange pour les avantages qu'elle pouvait lui rapporter que pour elle-même, et il n'aurait pas hésité à lui donner sa main et son nom; mais il était marié. Un autre, en épousant la maîtresse du roi, profiterait de tous les avantages rêvés pour lui-même, et que la reconnaissance de celle qu'il allait élever à une si haute position lui assurait! Il résolut alors de lui donner son propre nom, en lui faisant épouser son frère, et de conserver par cette alliance l'ascendant qu'il avait pris sur l'esprit de la nouvelle favorite.

Le comte *Guillaume du Barry,* le mari futur de la maîtresse du roi, était un pauvre officier des troupes de la marine, vivant à Toulouse avec sa mère. Son frère lui écrivit aussitôt pour lui proposer ce mariage, et lui faire envisager la brillante fortune qui en résulterait pour lui et sa famille. Guillaume n'était pas plus scrupuleux que Jean, il accepta avec joie sa proposition et partit immédiatement pour Paris. Cependant, pour contracter ce mariage, il fallait le consentement de sa mère. Cette dame ne le refusa pas ; mais, soit par respect pour son nom, soit pour toute autre raison, elle ne voulut pas sanctionner par sa présence un acte si peu honorable, et elle chargea une autre personne de la représenter dans tout ce qui allait être fait. Le comte Guillaume arriva donc à Paris, muni de la pièce que voici :

« Par-devant le notaire royal de la ville de Toulouse
» et témoins bas nommés, fut présente dame *Catherine de Lacaze*, veuve de noble *Antoine du Barry*,
» chevalier de l'ordre militaire de Saint-Louis, habitant de cette ville ;

» Laquelle a fait et constitué pour son procureur
» général et spécial M. Jean Gruel, négociant, rue
» du Roule, à Paris, auquel elle donne pouvoir de,
» pour elle et en son nom, consentir que noble
» Guillaume du Barry, son fils, ancien officier d'infanterie, contracte mariage avec telle personne
» qu'il jugera à propos, pourvu toutefois qu'elle soit
» approuvée et agréée par ledit sieur procureur constitué et que la bénédiction nuptiale lui soit départie
» suivant les constitutions canoniques, par le premier

» prêtre requis, sans cependant que ladite dame
» constituante entende rien donner à son fils dans
» son contrat de mariage ; voulant en outre que les
» présentes vaillent nonobstant surannotation et jus-
» qu'à révocation expresse, promettant, obligeant,
» renonçant.

» Fait et passé audit Toulouse, dans notre étude,
» le quinzième jour du mois de juillet, avant midi,
» l'an 1768, en présence des sieurs Bernard-Joseph
» Fourmont et Bonaventure Calvet, praticiens, habi-
» tant cette ville, soussignés, avec ladite dame con-
» stituante et nous, notaire.

» *Signé* : Delacaze du Barry, Fourmont,
» B. Calvet, et Sans, notaire, avec
» paraphe [1]. »

À son arrivée à Paris, Guillaume du Barry descendit à l'hôtel de son frère, rue Neuve des Petits-Champs. Celui-ci ne perdit pas un seul instant, et huit jours après le consentement de leur mère, le 23 juillet, il faisait signer à Guillaume le curieux contrat de mariage qui suit :

« Par-devant les conseillers du roi, notaires au
» Châtelet de Paris, furent présents :

» Haut et puissant seigneur messire Guillaume
» comte du Barry, chevalier, capitaine des troupes
» détachées de la marine, demeurant à Paris, rue
» Neuve des Petits-Champs, paroisse Saint-Roch,

[1] Bibliothèque de Versailles.

» majeur, fils de défunt messire Antoine, comte
» du Barry, chevalier de l'ordre royal et militaire de
» Saint-Louis, et de dame Catherine Delacaze, son
» épouse, actuellement sa veuve, demeurant à Tou-
» louse, contractant pour lui et en son nom ;

» Sieur André-Marie Gruel, négociant à Paris, y
» demeurant, rue du Roule, paroisse Saint-Germain
» l'Auxerrois, au nom et comme fondé de la procu-
» ration spéciale à l'effet du mariage dont va être
» parlé, de ladite dame du Barry mère, passé devant
» *Sans,* notaire royal à Toulouse, en présence de
» témoins, le 15 juillet présent mois, dont l'original,
» dûment contrôlé et légalisé, est, à la réquisition
» du sieur Gruel, demeuré annexé à la minute des
» présentes, préalablement de lui certifié véritable,
» signé et paraphé en présence des notaires soussignés.

» Ledit sieur Gruel, audit nom, assistant et autori-
» sant autant que de besoin ledit seigneur comte
» du Barry, d'une part ;

» Et sieur *Nicolas Rançon,* intéressé dans les
» affaires du roi, et dame *Anne Bécu,* son épouse,
» qu'il autorise à l'effet des présentes, demeurant à
» Paris, rue du Ponceau, paroisse Saint-Laurent,
» ladite dame auparavant *veuve du sieur Jean-Jacques*
» *Gomard de Vaubernier,* intéressé dans les affaires
» du roi, stipulant pour *mademoiselle Jeanne Gomard*
» *de Vaubernier,* fille *mineure* de ladite dame Rançon
» et dudit feu sieur Gomard de Vaubernier, *son*
» *premier mari,* demeurant avec eux ; à ce présente

» et de son consentement pour elle et en son nom;

» Lesquels, dans la vue du mariage proposé et
» agréé entre ledit sieur comte du Barry et ladite
» demoiselle Gomard de Vaubernier, qui sera célébré
» incessamment en face d'Église, ont pris par ces
» présentes volontairement fait et rédigé les clauses
» et conditions civiles dudit mariage ainsi qu'il suit,
» en la présence et de l'*agrément* de haut et puissant
» seigneur *messire Jean, comte du Barry-Cérès*, gou-
» verneur de Lévignac, frère aîné dudit seigneur,
» futur époux, et de *Claire du Barry*, demoiselle
» majeure, sœur dudit seigneur futur époux.

» Article premier. — Il n'y aura point commu-
» nauté de biens entre ledit seigneur et demoiselle
» future épouse, dérogeant à cet égard à la coutume
» de Paris et à toute autre qui l'admette entre con-
» joints; et, au contraire, ils seront et demeureront
» séparés de biens, et ladite demoiselle future épouse
» aura seule la jouissance et l'administration des
» biens, droits et actions, meubles et immeubles qui
» lui appartiennent et pourront lui appartenir dans la
» suite *à tel titre que ce soit*.

» Art. 2. — La demoiselle future épouse se marie
» avec les biens et droits qui lui appartiennent et
» qui lui appartiendront par la suite, *dont elle aura
» l'administration*, comme il est ci-devant dit. Et son
» mobilier consiste en la somme de 30,000 livres,
» composé de bijoux, diamants, habits, linge, den-
» telles et meubles à son usage, le tout *provenant de*

» *ses gains et économies*, et dont, pour éviter la con-
» fusion avec le mobilier dudit sieur futur époux, il
» a été fait et dressé un état, transcrit sur les deux
» premières pages d'une feuille de papier à lettre,
» lequel est, à leur réquisition, demeuré annexé à la
» minute des présentes, après avoir été desdites
» parties contractantes certifié véritable, signé et
» paraphé en présence des notaires soussignés.

» Art. 3. — Tous les meubles et effets qui se trou-
» veront dans les maisons qu'occuperont les futurs
» époux, tant à Paris qu'à la campagne, autres que
» ceux désignés dans l'état ci-devant annexé, seront
» censés appartenir et appartiendront en effet audit
» seigneur futur époux, et si dans la suite ladite
» demoiselle future épouse fait quelque achat de
» meubles et effets, elle sera tenue de retirer quit-
» tances en forme et par-devant notaire du prix
» d'iceux.

» Art. 4. — Tous les biens appartenant aux
» demoiselle et seigneur futurs époux, et ceux qui
» leur échoiront pendant le mariage, à tel titre que
» ce soit, tant en meubles qu'immeubles, seront
» réputés propres à chacun d'eux et aux leurs, de
» côtés et lignes respectivement.

» Art. 5. — Ledit seigneur futur époux a doué
» et doue la demoiselle future épouse de 1,000 livres
» de rente de douaire préfix, dont le fonds, en de-
» nier 25, demeurera propre aux enfants à naître
» dudit mariage.

» Art. 6. — Arrivant le décès de l'un des futurs
» époux, le survivant aura et prendra sur les biens
» du prédécédé, par forme de gain de survie, en
» meubles et effets prisés sans crue, la somme
» de 10,000 livres ou ladite somme en deniers
» comptants, au choix dudit survivant.

» Art. 7. — Il est convenu que ladite demoiselle
» future épouse *demeurera chargée seule de la conduite*
» *et de toutes les dépenses du ménage,* tant pour la
» nourriture que pour les loyers ou appartements
» qu'ils occuperont, gages de domestiques, linge de
» table, ustensiles de ménage, entretien d'équipages,
» nourriture de chevaux et *toutes autres dépenses*
» *quelconques sans exception,* tant envers ledit seigneur
» futur époux qu'envers les enfants à naître dudit
» mariage, qu'elle sera tenue d'élever et faire édu-
» quer à ses frais, à la charge par ledit seigneur
» futur époux, ainsi qu'il s'y oblige, de payer à ladite
» demoiselle future épouse la somme de 6,000 livres
» de pension, pour tenir lieu de sa moitié dans les-
» dites dépenses et entretien du ménage, par chaque
» année, de six mois en six mois, et toujours d'avance,
» en sorte que les six premiers mois seront exigibles
» le lendemain de la célébration du mariage.

» C'est ainsi que le tout a été convenu et arrêté
» entre les parties, promettant, obligeant, renon-
» çant.

» Fait et passé à Paris, en la demeure dudit sei-
» gneur comte du Barry, futur époux susdésigné.

» L'an 1768, le 23 juillet après midi, et ont signé :
» J. Gomard de Vaubernier, le chevalier du Barry,
» Gruel, le comte du Barry-Cérès, A. Bécu, C.-F. du
» Barry, Rançon.

» La minute des présentes demeurée à M⁰ Garnier-
» Deschênes, l'un des notaires, etc. (1). »

Par ce singulier contrat de mariage, madame du Barry était parfaitement libre de faire tout ce que bon lui semblait, et le comte n'entrait dans cet acte que pour lui donner un nom et lui permettre de recueillir complétement les avantages de la position que l'on venait de lui procurer.

Il est dit dans le contrat que la future épouse possède une somme de 30,000 livres en mobilier. Voici le détail assez curieux des divers objets qui composaient cette somme de 30,000 livres provenant des *gains et économies* de mademoiselle l'Ange, d'après l'état annexé au contrat de mariage :

« État des meubles, habits, linge, hardes et bijoux,
» dentelles et autres effets appartenant à mademoiselle
» Gomard de Vaubernier :

« 1° Un collier de diamants fins, éva-
» lué à. . . . . . . . . . . . . . . . . . . . 8,000 liv.
» 2° Une aigrette et une paire de bou-
» cles d'oreilles en girandolle, le tout
» estimé à. . . . . . . . . . . . . . . . . 8,000

¹ Bibliothèque de Versailles.

» 3° Un lit complet, les rideaux, ciel, dossier et bonnes grâces de damas vert; une tenture servant de tapisserie, de pareil damas; huit chaises, quatre fauteuils et deux rideaux de fenêtres aussi en pareil damas vert, le tout évalué à ..... 3,000 liv.

» 4° Trente robes et jupons de différentes étoffes de soie or et argent, de toutes saisons, évaluées à ....... 3,000

» 5° Dentelles d'Angleterre, de Bruxelles, de Valenciennes, d'Argentan et autres, tant en garnitures de robes qu'en manchettes, bonnets ou autrement ... 6,000

» Six douzaines de chemises fines de toile de Hollande, garnies de manchettes de mousseline brodée; douze déshabillés complets de différentes étoffes de soie et autres; deux douzaines de corsets et plusieurs autres linges et effets à l'usage de ladite demoiselle de Vaubernier, le tout évalué à ....... 2,000

Total ...... 30,000 l.[1]. »

Tels étaient les cadeaux de noces que le royal amant donnait à la nouvelle épouse. Ce qui domine surtout dans ces divers objets, ce sont les diamants, les robes, les dentelles, tous les ornements de toilette, et l'on verra plus tard que le même goût pré-

---

[1] Bibliothèque de Versailles.

side aux dépenses de madame du Barry pendant toute sa grandeur.

Un mois après le contrat, a lieu la célébration du mariage. A cette cérémonie n'assistent ni la mère du marié, ni celle de la mariée, et l'on voit cette dernière représentée par un personnage sur lequel nous reviendrons dans la suite. L'acte de célébration est ainsi conçu :

« Le 1er septembre 1768, après publication de
» trois bans sans empêchement, en cette paroisse
» Saint-Laurent et en celle de Saint-Eustache, les
» 24, 25 et 31 juillet dernier, vu la procuration
» donnée par la mère de l'époux à M. Jean Gruel,
» négociant à Paris, rue du Roule, auquel elle donne
» pouvoir de, pour elle et en son nom, consentir au
» présent mariage; vu pareillement la procuration
» des beau-père et mère de l'épouse, donnée à mes-
» sire *Jean-Baptiste Gomard*, prêtre, aumônier du
» roi, auquel ils donnent pouvoir de les représenter
» lors de la célébration de ce mariage, les fiançailles
» célébrées aujourd'hui, ont été par nous mariés
» messire Guillaume, comte du Barry, ancien capi-
» taine, et demoiselle Jeanne Gomard de Vauber-
» nier, âgée de vingt-deux ans, fille de Jean-Jacques
» de Vaubernier, intéressé dans les affaires du roi, et
» d'Anne Bécu, dite Cantigny, etc. [1]. »

Madame du Barry mariée, le comte son mari

---

[1] Bibliothèque de Versailles.

retourna à Toulouse, et elle vint s'établir définitivement à Versailles. Le roi n'attendait que cela pour se livrer tranquillement à toute sa passion.

Elle eut un appartement dans le château. Cet appartement était situé au deuxième étage précisément au-dessus de celui du roi [1]. Louis XV pouvait s'y rendre à toute heure et sans être vu, soit par un escalier aboutissant au balcon de la cour des Cerfs, soit par la bibliothèque située au-dessus du grand cabinet, dont une porte ouvrait sur un petit palier donnant entrée dans un des deux cabinets placés de chaque côté de l'alcôve de la chambre à coucher de madame du Barry.

De ce moment, madame du Barry allait avoir des équipages et des gens : il fallait les loger en ville et avoir un hôtel, comme tous les grands seigneurs qui habitaient Versailles.

Le 22 décembre 1768, on passe un bail en son nom avec la veuve *Duru*, pour un hôtel situé à Versailles, rue de l'Orangerie [2], et c'est là qu'elle établit sa maison.

Madame du Barry était installée au château, mais le roi ne la voyait qu'en particulier. Elle ne pouvait monter dans les carrosses de la cour et elle ne parais-

---

[1] Sous Louis XVI, ce même appartement fut changé dans sa disposition, et devint le petit appartement particulier de la reine Marie-Antoinette.

[2] Archives de la préfecture de Seine-et-Oise. Cette maison porte aujourd'hui le n° 7.

sait point en public ; pour cela, il aurait fallu que la favorite fût présentée et fît ainsi partie des dames de la cour. Le roi le désirait ardemment, et madame du Barry encore plus. Malgré les obstacles qui semblaient devoir s'y opposer, cette présentation se fit rapidement, et elle eut lieu le 22 avril 1769. Dès ce moment, madame du Barry fut reconnue comme maîtresse en titre, et entourée d'une foule de courtisans qui, jusqu'à sa chute, ne cessèrent de briguer ses faveurs.

On a vu de quoi se composait la dot de mademoiselle l'Ange, mais cela ne pouvait plus suffire à la maîtresse du roi. Aussi, dès les premiers jours de 1769, le roi lui constistue 100,000 livres de rentes viagères sur la ville de Paris, et 10,000 livres de rente sur les États de Bourgogne. Madame de Pompadour avait eu près de Versailles une habitation princière[1], il en fallut une à madame du Barry.

En 1690, Louis XIV avait acheté à M. de Valentinay la belle terre et le château de Louveciennes. Il en fit don à la princesse de Conty, sa fille. A la mort de la princesse, cette terre passa au comte de Toulouse, puis au duc de Penthièvre. Le 7 mai 1768, le prince de Lamballe y étant mort des suites de ses débauches, son père, le duc de Penthièvre, ne voulut plus habiter une terre qui lui rappelait de si tristes souvenirs, et il la vendit au roi. Louis XV la donna

---

[1] Le charmant château de Bellevue.

à madame du Barry, et par brevet du roi du 24 juillet 1769, elle obtint, sa vie durant, la *jouissance de la maison, jardins et dépendances de Louveciennes*[1]. On voit, dans le relevé des dépenses de madame de Pompadour, que dans les premières années de sa faveur, Louis XV lui faisait des cadeaux d'une valeur fort considérable; c'est ce qui eut lieu aussi pour madame du Barry. Le 1er janvier 1770, le roi entra de bonne heure chez sa maîtresse, et, en l'embrassant, lui remit un brevet signé le 23 décembre précédent, qui lui concédait, sa vie durant, *les Loges de Nantes*. Ce que l'on nommait *les Loges de Nantes* était une réunion de *boutiques, baraques et appentis établis sur la contrescarpe, à Nantes*, et rapportant environ 40,000 livres de rente.

Mais les libéralités du roi pour sa nouvelle maîtresse ne s'arrêtaient pas là, et il fournissait avec abondance l'argent nécessaire à ses nombreuses dépenses.

Madame de Pompadour reçut une brillante éducation; artiste elle-même, elle aimait les arts et les artistes, et ses dépenses consistent plus dans la création de charmants séjours, embellis par les arts de la peinture et de la sculpture, en concerts délicieux, en représentations théâtrales, en tout ce qui est le résultat d'une éducation recherchée et de bon goût qu'en dépenses personnelles et de toilette. Ma-

---

[1] Bibliothèque de Versailles.

dame du Barry, au contraire, n'ayant reçu aucune éducation, et arrivée à jouer un rôle si important par sa seule beauté, ne pensa qu'aux moyens de faire valoir ses charmes, et dirigea toutes ses dépenses vers la toilette, le luxe et la recherche de ses appartements intimes.

On peut juger par la quantité de robes, d'étoffes de toutes sortes, de dentelles, de bijoux trouvés chez elle à sa mort, de son goût effréné pour la toilette. Ainsi, il y avait de dentelles, étoffes, robes, corsets et linge de corps, pour 160,029 livres 5 sols; — de bijoux, diamants, montres, etc., pour 400,000 livres [1]; — et elle devait encore, entre autres objets de toilette, 40,896 livres 13 sols à mademoiselle *Bertin*, sa marchande de modes à Paris, et 2,275 livres 6 sols à M. *Bataille*, son parfumeur à Versailles.

Elle fit de son appartement de Versailles une suite de boudoirs délicieux.

Les objets qui en faisaient l'ornement sont décrits dans les Mémoires conservés aux archives de la préfecture de Seine-et-Oise. La description de quelques-uns de ces objets fera juger de ce que devait être ce charmant logis [2].

Dans le salon, on voyait sur la cheminée une magnifique pendule à colonnes, ornée de figures de porcelaine; au milieu, une superbe table ornée de por-

[1] Archives de la préfecture de Seine-et-Oise.
[2] Toutes ces descriptions de meubles sont copiées textuellement sur les mémoires des fournisseurs.

celaines de France : le dessus, qui était le morceau principal, représentait un tableau en miniature d'après *Leprince*, les garnitures de bronze, parfaitement ciselées et dorées d'or mat. — Il y avait aussi un très-beau forte-piano anglais, qu'on avait fait organiser à Paris par le fameux *Clicot*, avec flûtes et galoubet, un mouvement pour le luth et deux autres pour les cymbales; la caisse, que l'on fut obligé d'y ajouter pour contenir les tuyaux et les soufflets, était plaquée en bois rose et à mosaïques blanches et bleues, et très-richement garnie de bronzes dorés d'or mat. — Sur un des côtés était une superbe commode d'ancien laque, de la première qualité, le panneau du milieu à magots très-richement habillés; les frises plaquées en ébène, les garnitures de bronze, ciselées et dorées d'or mat; le marbre blanc de statuaire. — Et de l'autre côté une autre belle commode, ornée de cinq morceaux de porcelaine de France, à fleurs et filets d'or, très-richement garnie de bronzes bien finis et dorés d'or mat; le dedans doublé en tapis vert et galonné d'or; le marbre blanc de statuaire. — Sur chacune de ces commodes se trouvaient : d'un côté un très-fort groupe de bronze et de couleur antique, composé de quatre figures représentant l'enlèvement d'Hélène par Pâris, le tout sur un pied de bronze doré d'or moulu; — et de l'autre côté un autre groupe de bronze, plus petit, et d'après *Sarrazin*, composé de cinq enfants qui jouent avec un bouc; le tout sur un pied de marqueterie de *Boule*, et orné de bronzes dorés d'or moulu; — enfin un fort lustre de cristal de roche, à six luminaires, et ayant coûté 16,000 livres, était appendu au milieu de la pièce. Comme l'on jouait souvent dans ce petit salon, madame du Barry avait fait faire une boîte de jeux, dont ces Mémoires nous ont conservé la description : cette boîte était en acajou, doublée en tabis bleu, galonnée en or; elle renfermait quatre boîtes à quadrilles en ivoire, le trèfle, le pique, le cœur et le carreau en or incrusté sur chacune desdites boîtes et entourés d'un cartouche avec nœuds de rubans, le tout en or et aussi incrusté; — les quatre-vingts fiches et les vingt contrats distingués par le trèfle; le pique, le cœur et le carreau, aussi en or et incrustés.

Dans la chambre à coucher, il y avait une commode ornée de tableaux de porcelaine d'après *Watteau* et *Wanloo*, très-richement garnie de bronzes très-bien finis et dorés d'or mat; — un secrétaire en armoire, de porcelaine de France, fond vert et à fleurs, richement garni de bronzes dorés d'or moulu. — On voyait sur les meubles deux cuvettes à mettre des fleurs, en porcelaine de France, fond petit vert, à marines en miniatures. — Une cuvette gros bleu caillouté d'or, avec des sujets de *Teniers*, en miniature, et deux autres, moins grandes et décorées de même. — Sur la cheminée, une pendule dorée d'or de Germain : elle représentait les trois Grâces supportant un vase dans lequel était un cadran tournant, et au-dessus un Amour indiquait l'heure avec sa flèche; le tout était élevé sur un piédestal très-bien ciselé et doré.

Le cabinet ne le cédait point au reste : sur la cheminée était une pendule à vase et serpent, en bronze doré d'or moulu, le cadran tournant; le piédestal garni de trois morceaux de porcelaine de France, fond bleu, avec des enfants en miniature; le dard du serpent fait en marcassite. On y voyait aussi une très-jolie table à gradins, en porcelaine de France, fond vert et cartouches à fleurs, très-richement ornée de bronzes dorés d'or moulu, le dessus du tiroir couvert d'un velours vert et les pièces d'écritoire dorées. Sur des étagères on remarquait, parmi une quantité d'objets de toutes sortes : une cassette d'ancien laque, fond noir, ouvrage en or de reliefs et aventurine, avec paysages et magots; — cinq tasses et soucoupes d'ancien Saxe, à tableaux et à miniatures, avec la théière et la boîte à thé pareilles; — une cave, composée de quatre gros flacons, un gobelet et sa soucoupe, le tout de cristal de roche; six petits flacons de cristal de Bohême; deux cuillers et un entonnoir d'or; les dix flacons garnis d'or et le tout dans une boîte de bois des Indes garnie de velours rouge. Cette jolie cave avait été achetée à la vente de madame de Lauraguais. — Enfin on remarquait encore dans ce cabinet un baromètre et un thermomètre de Passemant, montés très-richement en bronzes dorés d'or moulu, et ornés de trois plaques de porcelaine de France, à enfants en miniature.

Tout, jusqu'aux lieux les plus secrets de ce petit appartement, portait le goût du luxe de la comtesse. Ainsi, dans le petit couloir qui menait à la garde-robe, on voyait, au-dessous de la croisée, une commode à portes de 52 pouces de long, en bois rose et garnie de bronzes dorés d'or moulu, le marbre en brèche d'Alep ; et *dans la garde-robe, un meuble de toilette secrète à dossier, en marqueterie; fond blanc, à mosaïques bleues et filets noirs, avec rosettes rouges, garni de velours bleu brodé d'or, et sabots dorés d'or moulu;* la boîte à éponges et la cuvette en argent; deux tablettes d'encoignure, aussi en marqueterie, garnies de bronzes dorés d'or moulu; et une *chaise de garde-robe en marqueterie pareille aux autres meubles, la lunette recouverte de maroquin, et les poignées et sabots dorés d'or moulu.*

Aussitôt que madame du Barry eut la jouissance du château de Louveciennes, elle y fit faire de nombreux travaux. Mais quoiqu'elle y eût dépensé beaucoup d'argent, elle ne put transformer en boudoirs de *petite maison* ces grands appartements bâtis pour une fille de Louis XIV. Elle y renonça, et tout en conservant le château principal, elle fit bâtir, un peu plus loin, un *pavillon* beaucoup plus approprié à la destination galante qu'elle voulait lui donner.

Ce pavillon, d'où l'on jouit d'une vue magnifique et qui, regardé des bords de la Seine, est d'un effet très-pittoresque et paraît suspendu dans les airs, fut bâti par l'architecte Ledoux, pendant les années 1771 et 1772. On appela les plus habiles artistes pour travailler à son embellissement, et l'intérieur était un véritable modèle de goût et d'élégance.

On se doute bien que les appartements particuliers de la comtesse, dans cette nouvelle habitation, ne le cédaient pas à ceux de Versailles, et en parcourant les cartons de la préfecture de Seine-et-Oise, on voit figurer, dans les diverses parties du pavillon de Louveciennes, des objets analogues à ceux déjà indiqués à Versailles.

Louis XV, quand il venait à Louveciennes, n'avait pas d'autre appartement que celui de la comtesse, excepté pourtant la partie destinée à sa toilette. On sait qu'il était extrêmement soigneux de sa personne, et il est à présumer que dans ce lieu il devait avoir quelquefois besoin de réparer le désordre de sa tenue.

Cette partie, complétement réservée au roi, se composait d'une antichambre, d'un cabinet et d'une garde-robe. L'antichambre, tapissée en damas bleu et blanc, n'offrait aucun meuble remarquable. Dans le cabinet de toilette, il y avait dans la cheminée un feu doré d'or moulu, à trophées militaires, garni de pelle, pincettes et tenailles analogues. — Sur la cheminée, une garniture de trois pièces de porcelaine de Saxe à petites fleurs en relief, sur un fond petit bleu, avec cartouches en miniatures sur fond d'or, et ornées de bronzes dorés d'or moulu. — Une paire de flambeaux, cannelés de bronze doré d'or moulu. — De chaque côté de la cheminée, une forte paire de bras à trois branches et colliers de perles, en bronze doré d'or moulu. — De l'autre côté, en face de la cheminée, une paire de girandoles à trois branches, d'un nouveau modèle de goût antique, dorées d'or moulu. — Au-dessous, une commode d'ancien laque du Japon, richement ornée de bronzes dorés, avec son marbre de cinq pieds en gruotte d'Italie. — Enfin, au milieu était un fauteuil à poudrer, garni de maroquin rouge, avec un coussin sur fond de canne, et devant une table d'ébénisterie à mosaïques, sur fond gris satiné, avec une tablette dans les jambes, et garnie en bronzes dorés. — Quant à la garde-robe, elle renfermait tous les meubles déjà indiqués dans celle de madame du Barry, excepté cependant qu'au lieu du raffinement de luxe observé dans ceux de la comtesse, ils étaient fort simples et tous en bois de noyer [1].

Au milieu des grandeurs de la favorite, la famille du Barry ne s'oubliait pas. Déjà plusieurs fois le mari de la comtesse, *Guillaume* du Barry, était venu tourmenter sa femme de ses doléances et avait cherché à obtenir par elle des faveurs et de l'argent. Pour faire cesser ces importunités, madame du Barry lui constitua 5,000 livres de rente, et par sentence contra-

---

[1] Archives de Seine-et-Oise.

dictoire du Châtelet de Paris du 1ᵉʳ avril 1772, elle fut séparée d'habitation avec son mari [1]. Quant au comte *Jean*, il avait toujours conservé un certain ascendant sur madame du Barry. Il avait placé auprès d'elle sa propre sœur, mademoiselle *Claire du Barry*, petite bossue que la comtesse aimait fort peu, pour surveiller toutes ses actions et lui rappeler sans cesse que sa faveur était due à son frère, et qu'elle devait en être reconnaissante. On verra qu'il sut en tirer ainsi des sommes s'élevant à plus d'un million. Mais il ne voulait pas seulement de l'argent, il fallait encore qu'il profitât de la favorite pour satisfaire son ambition. Le comte Jean avait un fils, débauché comme le père; il voulut le marier à une fille de grande maison, et pouvoir, à l'aide de cette alliance, marcher de pair avec les premières familles de la cour. C'est ce qu'il parvint à réaliser grâce à la faveur et surtout à l'argent de madame du Barry.

M. le prince de Soubise avait pour parente une jeune personne d'une grande beauté, mais peu riche, la fille du marquis de Tournon. Ce fut elle que l'on destina au fils du comte du Barry. A peine âgée de dix-sept ans, mademoiselle de Tournon était encore au couvent lorsque l'on décida de son sort. Par ce mariage, les du Barry s'alliaient presque au sang royal, puisque la mère du duc de Bourbon, fils du prince de Condé, était fille du prince de Soubise. Le

---

[1] Bibliothèque de Versailles.

roi, sous l'influence de madame du Barry, pressait fortement la conclusion de ce mariage; le prince de Soubise le désirait aussi, le prince de Condé seul s'y opposait. Mais enfin, vaincu par les instances du roi, il y donna son consentement. Le 18 juillet 1773, le roi et la famille royale signèrent le contrat de mariage du vicomte du Barry avec mademoiselle de Tournon; quelques jours après ils reçurent la bénédiction nuptiale, et le 1$^{er}$ août suivant, la nouvelle vicomtesse était présentée au roi et à la famille royale par madame du Barry elle-même.

En faveur de ce mariage, le vicomte du Barry fut fait capitaine des Suisses de M. le comte d'Artois, et sa femme, qui reçut en dot 200,000 livres de madame du Barry [1], fut nommée dame pour accompagner la comtesse d'Artois.

Madame du Barry acheta fort peu de biens pendant sa grandeur. Elle fit l'acquisition d'une maison à Saint-Vrain, près Arpajon, et d'une petite ferme appelée la *Maison-Rouge*, à Villiers-sur-Orge, près de Lonjumeau [2].

On a vu par le contrat de mariage de madame du Barry que sa mère se nommait madame *Rançon*. En effet, elle avait épousé, en 1749, un nommé *Rançon*, commis aux aides, titre qu'on changea, dans le contrat de la comtesse, en celui d'*intéressé dans les affaires du roi*. On conçoit qu'avec un si mince

---

[1] Archives de Seine-et-Oise.
[2] Archives de Seine-et-Oise.

emploi pour toute fortune, M. et madame Rançon devaient mener une assez triste existence. Dans sa haute position, madame du Barry n'oublia pas sa mère. Elle allait souvent la voir, et elle la mit à même de vivre largement. Quoiqu'elle n'eût ni les manières ni le langage d'une femme de qualité, on ne pouvait cependant continuer de donner ce nom de Rançon à la mère d'une comtesse qui avait l'insigne honneur d'être la maîtresse du roi, et on l'appela madame de Montrable. C'est pour madame de *Montrable* que madame du Barry acheta *la Maison-Rouge,* et cette dame l'habita fort longtemps.

La maison de madame du Barry était devenue très-considérable, et ses équipages et ses gens ne pouvaient plus tenir dans l'hôtel de la rue de l'Orangerie, qu'elle avait loué la première année de son arrivée à Versailles[1]. Il y avait, sur l'avenue de Paris, une charmante habitation construite par *Binet*, valet de chambre du Dauphin et parent de madame de Pompadour. Madame du Barry l'acheta pour y faire construire un grand hôtel. *Ledoux,* son architecte, tout en conservant le joli pavillon de *Binet*, y fit ajouter des constructions considérables, afin d'y placer les chevaux, les voitures et les gens. C'était un véritable palais, et l'on alla même jusqu'à y éle-

---

[1] Madame du Barry avait aussi loué pour ses gens l'hôtel de Luynes, — aujourd'hui rue de la Bibliothèque, n[os] 4 et 6.

ver une chapelle, à laquelle, pour la desservir, madame du Barry nomma un aumônier en titre [1].

Madame du Barry était arrivée au comble de la faveur; le roi n'était pas encore dans un âge très-avancé (64 ans), tout lui faisait espérer une longue carrière dans le poste qu'elle occupait; et cependant, quelques jours encore, et toute cette grandeur allait disparaître. Louis XV, déjà triste et souffrant, venait, pour se distraire, de passer quelques jours à Trianon, lorsqu'il y fut atteint de la petite vérole. Ramené à Versailles, il y succomba le 10 mai 1774.

Quelques jours avant la mort du roi, et lorsqu'on le vit dans un état tout à fait désespéré, on fit partir de Versailles madame du Barry. Elle se retira à Rueil, chez M. et madame d'Aiguillon, qui lui prodiguèrent les soins les plus affectueux.

Le premier acte du nouveau monarque fut d'éloigner de la cour celle qui en avait été le scandale pendant les dernières années de la vie du feu roi. Le jour même de la mort de Louis XV, le duc de la Vrillière fut envoyé à Rueil et remit à madame du Barry une lettre de cachet lui intimant l'ordre de se rendre immédiatement au couvent de Pont-aux-Dames, près de Meaux.

La chute de madame du Barry entraîna celle de toute la famille. Le comte Jean et son fils sortirent de France. Quant au comte Guillaume, resté à Tou-

---

[1] C'est aujourd'hui une caserne de cavalerie.

louse, il y fut l'objet des huées et des railleries de la populace.

Il y avait un an que madame du Barry était renfermée dans l'abbaye de Pont-aux-Dames. Sa santé s'altérait de cette vie si éloignée de ses habitudes. Ses amis faisaient des efforts pour l'en faire sortir, et elle parvint enfin à obtenir la permission d'aller habiter sa petite maison de Saint-Vrain. Elle y passa une partie de l'année 1775; mais, vers l'automne, des fièvres assez graves attribuées à l'humidité de ce lieu ayant attaqué une partie de ses gens et la menaçant elle-même, elle obtint enfin de M. de Maurepas, oncle de M. d'Aiguillon, alors tout-puissant, de revenir habiter le joli pavillon de Louveciennes.

Pendant le temps de sa faveur, madame du Barry avait eu à sa disposition des sommes considérables; mais légère comme elle l'était, coquette et désirant contenter à l'instant ses moindres caprices sans regarder à la dépense, surprise surtout par la brusque mort de Louis XV, elle n'eut point le temps de satisfaire ses créanciers, et il fut établi que lorsqu'elle quitta la cour elle avait pour plus de 1,200,000 livres de dettes.

Les créanciers de la comtesse ne savaient à qui s'adresser pendant son séjour à Pont-aux-Dames. L'intendant général de la maison du roi recevait de toutes parts des réclamations. On jugea alors nécessaire de se rendre compte de la fortune de madame du Barry et des sommes qu'elle avait reçues pendant le temps de sa faveur. Montvallier, intendant de la comtesse, fut chargé de dresser un état de toutes ces sommes. Voici cet état, copié sur les papiers déposés à la préfecture de Seine-et-Oise [1] :

« État des sommes payées pour le compte de madame la comtesse du Barry, par M. Beaujon [2], pendant qu'elle était en faveur à la cour de France.

« 15 juillet 1774. »

### OBSERVATION.

Montvallier prévient qu'il n'a pu rendre le travail plus complet, attendu qu'il n'a pas la suite des bordereaux de M. Beaujon, et qu'il y a même une lacune entre celui du 15 février 1772 et celui du 10 septembre suivant, et qu'il lui a été fait une remise de pièces sans bordereaux par madame du Barry, pour cette lacune, montant ensemble à la somme de 93,200 livres, employée dans les articles qui suivent, savoir :

ART. 1er. — *Aux marchands orfévres, joailliers et bijoutiers.*

| | | |
|---|---:|---:|
| Orfévres. . . . . . . . . . . . . . . | 313,328 l. | 4 s. |
| Joailliers. . . . . . . . . . . . . . | 1,808,635 | 9 |
| Bijoutiers. . . . . . . . . . . . | 158,000 | » |
| Total. . . . | 2,279,963 l. | 13 s. |

[1] C'est l'un des papiers remis aux héritiers en 1825.
[2] Beaujon était le banquier de la cour.

Art. 2. — *Aux marchands de soieries, dentelles, toiles, modes, etc.*

| | | | |
|---|---|---|---|
| Soieries. . . . . . . . . . . . . . . | 369,810 l. | 15 s. | 3 d. |
| Toiles, dentelles. . . . . . . . . | 215,888 | 6 | » |
| Modes. . . . . . . . . . . . . . . | 116,818 | 5 | » |
| Merceries. . . . . . . . . . . . | 35,443 | 14 | » |
| Total. . . . . | 737,961 l. | » s. | 3 d. |

Art. 3. — *A divers parfumeurs, fourreurs, chapeliers, chaudronniers,* etc. . . . . . . . . . . . 52,148 l. 9 s.

Art. 4. — *Pour meubles, tableaux, vases et autres ornements.*

| | | |
|---|---|---|
| Meubles. . . . . . . . . . . . . . . | 24,398 l. | 18 s. |
| Tableaux, vases. . . . . . . . . . . | 91,519 | 19 |
| Total. . . . . . | 115,918 l. | 17 s. |

Art. 5. — *Aux tailleurs et brodeurs.*

| | | |
|---|---|---|
| Tailleurs. . . . . . . . . . . . . . . | 60,322 l. | 10 s. |
| Brodeurs. . . . . . . . . . . . . . . | 471,178 | » |
| Total. . . . . | 531,500 l. | 10 s. |

Art. 6. — *Pour achat de voitures, chevaux et fourrages.*

| | | |
|---|---|---|
| Voitures et entretien. . . . . . . . . | 67,470 l. | 1 s. |
| Chevaux. . . . . . . . . . . . . . . | 57,347 | » |
| Fourrages. . . . . . . . . . . . . . | 6,810 | » |
| Total. . . . . | 131,627 l. | 1 s. |

ART. 7. — *Aux peintres, sculpteurs,* etc.

| | | | |
|---|---|---|---|
| Doreurs. . . . . . . . . . . . . . | 78,026 l. | » s. | » d. |
| Sculpteurs. . . . . . . . . . . . | 95,426 | » | » |
| Peintres. . . . . . . . . . . . . | 48,875 | 12 | 6 |
| Fondeurs. . . . . . . . . . . . | 98,000 | » | » |
| Marbriers. . . . . . . . . . . . | 17,540 | 8 | 10 |
| A divers ouvriers menuisiers, serruriers. . . . . . . . . . . . | 32,240 | 8 | » |
| Total. . . . . | 370,108 l. | 9 s. | 4 d. |

ART. 8. — *Pour les anciens et nouveaux ouvrages de Louveciennes.*

| | | | |
|---|---|---|---|
| Anciens ouvrages. . . . . . . . . | 111,475 l. | 6 s. | 9 d. |
| Jardins. . . . . . . . . . . . . . | 3,739 | 19 | » |
| Nouveaux ouvrages. . . . . . . . | 205,638 | 16 | 8 |
| Jardins. . . . . . . . . . . . . . | 3,000 | » | » |
| Total. . . . . | 323,854 l. | 2 s. | 5 d. |

ART. 9. — Sommes payées, qu'on n'a pu appliquer aux différents comptes, les motifs des payements n'étant point connus. . . . . . . . . .    55,619 l.  2 s.  » d.

ART. 10. — Pour dépenses extraordinaires, dons, gratifications, musique, aumônes. . .    47,525   5   »

ART. 11. — Sommes payées, divisées en deux parties, la première considérée comme pour le compte de madame du Barry, et la deuxième pour ses affaires; à madame du Barry directement ou pour elle; aux comte, vicomte et demoiselle du Barry, et autres. . . . . 1,081,052 l. 15 s. 2 d.

A ses gens d'affaires et autres, y compris l'acquisition du pavillon de l'avenue de Paris, à Versailles. . . . . . . . . . 661,628  16  9

Art. 12. — A-compte sur la construction du bâtiment audit pavillon. . . . . . . . . . . 18,000  »  »

Art. 13. — Recouvrements à faire. . . . . . . . . . . . . 20,000  »  »

Total général. . . : 6,375,559 l. 11 s. 11 d

Certifié véritable et conforme aux bordereaux mentionnés ci-dessus.

Louveciennes, le 14 juillet 1774.

*Signé* : Montvallier.

Pour payer toutes ses dettes, madame du Barry restait avec sa propriété de Louveciennes et 150,000 livres de rentes viagères. Elle parvint à faire des arrangements avec la plupart de ses créanciers; quant aux plus récalcitrants, elle les paya à l'aide de la vente de plusieurs de ses bijoux, et de la cession qu'elle fit de son hôtel de Versailles, en

1775, à Monsieur, frère du roi, moyennant la somme de 224,000 livres [1].

Retirée à Louveciennes, madame du Barry y mena une vie fort tranquille. Belle et bonne, malgré sa position équivoque à la cour, elle s'y était fait un grand nombre d'amis. Les plus grands personnages et bon nombre de dames allaient à Louveciennes. On vit même le frère de Marie-Antoinette, l'empereur Joseph II, venir lui faire une visite, et lui offrir le bras en se promenant avec elle dans ses jardins. La comtesse avait su se créer une petite cour, et les anciens amis de Louis XV étaient toujours les bienvenus dans son château. Habituée depuis plusieurs années à satisfaire tous ses caprices sans savoir ce qu'ils pouvaient coûter, elle recevait ses hôtes en princesse, et, jolie femme, continuait toutes ces folles dépenses de toilette qu'une jolie femme, même sans être une madame du Barry, a souvent tant de peine à abandonner. On la trouvait de plus toujours prête à secourir ses amis; et l'on voit dans les papiers de la préfecture de Seine-et-Oise que le 9 avril 1775, c'est-à-dire un an après la mort de Louis XV, elle prêta 200,000 livres à M. le duc d'Aiguillon, qui ne les lui rendit que le 30 août 1784.

Madame du Barry dut donc économiser fort peu pour payer ses créanciers, et ses dettes, au lieu de diminuer, ne firent qu'aller en augmentant. Aussi,

---

[1] Archives de la préfecture de Seine-et-Oise.

pour se liquider complétement, à force d'instances et de démarches de ses amis, elle obtint enfin du roi Louis XVI, en avril 1784, l'échange de 60,000 livres de rente contre 1,250,000 livres qui lui furent délivrées par le trésor royal.[1].

Après comme pendant sa faveur, madame du Barry eut les mêmes soins de sa mère; et lorsqu'elle mourut, le 20 octobre 1788, *elle constitua au profit du sieur Rançon de Montrable, le mari de sa mère, une rente viagère de 2,000 livres pour, dit-elle, reconnaître les bons procédés de Rançon à l'égard de son épouse*[2]. Elle n'oublia pas non plus la famille de sa mère; elle constitua des rentes à ses oncles et tantes, et maria très-avantageusement plusieurs des ses cousines[3].

Madame du Barry était excessivement bonne pour ses domestiques. Elle avait en eux une très-grande confiance, dont ils abusèrent plusieurs fois, surtout à l'époque de la Révolution. Soit que ces domestiques, paresseux et insouciants comme ils le sont dans la plupart des grandes maisons, n'exerçassent point une surveillance assez active, soit que quelques-uns d'entre eux s'entendissent avec les fripons que tentaient les richesses accumulées dans ce lieu, toujours est-il que plusieurs vols considérables eurent

---

[1] Archives de Seine-et-Oise.
[2] Bibliothèque de Versailles.
[3] *Idem*, et Archives de Seine-et-Oise.

lieu à Louveciennes, depuis que la comtesse y faisait son séjour habituel.

Le 20 avril 1776, trois individus fort bien mis se présentent au château et demandent à parler à madame du Barry. L'un d'eux, décoré de la croix de Saint-Louis, est introduit dans son cabinet, où elle se trouvait seule en ce moment, pendant que les deux autres restent dans la chambre qui précède. Il va droit à elle un pistolet à la main, la menace de tirer si elle fait le moindre geste pour appeler, et lui ordonne de donner ce qu'elle a d'argent et de bijoux. Effrayée, elle s'empresse de remettre à cet homme un riche écrin qu'elle avait près d'elle. Le voleur, frappé de la beauté des diamants et content de sa proie, se retire avec ses compagnons sans qu'on ait jamais pu les retrouver.

Un autre vol, beaucoup plus considérable, eut lieu dans la nuit du 10 au 11 janvier 1791.

On a vu que dans sa retraite de Louveciennes, madame du Barry avait conservé de nombreux amis. Parmi eux se trouvait M. le duc de Brissac. Brave, loyal et d'une superbe figure, le duc fit impression sur le cœur de la comtesse. Ils s'attachèrent bientôt l'un à l'autre, et leurs relations devinrent si intimes, que madame du Barry était aussi souvent à Paris, à l'hôtel de Brissac, que le duc était à Louveciennes [1].

---

[1] Voir aux notes la lettre n° 1 de M. de Brissac à madame du Barry.

C'est pendant l'un de ces séjours à Paris que s'accomplit le vol dont on va parler.

A l'aide des sacrifices qu'elle avait déjà faits, madame du Barry était parvenue à combler la plus grande partie de ses dettes. Mais à l'époque dont il s'agit (1791), elle en avait contracté de nouvelles.

Sa négligence à se rendre compte de ses propres affaires, le goût des folles dépenses qui ne l'avait pas quittée, mais surtout le besoin de soulager les infortunes que la Révolution commençait à faire peser sur ses amis, avaient mis de nouveau le désordre dans ses finances. Déjà elle avait cherché, par l'entremise de son banquier, à faire vendre quelques-uns de ses diamants à l'étranger. Elle avait, à cet effet, réuni dans un seul endroit du château ses bijoux les plus précieux. Peu défiante, elle s'était fait aider dans ce travail par plusieurs de ses domestiques; aussi savait-on parfaitement dans la maison le lieu où étaient placées toutes ces richesses, et si les gens de la comtesse n'y furent pour rien, leurs indiscrétions mirent au moins sur la voie les malfaiteurs qui accomplirent ce vol audacieux.

Dans la nuit du 10 au 11 janvier 1791, pendant que madame du Barry était à Paris chez le duc de Brissac, des voleurs s'introduisirent dans le château, allèrent droit au lieu où étaient les diamants et les bijoux de la comtesse, et enlevèrent tout ce qui s'y trouvait réuni; puis ils se retirèrent tranquillement, sans que personne dans la maison se fût aperçu de leur présence. Depuis quelque temps madame du Barry, pour ajouter à sa sûreté, avait demandé au commandant des Suisses de Courbevoie de lui donner un des soldats du régiment pour lui servir de concierge. Aussitôt que l'on eut connaissance du vol, la municipalité de Louveciennes fit arrêter le Suisse qui servait de gardien. Interrogé par ses officiers, il avoua que des hommes qu'il ne connaissait pas l'avaient enivré dans un cabaret; mais voilà tout ce que la police de l'époque put recueillir sur cet attentat.

C'était une immense perte pour madame du Barry, car on venait de lui enlever ses bijoux les plus précieux. On peut juger de la valeur de ce vol et des richesses accumulées dans ce lieu par l'état des objets volés qu'elle fit afficher dans Paris et annoncer dans les journaux étrangers :

« Trois bagues montées chacune d'un brillant blanc, le premier pesant 35 grains, le deuxième 50 grains, et le troisième 28 grains;

» Une bague montée d'un saphir, carré long, avec un Amour gravé dessus, et deux brillants sur le corps;

» Un baguier en rosette verte, renfermant vingt à vingt-cinq bagues, dont une grosse émeraude;

» Une pendeloque montée à jour, pesant environ 36 grains, d'une belle couleur, mais très-jardineuse, ayant beaucoup de dessous;

» Une autre d'un onyx, représentant le portrait

de Louis XIII, dont les cheveux et les moustaches sont en sardoine;

» Une autre d'un César, de deux couleurs, entourée de brillants;

» Une autre d'une émeraude, carré long, pesant environ 20 grains;

» Une autre d'un brun-puce, pesant de 14 à 16 grains;

» Une autre d'un Bacchus antique, gravée en relief sur une cornaline brûlée;

» Une autre d'une sardoine jaune, gravée par *Barrier,* représentant Louis XIV, entourée sur le corps de roses de Hollande;

» Une autre d'un gros saphir en cœur, montée à jour, entourée de diamants sur le corps et sur la moitié de l'anneau. — L'onyx de Louis XIII et l'émeraude carrée sont montés de même et garnis également de diamants, de roses et de brillants;

» Plus, dans ce *baguier,* il y a un *Bonus Eventus* antique, gravé sur un onyx; — un brillant blanc pesant 29 grains; — un autre pesant 25 grains; — un autre, forme de pendeloque, pesant 28 grains; — un autre, rond, pesant 23 grains; — un autre, 25 grains; — un, 24 grains; — un, qualité inférieure, carré long, 23 grains; — trois pesant chacun 28 grains; — un brillant en épingle, forme longue, pesant 30 grains; — un brillant, forme losange, 33 grains;

» Deux bracelets, ensemble de 24 grains;

» Une rose montée à jour, de deux cent vingt-huit brillants blancs, dont un gros au milieu, cristallin, pesant 24 grains;

» Un collier de vingt-quatre beaux brillants, montés en chatons à jour, de 20 grains chaque;

» Huit parties de rubans en bouillon, chacune de vingt-un brillants à jour, pesant depuis 4 grains jusqu'à 8;

» Une paire de boucles de souliers de quatre-vingt-quatre brillants, pesant 77 karats 1/4;

» Une croix de seize brillants, pesant 8 à 10 grains chaque;

» Soixante-quatre chatons, pesant de 6 jusqu'à 10 grains;

» Une belle paire de girandoles en gros brillants de la valeur de 12,000 livres;

» Une bourse à argent en soie bleue, avec ses coulants, ses glands et leurs franges, le tout en petits brillants montés à jour;

» Un esclavage à double rang de perles, avec sa chute, le tout d'environ deux cents perles, pesant 4 à 5 grains chaque; — un gros brillant au haut de la chute, pesant 24 à 26 grains, et au bas un gland à franges et son nœud, le tout en brillants montés à jour;

» Une paire de bracelets à six rangs de perles, pesant 4 à 5 grains; le fond du bracelet est une émeraude surmontée d'un chiffre en diamants, en deux L pour l'un, et d'un D et B pour l'autre, et deux cadenas de quatre brillants, pesant 8 à 10 grains;

» Un rang de cent quatre perles enfilées, pesant 4 à 5 grains chacune;

» Un portrait de Louis XV peint par *Massé*, entouré d'une bordure d'or, à feuilles de laurier; ledit portrait de 5 à 6 pouces de haut;

» Un autre portrait de Louis XV, peint par le même, plus petit, dans un médaillon d'or;

» Une montre d'or simple, de Romilly;

» Un étui d'or à une dent émaillée en vert, avec un très-gros brillant au bout, pesant environ 12 grains, tenant sur le tout par une vis;

» Une paire de boutons de manches, d'une émeraude, d'un saphir, d'un diamant jaune et d'un rubis, le tout entouré de brillants couleur de rose, pesant 36 à 40 grains, montés en bouton de cou;

» Deux grandes bandes de cordons de montre, composées de seize chaînons à trois pierres, dont une grande émeraude, et deux brillants de 3 à 4 grains de chaque côté, et trois autres petites bandes de deux chaînons chaque, pareils à ceux ci-dessus;

» Une barrette d'un très-gros brillant, carré long, pesant environ 60 grains, avec trois grosses émeraudes pesant 8 à 10 grains, avec deux brillants aux deux côtés, pesant un grain chaque, montés à jour;

» Une bague d'un brillant d'environ 26 grains, montée à jour, avec des brillants sur le corps;

» Deux girandoles d'or formant flambeaux, montées sur deux fûts de colonne d'or émaillées de lapis, surmontées de deux tourterelles d'argent, de carquois et de flèches, faites par *Durand;*

» Un étui d'or émaillé en vert, au bout duquel est une petite montre faite par Romilly, entourée de cercles de diamants et ayant un chiffre par derrière [1];

» Deux autres étuis d'or, l'un émaillé en rubans bleus, et l'autre en émaux de couleur et paysages;

» Dix-sept diamants démontés, de toutes formes, pesant depuis 25 jusqu'à 30 grains chacun, dont une pendeloque montée, pesant 36 grains;

» Soixante-quatre chatons dans un seul fil, formant collier, pesant 8, 9 et 10 grains chacun, en diamants montés à jour.

» Deux boucles d'oreilles de coques de perles, avec deux diamants au bout;

» Un portrait de Louis XVI, de *Petitot;*

» Un autre portrait de feu Monsieur, tous les deux en émail, ainsi qu'un portrait de femme, également de *Petitot;*

» Une écritoire de vieux laque superbe, enrichie d'or et formant nécessaire, tous les ustensiles en or;

» Deux souvenirs, l'un en laque rouge et l'autre

[1] Ce joli petit bijou est en ce moment en la possession du bibliothécaire de Versailles. — Le chiffre en diamants est composé des deux lettres *J. B.*

en laque fond d'or à figures, l'un monté d'or et l'autre monté en or émaillé;

» Deux flambeaux d'argent de toilette, perlés et armoriés;

» Une boîte de cristal de roche couverte d'une double boîte travaillée à jour;

» Des pièces d'or et des médailles d'or de différents pays;

» Quarante petits diamants pesant un karat chaque;

» Deux lorgnettes, l'une émaillée en bleu, l'autre émaillée en rouge, avec le portrait du feu roi, toutes deux montées en or;

» Un souvenir en émail bleu avec des peintures en grisailles, représentant d'un côté une offrande, et de l'autre côté une jardinière avec un petit chien à longues oreilles;

» Un reliquaire, d'un pouce environ, d'un or très-pur, émaillé en noir et blanc, une petite croix montée dessus assez gothiquement, et une perle fine de la grosseur d'un pois au bas;

» Et plusieurs autres bijoux d'un très-grand prix. »

On peut penser à quelle somme considérable devait s'élever un pareil vol.

Ses ennemis répétaient partout que ce vol n'existait pas, et que madame du Barry avait fait courir ce bruit pour arranger plus aisément ses affaires. D'autres prétendirent plus tard qu'elle avait porté elle-même ses bijoux en Angleterre, pour soulager les infortunes de la plupart des émigrés retirés à Londres. Cet autre bruit se répandit surtout lorsque l'on sut qu'ils venaient d'être retrouvés dans ce pays. Ce fut l'un des chefs d'accusation les plus violents que fit valoir contre cette malheureuse femme le farouche *Fouquier-Tainville*; et aujourd'hui encore il est répété par ses biographes; bien entendu cependant qu'ils ne le regardent plus comme un acte criminel, mais au contraire comme très-honorable.

Quels que soient les motifs que l'on ait fait valoir pour douter du vol de madame du Barry, un acte authentique, solennel, fait peu de jours avant la mort, le testament de M. de Brissac, dont on parlera bientôt, le constate et ne laisse aucun doute sur sa réalité.

Ce vol fut donc un extrême malheur pour madame du Barry, et elle fit toutes les démarches possibles pour pouvoir se mettre sur la trace des coupables. Dans le courant de février suivant, madame du Barry apprit que ses voleurs avaient été arrêtés à Londres. Il paraît que peu de jours après leur arrivée dans ce pays, un Anglais, qui leur servait d'interprète, se présenta chez un lapidaire et lui offrit à très-bon marché une riche collection de diamants. Le joaillier les lui acheta; mais, frappé de la beauté de ces pierres, de leur nombre, de leur bas prix et étonné surtout que tant de pierres précieuses se trouvassent ainsi dans les mains d'un inconnu, il prévint la police, qui arrêta l'interprète et ses compagnons, encore munis de tous les bijoux de la comtesse.

Madame du Barry partit immédiatement pour Londres, où on lui représenta ses diamants. Elle les reconnut parfaitement. Mais comme la procédure devait durer un certain temps, les diamants furent déposés chez MM. *Hamerleys* et *Morland,* banquiers à Londres, scellés de son cachet et de celui des banquiers, et madame du Barry revint à Louveciennes.

Un mois après son retour, elle reçut une lettre de Londres, qui l'y appelait de nouveau pour la poursuite du procès de ses voleurs. Cette fois, madame du Barry, pensant rester plus longtemps que la première, se munit d'un passe-port signé du roi et de M. de Montmorin, valable pour *trois semaines,* et lui permettant d'emmener avec elle le chevalier d'*Escourt,* le joaillier *Rouen,* deux femmes de chambre, un valet de chambre et deux courriers, et elle partit après avoir reçu de ses banquiers à Paris, MM. *Wandenyver,* des lettres de crédit pour Londres. Elle y resta plus des trois semaines que lui accordait son passe-port, espérant toujours voir la fin du procès. Mais comme rien ne finissait encore, elle se décida à revenir en France, et arriva à Paris dans les premiers jours de juillet.

Sa liaison avec le duc de Brissac n'avait point cessé, et paraissait au contraire se resserrer à mesure que les orages s'accumulaient sur la France et éloignaient tous ceux qu'un grand nom ou une grande fortune semblaient désigner d'avance aux fureurs populaires. M. de Brissac, en loyal et brave chevalier, ne voulut point abandonner le roi au milieu des dangers dont il était entouré. Nommé commandant de la garde constitutionnelle, il inspira à cette garde, composée des éléments les plus divers, un esprit d'unité et d'amour pour le roi, qui fut la cause de sa perte.

Le 29 mai 1792, le député *Bazire* vient dénoncer à la tribune de l'Assemblée législative la garde constitutionnelle du roi, comme animée d'un mauvais esprit, et particulièrement son chef, M. de Brissac. Après une discussion qui va toujours en s'envenimant, *Couthon* demande le licenciement de cette garde et l'arrestation de Brissac, et l'assemblée adopte successivement deux décrets, conformes à la proposition de *Couthon*.

M. de Brissac fut immédiatement arrêté, et envoyé à Orléans pour y être jugé par la haute cour de justice. Un de ses aides de camp, un jeune officier qui lui était fort attaché, M. de Maussabré, courut à Loūveciennes pour annoncer ces terribles nouvelles à madame du Barry.

Il était parvenu à entretenir quelques intelligences avec le duc depuis son arrestation, et c'est par lui qu'une correspondance pût s'établir entre le duc et la comtesse. Après la fatale journée du 10 août, ce jeune officier chercha un refuge chez madame du Barry. Malheureusement pour lui, et malgré toutes les précautions prises pour le dérober à tous les regards, il y fut découvert par un détachement de fédérés. Emmené à Paris, il fut emprisonné à l'Abbaye, où il périt égorgé le mois de septembre suivant.

Le duc de Brissac, renfermé dans les prisons d'Orléans, ne se faisait aucune illusion sur le sort qui l'attendait. Il se préparait à la mort qu'il allait bientôt recevoir d'une si horrible manière, et le 11 août 1792, il écrivait ses dernières volontés, transmises plus tard à sa famille. Il n'oublie pas dans son testament celle qu'il aimait depuis longtemps. Après avoir institué pour sa légataire universelle sa fille, madame de Mortemart, il ajoute en s'adressant à elle :

« Je lui recommande ardemment une personne qui *m'est bien chère*, et que les malheurs des temps peuvent mettre dans la plus grande détresse. Ma fille aura de moi un codicille qui lui indiquera ce que je lui ordonne à ce sujet. »

Ce codicille est ainsi conçu :

« Je donne et lègue à madame du Barry, de Louveciennes, outre et par-dessus ce que je lui dois, une rente viagère et annuelle de 24,000 livres, quitte et exempte de toute retenue, ou bien l'usufruit et jouissance pendant sa vie de ma terre de la Rambaudière et de la Graffinière, en Poitou, et des meubles qui en dépendent; ou bien encore une somme de 300,000 livres une fois payée en argent, le tout à son choix, d'autant qu'après qu'elle aura opté pour l'un desdits trois legs, les deux autres seront pour non avenus. Je la prie d'accepter ce faible gage de mes sentiments et de ma reconnaissance, dont je lui suis d'autant plus redevable que *j'ai été la cause involontaire de la perte de ses diamants, et que si jamais elle parvient à les retirer d'Angleterre, ceux qui resteront égarés, ou les frais des divers voyages que leur recherche aura rendus nécessaires, ainsi que ceux de la prime à payer, s'élèveront au niveau de la valeur effective de ce legs.* Je prie ma fille de lui faire accepter. La connaissance que j'ai de son cœur m'assure de l'exactitude qu'elle mettra à l'acquitter, quelles que soient les charges dont ma succession se trouvera grevée par mon testament et mon codicille, ma volonté étant qu'aucun de mes autres legs ne soit délivré que celui-ci ne soit entièrement accompli.

» Ce 11 août 1792.

» *Signé :* Louis-Hercule Timoléon
de Cossé-Brissac [1]. »

Après des paroles si formelles, il est impossible de douter de la réalité du vol.

Madame du Barry était à Louveciennes lorsque le duc de Brissac fut massacré à Versailles. On dit que quelques-uns des forcenés qui prirent part à cette boucherie portèrent à Louveciennes la tête du duc,

[1] Bibliothèque de Versailles.

et vinrent la mettre sous ses yeux [1]. Ce terrible coup la plongea dans la plus profonde douleur. — Isolée dans son château, elle craignit pour elle-même, et commença à prendre des précautions pour sauver ses richesses. Aidée d'un valet de chambre dévoué, nommé Morin, qui paya de sa tête son attachement à sa maîtresse, elle cacha ce qu'elle avait de plus précieux dans différentes parties de la maison et des jardins.

Elle entretenait toujours une correspondance avec Londres à l'occasion de ses diamants. On lui écrivit de cette ville qu'il fallait absolument suivre le procès, parce que c'était la seule manière de rentrer en possession de son bien. Elle s'occupa alors des moyens de passer tranquillement en Angleterre, et surtout de ne pas être considérée comme émigrée.

Elle écrivit au président de la Convention nationale et au ministre des affaires étrangères *Lebrun,* pour leur expliquer le motif de son voyage et les assurer qu'elle ne comptait pas abandonner la France, et qu'elle prenait l'engagement formel de revenir à Louveciennes aussitôt la fin de son procès. Quelques jours après, elle reçut du ministre son passe-port, et une lettre lui disant qu'elle ne serait en rien tourmentée pour ce voyage, et qu'elle pouvait le faire en toute assurance. Mais pour plus de certitude et pour bien établir dans le pays même qu'elle ne

---

[1] Ce fait est raconté dans le n° 259 du *Courrier français* (1792).

voulait pas émigrer, et prévenir les malintentionnés dans le cas d'une absence prolongée, elle renouvela, devant la municipalité de Louveciennes, les déclarations déjà faites par elle au président de la Convention et au ministre. La municipalité inscrivit cette déclaration sur ses registres, et lui en remit une copie ainsi conçue :

« Ce jourd'hui 7 octobre 1792, l'an I$^{er}$ de la Ré-
» publique française, s'est présentée devant nous,
» officiers municipaux de la commune de Louve-
» ciennes, district de Versailles, département de
» Seine-et-Oise, dame Vaubernier du Barry, rési-
» dant habituellement en ce lieu, laquelle nous a dé-
» claré qu'étant obligée d'aller à Londres, pour assis-
» ter au jugement définitif des voleurs qui, la nuit
» du 10 au 11 janvier 1791, lui ont volé ses bijoux
» dans son château de Louveciennes, elle nous en
» fait la déclaration pour qu'elle ne puisse point être
» regardée comme émigrée pendant son absence, ni
» traitée comme telle par aucune autorité constituée,
» de laquelle déclaration elle nous a requis acte que
» nous lui avons octroyé, vu la lettre de M. Lebrun,
» ministre des affaires étrangères, en date du 2 du
» courant, qui est restée annexée à la présente
» minute, et la susdite dame du Barry a signé avec
» nous, les jours et an que dessus.

» Bon pour copie conforme à l'original, le 8 sep-
» tembre 1792[1].     » *Suivent les signatures.* »

[1] Archives de la préfecture de Seine-et-Oise.

Après s'être mise en règle, madame du Barry partit pour Londres le 14 octobre 1792. Pendant qu'elle était en Angleterre, de terribles événements s'étaient passés en France. Le roi était tombé sous la hache du bourreau. Partout s'étaient développées les passions révolutionnaires. Jusque dans les petits villages, on voyait s'établir des assemblées populaires, des clubs, et Louveciennes n'y avait point échappé. Un intrigant nommé *Greive* était venu s'y établir depuis quelque temps. Aussitôt son arrivée, il y forma un club. Son premier acte fut une dénonciation contre madame du Barry, et, le 14 février 1793, le procureur général syndic du district de Versailles adressait aux administrateurs du district la lettre suivante :

« La femme du Barry, propriétaire à Louveciennes, a quitté la France au moyen d'un passe-port, au commencement de 1792, pour poursuivre en Angleterre les auteurs d'un vol considérable fait en sa maison.

» Le doute inspiré sur cette poursuite par le laps de temps et par l'ignorance de ses effets a fait naître nécessairement l'incertitude.

» Dans cet état, l'administration a pensé qu'il convenait de prendre sur les biens de cette femme des mesures conservatrices pour assurer à la fois ses droits et ceux de la nation.

» Elle me charge, en conséquence, de vous inviter à faire apposer les scellés sur la maison de la femme du Barry, à Louveciennes, d'y commettre un gardien, et de lui adresser le procès-verbal qui sera dressé à cette occasion.

» Vous voudrez bien, citoyens, presser cette opération et m'en faire part aussitôt qu'elle aura été faite[1]. »

Deux jours après, les membres du Directoire du district répondirent à la lettre du procureur syndic par une résolution ainsi conçue :

« Vu la lettre du procureur général syndic, le directoire du district a commis le citoyen *Brunette*, l'un de ses membres, à l'effet de procéder, en présence de deux officiers de la commune de Louveciennes, à l'apposition des scellés sur tous les meubles, titres et effets de la femme du Barry, et établir à la conservation desdits scellés un ou plusieurs gardiens solvables, lesquels ne pourront être choisis parmi les parents, domestiques ou agents de ladite du Barry, et auxquels il sera attribué un salaire journalier de trente sols par jour[2].

» Fait à Versailles, le 16 février 1793, an II de la République. »

*Greive* savait bien que madame du Barry n'avait point émigré; mais il espérait que ce premier acte, qui paraissait la soupçonner d'émigration, lui ferait peur, empêcherait son retour en France et le mettrait à même, sous le prétexte du salut public, de toucher

---

[1] Archives de Seine-et-Oise.
[2] Archives de Seine-et-Oise.

aux trésors accumulés dans le château, et dont il espérait tirer un peu parti pour lui-même.

Mais madame du Barry comptait bien revenir à Louveciennes. Ayant appris à Londres que les scellés avaient été mis sur ses biens, elle se hâta de quitter l'Angleterre. Son procès ayant été jugé le 28 février, jour du terme du tribunal, elle partit de Londres le 3 mars, arriva à Calais le 5, où elle fut retenue jusqu'au 18 pour attendre de nouveaux passe-ports du pouvoir exécutif, et arriva à Louveciennes le 19[1].

L'arrivée de madame du Barry déconcerta un peu *Greive*, mais ne l'empêcha pas de suivre ses projets. La société populaire de Louveciennes était composée d'une quarantaine de membres, au nombre desquels se trouvaient plusieurs domestiques de madame du Barry, et entre autres les nommés *Salanave* et *Zamor*. Le premier était un valet de chambre que madame du Barry renvoya plusieurs jours après son retour, à cause de quelques actes d'infidélité; l'autre était un nègre, élevé par elle, dont elle était la marraine, auquel elle avait assuré des rentes, et qu'à cause de son ingratitude elle chassa de sa maison. A l'aide de ces deux hommes, *Greive* sut tout ce qui se passait dans l'intérieur du château, les personnes qu'on y recevait, et recueillit une foule de renseignements qui lui permirent de continuer ses dénonciations.

[1] Voir aux notes la lettre n° 2 de madame du Barry aux administrateurs du district de Versailles.

Le 2 juin 1793, la Convention avait rendu un décret portant : « Les autorités constituées, dans toute l'étendue de la République, seront tenues de faire saisir et mettre en état d'arrestation toutes les personnes *notoirement suspectées d'aristocratie ou d'incivisme ;* elles rendront compte à la Convention nationale de l'activité qu'elles apporteront à mettre à exécution le présent décret, et demeureront responsables des désordres que pourrait occasionner leur négligence. »

*Greive* fait assembler la société populaire de Louveciennes, et le 26 juin se présente devant les administrateurs du département de Seine-et-Oise. Là il lit une adresse signée de trente-six citoyens de Louveciennes, dans laquelle on demande la mise à exécution du décret de la Convention et un exemplaire de ce décret pour la commune.

Le lendemain 27, armé de ce décret, *Greive*, accompagné du maire de la commune, se présente chez madame du Barry et procède à son arrestation.

Les administrateurs du département ne paraissaient pas avoir un zèle aussi exagéré du bien public que les clubistes de Louveciennes, et ils se doutaient un peu du motif qui les faisait agir. Pour prévenir l'acte de vengeance qu'ils redoutaient, ils envoyèrent le même jour à Louveciennes un des membres du district de Versailles, en le chargeant de faire exécuter la loi avec quelques modifications et restrictions. Arrivé juste au moment où l'on se disposait à faire enlever madame du Barry, le membre du district fit suspendre son arrestation, et reprocha vivement à la municipalité son extrême précipitation.

*Greive* et les membres de la société populaire, dont la plupart avaient été employés dans la maison de madame du Barry, irrités de ce contre-temps, rédigèrent une autre pétition qu'ils adressèrent cette fois à la Convention. Dans cette pièce, remplie de déclamations et de grands sentiments patriotiques, comme on en voyait dans tous les écrits de cette époque, on accumula les accusations contre madame du Barry, et on demanda l'approbation de la Convention nationale pour l'arrestation de la citoyenne se disant comtesse *du Barry, de sa nièce, fille d'un émigré, et de ceux de ses domestiques notoirement suspects d'aristocratie et d'incivisme,* c'est-à-dire de ses domestiques restés fidèles. « Dites, ajoutent les pétitionnaires, dites que nous avons rempli votre vœu, en mettant à prompte exécution votre décret du 2 juin ; ordonnez l'impression de notre adresse, afin de donner le *branle* aux autres communes du département ; déclarez que nous avons bien mérité de la patrie, etc. »

La Convention ne pouvait qu'approuver de pareils sentiments, exprimés dans un pareil style ; aussi le président remercia la députation de Louveciennes de son patriotisme, et l'invita aux honneurs de la séance.

De retour à Louveciennes, et forts de l'approbation de la Convention, les membres de la société populaire arrêtèrent madame du Barry et les diverses personnes indiquées dans leur pétition, et les conduisirent à Versailles, pour les faire enfermer dans les prisons de cette ville. *Goujon*[1] était alors procureur général syndic; il leur reprocha leur acte comme illégal, leur représenta que les faits sur lesquels ils basaient leur accusation étaient dénués de preuves, et ordonna de reconduire les prisonniers à Louveciennes.

Empêché dans l'exécution de ses desseins, *Greive* fit alors imprimer un libelle dont voici le titre : « *l'Égalité controuvée, ou Histoire de la protection*, contenant les pièces relatives à l'arrestation de madame du Barry, ancienne maîtresse de Louis XV, pour servir d'exemple aux patriotes trop ardents qui veulent sauver la République, et aux modérés qui s'entendent à merveille pour la perdre. » Dans cet écrit, *Greive* s'intitule défenseur officieux des braves sans-culottes de Louveciennes et ami de Franklin et Marat, et n'épargne ni madame du Barry, ni le comité de sûreté générale, qu'il accuse de faiblesse, ni le département.

Pendant ce temps, madame du Barry cherchait, par tous les moyens, à conjurer l'orage qui s'accumulait sur sa tête. Elle adressa à la Convention

---

[1] Après la journée du 20 mai 1795, Goujon fut traduit devant une commission militaire, et après avoir entendu son arrêt de mort, il se poignarda en descendant les marches de sa prison.

des notes explicatives de sa conduite, tandis que la plupart des habitants de Louveciennes qui ne faisaient pas partie de la société des sans-culottes présentaient de leur côté plusieurs pétitions en sa faveur. Elle fit aussi des démarches auprès des administrateurs du département pour être protégée contre ses ennemis.

Le directoire du département voyait avec peine l'acharnement que l'on mettait à perdre cette malheureuse femme, dont le principal crime était ses richesses. Il envoya auprès d'elle un de ses membres, nommé *Lavallery*[1]. Celui-ci lui conseilla d'abandonner Louveciennes et de se retirer à Versailles, où il serait plus aisé de la protéger. Mais tout ce que madame du Barry avait encore de richesse était enfoui à Louveciennes, et elle craignait que, pendant son absence et sous le moindre prétexte, on ne fouillât sa maison, et que l'on ne s'emparât de ce qui y était caché, et elle ne voulut pas quitter ce séjour.

*Greive* cependant ne perdait pas un instant pour arriver à ses fins. Il reçut du nègre Zamor une foule de renseignements qu'il mit habilement à profit, et à force de dénonciations réitérées et d'actives démarches, il obtint enfin du Comité de sûreté générale de

---

[1] Madame du Barry avait alors cinquante ans, mais elle était encore fort belle, et Lavallery parut s'intéresser à elle par un sentiment plus vif que la simple pitié. — Voir à ce sujet aux notes la lettre n° 3, écrite par Lavallery à madame du Barry, et le récit n° 4.

la Convention l'ordre d'arrêter madame du Barry. Muni de cet ordre, il accourt à Louveciennes, et le dimanche 22 septembre, il se fait accompagner au château par le maire, le juge de paix et deux gendarmes, fait mettre les scellés sur tous les meubles, ordonne à madame du Barry de le suivre, la fait placer entre les deux gendarmes dans une mauvaise voiture de place qu'il avait fait venir exprès, y monte après elle et l'emmène triomphant à Paris, où il la dépose dans la prison de Sainte-Pélagie.

*Greive* avait remis au Comité de sûreté générale de la Convention les papiers qu'il pensait devoir le plus compromettre madame du Barry. Un ami de Marat, *Héron*, fut chargé de les examiner, et, sur son rapport, le Comité rendit, le 29 brumaire de l'an II (19 novembre 1793), l'arrêté suivant :

« CONVENTION NATIONALE.

» COMITÉ DE SURETÉ GÉNÉRALE ET DE SURVEILLANCE DE
» LA CONVENTION NATIONALE,

» *du 29 brumaire, l'an II de la République*
» *française,*

» UNE ET INDIVISIBLE.

» Le Comité de sûreté générale, ayant pris con-
» naissance des diverses pièces trouvées chez la nom-
» mée du Barry, mise en état d'arrestation par me-
» sure de sûreté générale, comme personne suspecte,
» aux termes du décret du 17 septembre dernier

» (vieux style), considérant qu'il résulte de l'ensem-
» ble desdites pièces que la femme du Barry est
» prévenue d'émigration et d'avoir, pendant le
» séjour qu'elle a fait à Londres, depuis le mois d'oc-
» tobre 1792 jusqu'au mois de mars dernier (vieux
» style), fourni aux émigrés réfugiés à Londres des
» secours pécuniaires, et entretenu avec eux des cor-
» respondances suspectes; et que les nommés Wan-
» denyver père et fils, négociants, sont prévenus
» d'avoir fait passer des fonds à la femme du Barry
» pendant qu'elle était en Angleterre; arrête : que la
» femme du Barry, prévenue d'émigration, et que
» les nommés Wandenyver père et fils, prévenus
» d'avoir fait passer à ladite dame du Barry des fonds
» pendant son séjour a Londres, seront traduits au
» tribunal révolutionnaire, pour y être poursuivis et
» jugés à la diligence de l'accusateur public.

» Les représentants du peuple, membres du Co-
» mité de sûreté générale de la Convention natio-
» nale,

» VOULAND, DAVID, VADIER, DUBARRAN, JAGOT,
» PANIS, LAVICOMTERIE. »

Les Wandenyver ne se trouvaient ainsi compromis que parce qu'ils étaient les banquiers de madame du Barry. Mais pour donner plus d'importance à ce procès et compromettre davantage ces banquiers, qui faisaient alors beaucoup d'affaires et étaient chargés des intérêts de plusieurs grandes familles, le

Comité rendit, deux jours après, un nouvel arrêté ainsi conçu :

« COMITÉ

» DE SURETÉ GÉNÉRALE ET DE SURVEILLANCE DE LA
» CONVENTION NATIONALE,

» *du 1ᵉʳ frimaire, l'an II de la République,*

» UNE ET INDIVISIBLE.

» En faisant droit à la dénonciation faite par le
» citoyen Héron au Comité, d'après son mémoire im-
» primé, rédigé par le martyr de la liberté (*Marat*),
» représentant du peuple, dans lequel on y recon-
» naissait Wandenyver, ainsi qu'une multitude de
» complices, pour avoir été les instruments d'un
» complot de banqueroute générale, qui aurait per-
» pétué l'esclavage des Français et sauvé la tête du
» tyran, entretenu les abus de la féodalité, qui ser-
» vaient au déshonneur de la nation française; con-
» sidérant que les faits pour lesquels Wandenyver a
» subi interrogatoire à notre Comité ne sont qu'une
» suite de ceux désignés dans le développement de
» la banqueroute, en ce qu'il y a coopéré, ainsi qu'au
» massacre du peuple, dont il est conjointement
» accusé avec tous ceux désignés dans le mémoire; le
» Comité arrête qu'ils seront traduits au tribunal
» révolutionnaire pour y être jugés, et que les pièces
» françaises et espagnoles seront jointes au présent
» arrêté pour servir au procès.

» Les représentants du peuple, membres du Comité
» de sûreté générale et de surveillance de la Conven-
» tion nationale,

> » Moyse Bayle, David, Amar, Jagot,
> » Louis (du Bas-Rhin), A. Benoit,
> » Guffroy, Lavicomterie. »

Dès que l'arrêté qui traduisait madame du Barry et ses co-accusés devant le tribunal révolutionnaire fut rendu, son procès ne dura pas longtemps. Le 3 décembre (13 frimaire an II), Fouquier lit à la chambre du conseil l'acte d'accusation, la chambre en donne acte et ordonne le transfèrement des prévenus à la Conciergerie. Le 6, ils paraissent devant le tribunal, et, le 7, ils sont condamnés à mort.

L'acte d'accusation dressé par Fouquier-Tainville contre cette malheureuse femme est un chef-d'œuvre du genre. Son titre de maîtresse du roi et ses folles dépenses lui donnèrent beau jeu pour se laisser aller à toute son indignation d'*honnête homme* et de *bon patriote*, et il en usa largement, comme on peut le voir dans toute la partie qui regarde madame du Barry, qu'on ne lira pas sans curiosité.

Après avoir annoncé qu'il avait été procédé à l'examen des pièces du procès et à l'interrogatoire des accusés, il ajoute :

« Qu'examen fait desdites pièces par l'accusateur
» public, il en résulte que les plaies profondes et
» mortelles qui avaient mis la France à deux doigts

» de sa perte avaient été faites à son corps politique
» bien des années avant la glorieuse et impérissable
» révolution qui doit nous faire réjouir des maux
» cuisants qui l'ont précédée, puisqu'elle nous a dé-
» livrés pour jamais des monstres barbares et fana-
» tiques qui nous tenaient enchaînés sur l'héritage
» de nos pères; que, pour prendre une idée juste de
» l'immoralité de l'accusée du Barry, il faut jeter un
» coup d'œil rapide sur les dernières années, pen-
» dant le cours desquelles le tyran français, Louis
» quinzième du nom, a scandalisé l'univers, en don-
» nant la surintendance de ses honteuses débauches
» à cette célèbre courtisane; qu'en 1769, ce Sarda-
» napale moderne se trouvant blasé sur toutes les
» jouissances qu'il avait poussées à l'excès dans le
» Parc aux Cerfs, sérail infâme où le déshonneur
» d'une infinité de familles honnêtes fut consommé,
» s'abandonna lâchement aux vils complaisants qui
» l'entouraient pour réveiller ses feux presque
» éteints; qu'un de ces odieux complaisants ayant
» fait la connaissance d'un ci-devant comte du Barry,
» noyé de dettes, et le plus crapuleux libertin, eut
» occasion de voir chez lui la nommée *Vaubernier*,
» sa maîtresse, qui n'était passée dans ses bras
» qu'après avoir fait un cours de prostitution; que
» le ci-devant comte du Barry, à qui tous les moyens
» étaient bons pour parvenir à apaiser ses créanciers,
» proposa à ce complaisant de lui céder la *Vaubernier*,
» s'il parvenait à la faire admettre au nombre des

» sultanes du crime couronné; que cette créature
» éhontée lui fut en effet présentée, et qu'en peu de
» temps elle parvint, par ses rares talents, à prendre
» l'empire le plus absolu sur le faible et débile
» despote. Bientôt des fleuves d'or roulèrent à ses
» pieds; les pierreries les plus précieuses lui furent
» données avec profusion; les artistes les plus célè-
» bres furent occupés aux chefs-d'œuvre les plus
» dispendieux; elle devint la cause universelle des
» ci-devant grands; les ministres, les généraux et
» les ci-devant princes de l'Église furent nommés et
» culbutés par cette nouvelle Aspasie; et tous ve-
» naient bassement faire fumer leur encens à ses
» genoux; le faste le plus insolent, les dépravations
» et les débordements de tout genre furent affichés
» par elle; le scandale était à son comble; elle pui-
» sait à pleines mains dans les coffres de la nation
» pour enrichir sa famille et combler l'abîme de
» dettes du ci-devant comte du Barry, qui avait
» poussé l'infamie et le déshonneur jusqu'à devenir
» son époux. Son imbécile amant ne rougit pas lui-
» même d'insulter au peuple, en se plaçant à côté
» d'elle dans les chars les plus brillants et la prome-
» nant ainsi dans différents lieux; que, pour ne pas
» *effaroucher sa pudeur,* l'accusateur public ne sou-
» lèvera pas le voile qui doit couvrir à jamais les
» vices effroyables de la cour, jusqu'en l'année 1774,
» époque à laquelle celui à qui des esclaves avaient
» donné le nom de Bien-Aimé disparut de dessus la

» terre, emportant dans ses veines le poison infect
» du libertinage, et couvert du mépris des Français;
» que la du Barry fut reléguée à Rhetel-Mazarin, et
» de là à Meaux, dans la ci-devant abbaye de Pont-
» aux-Dames; que dans cette retraite salutaire, elle
» aurait dû faire les plus sérieuses réflexions sur le
» néant des grandeurs et sur les désordres de sa
» conduite qui avaient entraîné la ruine de son pays;
» mais qu'ayant été rendue à la liberté par le dernier
» tyran des Français, il lui conserva non-seulement
» les dépouilles du peuple, mais encore la combla de
» nouvelles prodigalités, et lui abandonna le château
» de Louveciennes, où elle se forma une nouvelle
» cour, à laquelle se présentèrent en foule les vils
» courtisans qui avaient profité de sa faveur pour
» dilapider les finances avec elle; qu'elle les tint
» enchaînés à son char jusqu'à l'époque mémorable
» où le peuple français, fatigué de ses chaînes, se
» leva, brisa ces chaînes et en frappa la tête du
» despote. Tous les soi-disant grands d'alors, se
» voyant prêts à être écrasés par la vengeance natio-
» nale, s'enfuirent épouvantés, abandonnèrent un
» sol qu'ils avaient souillé depuis trop longtemps,
» furent implorer l'assistance des tyrans de l'Europe
» pour venir égorger un peuple qui avait eu le cou-
» rage de conquérir sa liberté; mais ce peuple saura
» leur faire mordre la poussière, ainsi qu'à ceux qui
» ont épousé leurs projets sanguinaires; que la du
» Barry ayant vu se dissiper l'essaim de ses adora-

» teurs, et réduite à régner seulement sur son nom-
» breux domestique, ne retrancha non-seulement
» rien de son faste, mais forma le dessein d'être
» utile tant aux émigrés qu'au petit nombre de ses
» amis qui étaient restés en France, et qui trouvaient
» chez elle un asile assuré, notamment *Laroche*,
» ci-devant grand vicaire d'Agen, condamné à la
» peine de mort par jugement du tribunal; que pour
» procurer d'une manière certaine des secours aux
» émigrés, elle se servit d'un stratagème qui lui
» donna la facilité de faire quatre voyages à Londres;
» qu'elle prétendit avoir éprouvé un vol considéra-
» ble de diamants et autres effets, dans la nuit du 10
» au 11 janvier 1791, et que les voleurs étaient pas-
» sés en Angleterre, où il fallait qu'elle se rendît
» pour en poursuivre la restitution; que ce vol n'était
» qu'un jeu concerté entre elle et un nommé *Forth*,
» le plus rusé des espions que le cabinet britannique
» ait envoyés en France pour soutenir le parti de la
» cour et s'opposer aux progrès de notre révolution;
» que, pour suivre les auteurs de ce prétendu vol,
» elle eut le talent de subtiliser différents passe-ports,
» tant du ministère des affaires étrangères que de la
» municipalité de Louveciennes et du département
» de Seine-et-Oise, dont plusieurs membres la proté-
» geaient ouvertement, et particulièrement le nommé
» *Lavalery*[1], qui depuis s'est donné la mort; qu'au

---

[1] Celui qui lui conseilla de venir s'établir à Versailles.

« moyen de ces passe-ports clandestins, elle se joua
» impunément de la loi contre les émigrés, puisqu'elle
» était encore à Londres dans les premiers jours du
» mois de mars dernier; que pendant les quatre sé-
» jours qu'elle fit dans cette ville, elle vivait habituelle-
» ment avec tous les émigrés qui s'y étaient réfugiés,
» et auxquels elle a prêté des sommes d'argent con-
» sidérables, ainsi qu'il sera démontré par la suite;
» qu'elle avait également formé les liaisons les plus
» étroites avec les lords les plus puissants, tous con-
» seillers intimes du tyran de l'Angleterre, et parti-
» culièrement avec l'infâme Pitt, cet ennemi impla-
» cable du genre humain, pour lequel elle avait un
» si haut degré d'estime, *qu'elle rapporta dans la*
» *république française une médaille d'argent portant*
» *l'effigie de ce monstre* [1]; qu'elle favorisait également
» de tout son pouvoir les ennemis de l'intérieur,
» auxquels elle prodiguait les trésors immenses
» qu'elle possédait; qu'elle fit compter une somme
» de *deux cent mille livres* en constitution de rentes
» à Rohan-Chabot, qui possède des terres considé-
» rables dans la Vendée, sur l'étendue desquelles
» s'est formé le premier noyau des rebelles, selon la
» commune renommée [2]; que par l'entremise d'un
» nommé *d'Escourt*, ci-devant chevalier, elle prêta
» une pareille somme de 200,000 livres à la Roche-

---

[1] C'était une simple médaille très-ordinaire.

[2] Étant à Londres, madame du Barry plaça 200,000 francs qui furent hypothéqués sur les biens de M. Rohan-Chabot.

» foucault, ancien évêque de Rouen [1]; que ce même
» d'Escourt, détenu à la Force, le nommé Laboudie,
» son neveu, et le ci-devant vicomte de Jumilhac,
» émigré, ont reçu d'elle des sommes considérables
» à la même époque; qu'elle provoquait des rassem-
» blements dans son pavillon de Louveciennes, dont
» elle voulait faire un petit château fort, ce qui est
» suffisamment prouvé par les *huit fusils* que son bon
» ami, le scélérat *d'Angremont*, escroqua pour elle à
» la municipalité de Paris, sous le prétexte que c'était
» la municipalité de Louveciennes qui demandait ces
» fusils, ce qui a été reconnu faux; qu'elle comptait
» tellement sur la contre-révolution, à laquelle elle
» travaillait si puissamment, qu'elle avait fait cacher
» dans sa cave sa vaisselle plate et autre argenterie;
» qu'elle avait fait enterrer dans son jardin ses dia-
» mants, son or, ses pierres précieuses, avec les
» titres de noblesse, brevets, etc., de l'émigré *Grail-
» let*[2]; qu'elle avait également fait enterrer dans les
» bois les bronzes les plus riches et les bustes de la
» royauté; et qu'elle avait dans un grenier un maga-
» sin énorme de marchandises et d'étoffes du plus
» haut prix, dont elle avait nié l'existence; qu'il a
» été trouvé chez elle une collection rare d'écrits et
» de gravures contre-révolutionnaires; que lors de
» son séjour à Londres, elle a publiquement porté le
» deuil du tyran; que cette femme, enfin, qui a fait

[1] Ces 200,000 francs n'ont jamais été prêtés.
[2] Graillet avait épousé une de ses cousines.

» tout le mal qui était en elle, et dont Forth, le
» fameux espion anglais, s'était adroitement servi
» comme d'un instrument utile aux desseins perfides
» des cours des Tuileries et de Londres, entretenait
» des correspondances et des liaisons avec les enne-
» mis les plus cruels de la République, tels que Crus-
» sol, de Poix, Canonet, Calonne, etc., et une foule
» d'autres, dont il serait trop long de donner l'énu-
» mération; qu'elle était tellement protégée par le
» parti ministériel de la Grande-Bretagne, que quand
» la guerre fut déclarée à cette puissance, elle resta
» tranquillement à Londres, tandis que les Français
» en étaient chassés ou horriblement persécutés, ce
» qui ne peut laisser aucun doute sur le rôle odieux
» que jouait cette femme, que l'on doit regarder
» comme un des plus grands fléaux de la France, et
» comme un gouffre épouvantable dans lequel s'est
» engloutie une quantité effrayante de millions, etc. »

Le 8 décembre 1793 (18 frimaire an II), madame du Barry fut conduite au supplice.

On sait qu'elle jeta les hauts cris depuis la Conciergerie jusqu'à la place de la Révolution, où était dressée la guillotine. Elle avait une telle frayeur de cette horrible mort, qu'arrivée sur l'échafaud elle cria à la foule qui l'entourait : *A moi! A moi!* et s'adressant ensuite au bourreau : *Encore un moment, monsieur, je vous en prie*, lui dit-elle les larmes aux yeux. Un instant après, elle avait cessé de vivre [1].

[1] Voir aux notes, le récit n° 4.

On a vu, le jour même de l'arrestation de madame du Barry, *Greive* faire mettre les scellés sur une partie du mobilier du château de Louveciennes. Le lendemain, il revint accompagné du juge de paix, son ami, et ils procédèrent seuls à la continuation de la pose des scellés et à l'examen des richesses de ce lieu. Jusqu'au 27, Greive fut parfaitement le maître de faire tout ce que bon lui semblait dans cette habitation, et l'on verra dans le résumé historique des opérations des commissaires envoyés par le directoire du département de Seine-et-Oise que des soupçons sérieux s'élevèrent dans leur esprit sur la probité qui avait présidé à ce premier travail.

*Salanave*, l'ancien domestique de madame du Barry, faisait partie du comité de salut public du district de Versailles. *Greive*, dont presque tous les membres de ce comité étaient les amis, fit nommer *Salanave* et un appelé *Soyer* commissaires chargés de prendre connaissance des scellés apposés par le juge de paix de Marly. On pense bien que ces deux commissaires, en se rendant à Louveciennes le 27, approuvèrent tout ce qui avait été fait. Ils nommèrent ensuite pour la garde des scellés *Fournier*, le père du juge de paix, et *Zamor*, ce nègre *si excellent et si intelligent patriote* [1]. De plus, pour la sûreté des trésors renfermés, on établit une garde composée de dix-huit patriotes faisant partie de la société des sans-culottes de

[1] Termes de leur rapport.

Louveciennes. C'était une fort bonne affaire pour ces patriotes, car on voit dans le résumé historique dont on a déjà parlé que cette garde, depuis son installation jusqu'au 13 frimaire, c'est-à-dire en soixante-dix jours, avait déjà coûté 9,274 livres.

On n'attendit pas la condamnation de madame du Barry pour fouiller dans sa maison, et l'on procéda comme si l'on avait été sûr de sa mort. Des commissaires spéciaux furent désignés pour faire l'inventaire et l'estimation de tout ce qui s'y trouvait. Outre un précieux mobilier, de nombreux objets d'art et des bijoux de prix, les commissaires ont surtout été frappés de la quantité d'objets de toilette, tels que dentelles, corsets de toutes couleurs, brodés en soie, or et argent; étoffes de soie et de velours, simples ou brochées d'or et d'argent, coupées ou en pièces, et en si grand nombre, qu'elles furent estimées à environ 200,000 mille livres, mises à part et destinées à être vendues à l'étranger [1].

Cependant, malgré les recherches les plus minutieuses, un grand nombre des cachettes faites par madame du Barry avaient échappé aux regards scrutateurs des commissaires. Le jour même de sa mort, persuadée que c'était moins à sa personne qu'à ses richesses qu'on en voulait, et qu'en faisant connaître exactement les divers endroits où elles étaient enfouies, elle pourrait sauver sa vie, elle se décida à

---

[1] Archives de Seine-et-Oise.

en faire la déclaration; ce qui ne la sauva pas, mais fut la cause de la mort de *Morin,* le seul de ses domestiques resté fidèle.

Cette déclaration servit beaucoup aux commissaires dans leurs recherches, comme on le verra dans le résumé historique. Dans le grand nombre de bijoux indiqués, on en voit quelques-uns qui montrent son intimité avec le duc de Brissac. Ainsi elle indique dans une des cachettes « une boîte, montée en cage d'or, avec le portrait de l'épouse de Brissac ; — un portrait de la fille de ce dernier, monté en or ; — un autre de son frère ; — une boîte d'écaille blonde montée en or, avec une très-belle pierre blanche gravée, où est le portrait de Brissac et de la déclarante ; — un portrait en émail de la grand'mère de Brissac ; — deux tasses d'or avec leurs manches de corail, et quelques autres objets appartenant à Brissac; — une paire d'éperons d'or, avec des chiffres appartenant à feu Brissac ».

Deux jours après la mort de madame du Barry, Fouquier-Tainville écrivit au directoire du département de Seine-et-Oise pour lui annoncer le jugement et faire procéder au séquestre des biens de la condamnée, et le 4 nivôse suivant (24 décembre), le directoire prenait la délibération suivante :

« Vu par l'administration la lettre de l'accusateur public près le tribunal révolutionnaire, du 20 frimaire, qui annonce que la femme du Barry a été condamnée, par jugement de ce tribunal du 17 du même mois, à la peine de mort, et que tous ses biens étaient acquis et confisqués au profit de la nation, il convenait de faire procéder au séquestre des biens de cette condamnée qui sont situés dans l'étendue du département de Seine-et-Oise.

» Vu la lettre adressée le 19 du mois dernier par l'administration provisoire des domaines nationaux aux administrateurs composant le directoire du département de Seine-et-Oise, de laquelle il appert que le glaive de la loi a fait tomber la tête d'une femme qui avait la plus grande part à la dilapidation de la fortune publique et qui, à ce premier crime que la nation avait à lui reprocher, a joint celui d'émigrer et d'avoir des relations avec les ennemis de notre liberté, qu'il importe que les mesures les plus promptes soient prises pour que ce qu'elle avait conservé des scandaleuses prodigalités de l'avant-dernier tyran rentre en entier sous la main de la nation; il engage donc l'administration, si les scellés ne sont déjà mis dans sa dernière demeure, à Louveciennes, à les y faire apposer sans délai et à faire procéder le plus tôt possible à l'inventaire, afin de mettre la régie en possession des immeubles et d'avoir un moyen de tirer du mobilier le meilleur parti possible; qu'au surplus l'administration ne saurait mettre trop de soins dans le choix des gardiens qui y sont ou qui y seraient établis, ni les faire surveiller avec trop d'exactitude; que les objets précieux que renferme cette habitation perdraient beaucoup de leur valeur si l'on n'apportait la plus grande attention à empêcher qu'ils ne soient dégradés, et qu'il y en a que, vu leur peu de volume, il serait facile de soustraire. Il invite l'administration à le tenir au courant de ce qu'elle fera pour remplir le vœu de cette lettre et pour que la République ne perde rien de ce qu'elle doit retrouver dans cette importante confiscation ;

» L'administration, considérant que les scellés ont été apposés chez ladite femme, à Louveciennes, et l'inventaire fait dès le mois de février dernier, arrête qu'en attendant la vente des immeubles ayant ci-devant appartenu à la femme du Barry, à laquelle il sera procédé le plus tôt possible, il sera à la poursuite et diligence du directoire du district de Versailles, également procédé à la vente de tous les effets mobiliers provenant de cette femme ;

» Invite en outre le directoire du district de Versailles à exercer la surveillance la plus active sur les gardiens qui sont déjà établis dans la maison qu'occupait cette femme, ou qui leur seront substitués, pour prévenir la dégradation des objets précieux qui s'y trouvent et la spoliation de ceux que leur peu de volume rend faciles à soustraire ; *comme aussi à constater les effets qui ont pu être distraits du mobilier de cette femme, pour en assurer le recouvrement.*

» Arrête aussi que le directeur de la régie nationale sera tenu de prendre, conjointement avec le directoire du district de Versailles, les mesures convenables pour opérer le séquestre des biens de cette femme, et que, dès à présent, l'administration lui en sera confiée pour la conservation des droits tant de ses créanciers que de la République [1]. »

Par suite de cette délibération, le district de Versailles donna de nouveaux pouvoirs à la commission qu'elle avait chargée dès le 29 frimaire de procéder à l'inventaire et à la constatation des objets mobiliers, d'art, etc., de toute nature du château de Louveciennes.

Cette commission s'était déjà transportée à Louveciennes, et elle procéda consciencieusement à ce travail long et difficile. On voit, dans les nombreux procès-verbaux particuliers adressés par elle au district de Versailles [2], combien elle eut de peine et souvent de luttes à soutenir avec ceux jusqu'alors chargés de ce travail, pour y établir l'ordre et la clarté et remplir le mandat qui lui avait été confié.

Lorsqu'elle crut sa mission terminée, elle adressa au directoire du district de Versailles les divers procès-verbaux des opérations dont chacun de ses membres en particulier avait été chargé. Les procès-verbaux étaient accompagnés d'un résumé historique du travail général de la commission. Ce résumé raconte tout ce qui s'est passé à Louveciennes depuis la

---

[1] Archives de Seine-et-Oise.
[2] Archives de Seine-et-Oise.

mort de madame du Barry jusqu'au moment de la vente de ses effets; il est, par conséquent, le complément de ce récit.

## RÉSUMÉ HISTORIQUE
### DES OPÉRATIONS DES COMMISSAIRES DE LOUVECIENNES.

« La du Barry, condamnée à mort par le tribunal révolutionnaire de Paris, le 18 frimaire, a fait le même jour la déclaration des lieux où elle avait caché différents objets précieux, et des personnes à qui elle les avait confiés.

» En conséquence, les commissaires, à leur arrivée à Louveciennes, le 21 frimaire, se sont occupés d'abord des moyens de parvenir à la découverte des objets déclarés. — Le moyen qui devait être le plus fructueux était de faire traduire à Louveciennes Morin [1], valet de chambre de la du Barry et son homme de confiance; aussi les commissaires ont écrit à l'accusateur public, et lui ont même envoyé un exprès.

» Avant que de procéder à aucune recherche, ils ont interrogé pendant plusieurs jours ceux des domestiques de la du Barry qui n'avaient pas été arrêtés avec cette femme. D'après les dépositions qu'ils ont reçues, ils n'ont trouvé de coupables que le nommé Déliant, frotteur, et particulière-

---

[1] Morin fut condamné à mort quelques jours après, *comme complice des crimes de la du Barry.*

ment la femme Déliant, dénommée dans la déclaration de la du Barry, comme dépositaire de deux boîtes renfermant des bijoux, diamants et autres effets précieux.

» La fausseté qui avait dicté les réponses de la femme Déliant a engagé la commission à la mettre en arrestation chez elle, avec son mari, et à leur donner deux gardes choisis par la municipalité du lieu.

» Le nommé Déliant, frotteur, a prouvé par ses déclarations moins de mauvaise foi que sa femme. Cet homme, moribond depuis longtemps, a paru avoir peu de connaissance des dépôts confiés à cette dernière, et depuis huit jours il est mort à l'infirmerie de Versailles, où la commission l'avait fait transporter.

» La femme Déliant, lors de son premier interrogatoire, le 22 frimaire, avait simplement déclaré que la du Barry, cinq ou six jours avant son arrestation, lui avait mis dans son tablier plusieurs paquets enveloppés de papier; que le même jour, d'après les ordres de sa maîtresse, elle les avait cachés dans un fumier contre la melonnière; mais la suite prouvera la fausseté de cette déclaration.

» Le 24 frimaire, jour de l'arrivée de Morin, la femme Déliant, voulant prévenir les perquisitions que les commissaires se disposaient à faire chez elle, avait, le même jour, demandé à leur parler; mais les commissaires étant, dans ce moment-là, occupés à faire fouiller le jardin de Morin, le citoyen Greive, commissaire du Comité de sûreté générale de la Convention, s'est rendu chez ladite Déliant. Cette femme lui a remis cent quatre-vingt-treize louis simples en or, à elle confiés par la du Barry quelque temps avant son dernier voyage en Angleterre.

» Le 16 frimaire, les commissaires ont interrogé ladite Déliant. Il résulte de sa déclaration que la du Barry, à l'époque de son dernier voyage en Angleterre, lui avait remis trois coffres renfermant beaucoup d'objets précieux, pour les mettre soi-disant plus en sûreté et à l'abri d'être volés; que le lendemain de l'arrestation de la du Barry, ladite Déliant les avait déposés dans la maison de la veuve Aubert, sa mère, où ils sont restés environ douze jours; que les perquisitions exercées dans la maison de la du Barry et dépendances lui donnant à craindre qu'on ne trouvât chez sa mère les coffres y déposés, elle avait, la veille de son arrestation et de son incarcération aux Récollets [1], ouvert les trois coffres, avait vidé les objets y contenus, les avait mis dans son tablier et cachés le même soir dans un fumier contre la melonnière, à l'exception de quatre rouleaux de louis simples, d'un gobelet d'or avec son couvercle, d'une bourse pleine de jetons d'argent et de quelques flacons; que sa mère avait jeté le lendemain dans la pièce d'eau du Grand Jet de Marly ces derniers

[1] Prison de Versailles où l'on renfermait les prisonniers politiques.

objets, à l'exception cependant de quatre rouleaux de louis, qu'elle avait gardés pour elle sans en donner connaissance à son mari.

» Les 24 et 26 frimaire, les commissaires ont interrogé Morin. Mais avant de rendre compte des découvertes qu'ils ont faites sur ses indications, il est nécessaire de suivre la conduite de la femme Déliant.

» Le même jour de l'interrogatoire de cette dernière, il a été déposé entre les mains des commissaires, par Agathe Gournay et la femme Borgard, une montre enrichie de diamants, trouvée par elles, il y avait six semaines, dans une pièce d'eau du jardin de Marly; et par Jacques Richard, fontainier, deux flacons de cristal de roche, sans bouchons ni sans garnitures, et trouvés dans la même pièce.

» La femme Déliant avait été présente au dépôt de la montre dont est question, et cet acte de probité, peu conforme à son caractère fourbe et à sa conduite plus que suspecte, la faisant regarder elle-même comme très-coupable à ses propres yeux, cette femme, sous prétexte de satisfaire des besoins naturels, a surpris la surveillance de ses gardes et s'est coupé la gorge avec un rasoir.

» Les commissaires ont fait dresser par le juge de paix procès-verbal de cet événement, qui n'a pas eu de suites funestes, au moyen des soins du chirurgien appelé alors.

» Dans le même moment, le mari de ladite Déliant,

alité depuis longtemps, ayant déclaré que sa femme avait jeté quelque chose par la fenêtre, l'on a trouvé dans une gouttière, au-dessous du charbonnier, sous la fenêtre de la chambre desdits Déliant, quatre boîtes, dont une d'or enrichie de diamants, une autre aussi d'or ; lesdites renfermées dans un sac à poudre, jetées comme il est dit par ladite femme Déliant, quoique cette dernière n'ait jamais voulu en convenir.

» Les commissaires ont séparé ladite Déliant de son mari, lui ont donné deux gardes pendant deux jours, au bout desquels ils l'ont fait transférer à l'infirmerie de Versailles, où elle est encore.

» Les bijoux, diamants et autres effets précieux, cachés dans le fumier par ladite femme Déliant, y ont été trouvés par le citoyen Greive deux mois et demi après l'arrestation de la du Barry ; mais comme *on n'a jamais eu l'état désignatif et la connaissance positive des objets que renfermaient les trois boîtes, il reste incertain si tous ont été trouvés.*

» *Sans vouloir rien préjuger sur la conduite que l'on a tenue,* le 11 frimaire, *lors de cette découverte,* les commissaires ignorent s'il y a eu un procès-verbal dressé au moment même, mais il ne leur a été remis d'autre procès-verbal que celui de reconnaissance, fait le 13 frimaire, par Houdon, juge de paix actuel de Louveciennes, *c'est-à-dire deux jours et demi après la découverte,* le juge de paix n'ayant été appelé qu'à cette époque.

» Quant aux objets jetés dans les pièces d'eau du jardin de Marly par la mère de la femme Déliant, on a trouvé seulement la montre déposée par Agathe Gournay et la femme Borgard, les deux flacons remis par Richard, deux autres flacons trouvés par les commissaires lors de leurs perquisitions dans la pièce d'eau du Grand Jet de Marly, un flacon remis au moment même par Joséphine Lochard. Il reste conséquemment à recouvrer le gobelet et le couvercle en or, provenant d'un plateau de toilette, et la bourse pleine de jetons d'argent.

» Après être entrés dans les détails des déclarations toujours tardives, toujours partielles de la femme Déliant, de la nature des dépôts précieux qui lui ont été confiés par la du Barry, de l'usage inconcevable qu'elle en a fait, des événements tragiques qui ont suivi sa conduite, les commissaires rendent compte du résultat de Morin, valet de chambre et agent secret de la du Barry.

» Les perquisitions les plus amples avaient été faites dans le jardin de ce prévenu, et toujours infructueusement. Cet homme allait être jugé, exécuté, emportant avec lui la connaissance des différents dépôts, si les commissaires n'eussent pas écrit à l'accusateur public, ne lui eussent pas envoyé un exprès au moment où Morin allait subir la peine due à ses crimes.

» Les 24 et 26 frimaire, les commissaires ont interrogé ce prévenu : d'après ses déclarations, et sur ses indications, ils ont trouvé cachés derrière des bois de charpente placés contre un mur du jardin de Morin une douzaine de cuillers d'or à café; dans le grenier au-dessus de la cuisine de sa maison, une croix d'argent, un calice et une patène d'argent; une boîte à quadrille, la boîte, les fiches et contrats en ivoire, incrustés en or; dans le jardin de Morin, et enterrés en divers endroits sous des arbres hors de monter, et près la grille, deux boîtes de sapin renfermant, savoir :

| | |
|---|---:|
| Argent blanc. . . . . . . . . . . . . . . . | 7,203 liv. |
| 40 doubles louis. . . . . . . . . . . . . | 1,920 |
| Un louis en or. . . . . . . . . . . . . . | 24 |
| 2 guinées et une demi-guinée. . . . . . | 36 |
| Total. . . . . | 9,183 liv. |

» En outre, 99 jetons d'argent et un globe d'argent-vermeil.

» D'après la déclaration de la du Barry, on aurait dû trouver douze sacs de 1,200 livres environ, et différents objets précieux. Cependant lesdites boîtes ne renfermaient que cinq sacs, les louis, les guinées en or et le gobelet d'argent-vermeil.

» Il est à croire que Morin en a détourné une partie; l'espérance qu'il avait d'être acquitté l'a sans doute engagé à ne pas déclarer les dépôts qu'il avait faits pour le compte de sa maîtresse et pour son propre compte, et il serait nécessaire de faire fouiller son jardin en entier.

» Les commissaires ont aussi trouvé dans la chambre de Morin, et sur ses indications, une râpe à muscade en argent, dans un étui d'argent ; un paquet intitulé *Graines de panais*, contenant dix-sept aunes de galon d'argent à livrée, et quelques autres objets.

» Les perquisitions antérieures faites par le citoyen Greive avaient procuré la découverte de 393 livres en argent blanc, d'un billet qui prouvait que Morin était chargé de faire passer cette somme à l'abbé de Fontenille, poste restante, à Coblentz. Cette somme existe encore dans la chambre de Morin, et les commissaires du district chargés de faire l'inventaire en rendront compte en tant que de besoin.

» Les commissaires ont fait ce qui dépendait d'eux pour tirer de Morin tous les aveux qui pouvaient aider leurs découvertes ; mais cet homme n'a déclaré que les dépôts trouvés antérieurement, et il est hors de doute qu'il avait la connaissance de plusieurs autres, dans le cas où sa conduite contre-révolutionnaire n'aurait pas été dévoilée et punie.

» L'objet principal de la mission des commissaires était de faire des recherches. Quoique le citoyen Greive eût découvert une grande partie des objets déclarés et non déclarés par la du Barry, il restait encore des recherches à faire, et les commissaires n'ont rien négligé pour les rendre heureuses.

» A cet effet, ils ont renouvelé dans plusieurs endroits les perquisitions les plus exactes. Ils ont fait fouiller deux fois dans le jardin de Morin, et deux jours de suite dans la cave commune de la maison de la du Barry; mais ces nouvelles fouilles n'ont produit aucune découverte, et quoique que l'on soit bien persuadé qu'il existe encore des dépôts cachés, il faudrait avoir, pour les trouver, des indices particuliers, les terrains environnant la maison de la du Barry étant trop spacieux pour qu'on puisse hasarder de nouvelles fouilles, dispendieuses d'ailleurs et d'un succès incertain.

» D'après l'arrêté du comité de salut public et les instructions du ministre, les commissaires devaient remettre à la Trésorerie nationale les assignats, espèces monnayées, et aux domaines tout ce qui consisterait en bijoux, diamants et autres objets précieux.

» Pour remplir une partie de leur mission, il ne suffisait pas de faire un simple inventaire de ces objets, il fallait en faire le récolement exact, pour opérer la décharge des commissaires et gardiens responsables.

» A cet effet, les commissaires ont procédé au dépouillement de tous les procès-verbaux de l'ancien et du nouveau juge de paix, dressés sur la réquisition du citoyen Greive, commissaire du comité de sûreté générale de la Convention, en présence des officiers municipaux de Louveciennes. Ils ont fermé l'état désignatif de tous les objets y mentionnés par nature et espèce, en distinguant par ordre l'argenterie, les effets en or, etc.

» Ce relevé, nécessaire pour assurer la justesse de

toutes vérifications, a demandé un temps très-long, à raison de la lecture qu'il a fallu prendre de tous les procès-verbaux, et de ce que chaque objet se trouvait mentionné isolément dans un procès-verbal et dans un autre.

» Les commissaires ont d'abord procédé à la reconnaissance d'une somme de 37,986 livres en numéraire, trouvée chez la du Barry. Cette somme, jointe à celle de 13,815 liv. découverte par la commission, forme celle de 51,801 liv. remise par elle à la Trésorerie nationale.

» Il avait été trouvé, en outre, dans la commode de la chambre à coucher de la du Barry, une somme de 3,143 liv. en assignats; mais cette somme a été mise par les citoyens Lacroix et Musset, représentants du peuple à Versailles, à la disposition du citoyen Greive, pour subvenir aux dépenses du moment, et il reste encore une somme de 29 liv. en assignats, et 7 liv. en argent monnayé.

» Les commissaires observent qu'il a été déposé entre leurs mains, le 27 nivôse, par le citoyen Fournier, ancien juge de paix, à l'appui d'un procès-verbal de découverte, chez la femme Couture, une somme de 1,200 liv., savoir : 400 liv., dont 200 liv. démonétisées appartenant à Morin, et 800 livr. au nommé Pétry, coiffeur, détenu à Paris. Les commissaires du district chargés de faire l'inventaire rendront compte de ces sommes et des autres en tant que de besoin.

» Les commissaires, en suivant l'ordre de leur relevé sur les procès-verbaux remis entre leurs mains, ont fait, en présence du citoyen Greive, du juge de paix et du maire de Louveciennes, le récolement et la reconnaissance de l'argenterie, des effets en or, cristaux, bijoux, diamants et autres objets précieux, mis sous les scellés dans la chambre à coucher de la du Barry, n° 4. Ils ont rédigé procès-verbal de chaque opération, et en ont donné copie au citoyen Greive et à la municipalité du lieu.

» Cette vérification leur a demandé un temps très-long, attendu que beaucoup de ces objets n'avaient pas été désignés suivant leur nature et espèce, et suivant les termes techniques qui leur convenaient. *Peut-être que le plaisir d'avoir fait les découvertes, la précipitation avec laquelle on a procédé à leur inventaire, ont fait négliger les formalités de la rédaction et l'exactitude dans la prescription et reconnaissance des objets; mais en général les commissaires ont aperçu un défaut d'ordre, et ils ne peuvent mieux le prouver que par le grand nombre d'effets qu'ils ont reconnus n'avoir pas été inventoriés.* Le désordre ne porte pas seulement sur les objets découverts, mais sur tous ceux en évidence dans la maison. Ces objets sont épars et en confusion.

» *Les commissaires ont trouvé, dans différents endroits de la maison, plusieurs étuis de chagrin et galuchat, qui renfermaient sans doute des effets précieux et qui, cependant, ne font pas partie de ceux inventoriés et reconnus*. Les commissaires ont vu, entre autres étuis, celui dans lequel devait se trouver une paire de boucles de souliers en or, garnies de perles, dont l'existence antérieure est prouvée par la déclaration même de la du Barry. *Tous ces étuis ont été trouvés vides*. Les commissaires ignorent si les objets qu'ils contenaient existaient au moment de l'arrestation de cette femme, ou si elle n'en aurait pas disposé elle-même, d'une manière ou d'une autre.

» Les commissaires ont remis successivement à l'administration des domaines l'argenterie, les bijoux, diamants, effets en or, et généralement tous les objets provenant soit de leurs découvertes personnelles, soit des découvertes faites avant eux par le citoyen Greive, commissaire de sûreté du comité général de la Convention. Ils invitent à en acquérir la preuve par l'examen de l'état ci-joint, dont les objets y mentionnés portent le numéro correspondant à celui des objets désignés dans les procès-verbaux et récépissés de remise aux domaines. Ils joignent aussi au présent résumé historique d'opérations l'état de comparaison des objets déclarés par la du Barry et trouvés, avec ceux qui restent à découvrir.

» Jusque-là les commissaires avaient rempli l'objet intrinsèque de leur mission. Mais la nature même de leurs fonctions les a entraînés dans une quantité de détails dont ils devaient prendre connaissance, autant parce qu'ils se sont trouvés liés à leurs fonctions que parce que le besoin de se mettre à l'abri de tous reproches leur recommandait de faire tout ce qui intéressait le bien public.

» Des mesures de sûreté générale, relatives à la conservation des dépôts précieux existant dans a maison de la du Barry, avaient exigé la surveillance d'une garde assez nombreuse; mais l'enlèvement successif de ces dépôts demandait une économie dans cette dépense. En conséquence, les commissaires ont réduit, le 6 pluviôse, la garde à six hommes, au lieu de dix-huit. Cette garde, depuis le 2 vendémiaire, jour de son établissement par le citoyen Greive, jusqu'au 13 frimaire, avait été payée sur des fonds mis à la disposition du citoyen Greive, savoir : 3,143 liv. par les citoyens Lacroix et Musset, représentants du peuple à Versailles, et 3,000 liv. par Voulant et Jajot; mais le citoyen Greive n'avait plus de fonds disponibles. Il est dû encore à la garde la somme de 3,154 liv., et les commissaires en ont envoyé l'état à l'administration du district de Versailles.

» Le besoin de rétablir l'ordre dans la maison de la du Barry devait fixer la sollicitude des commissaires. Ce soin paraissait cependant devoir appartenir plus particulièrement au citoyen Greive, qui depuis longtemps habitait la maison de la du Barry, connaissait les causes de la dépense, et l'avait mise ou laissée sur le pied où les commissaires l'ont trouvée. — *Mais le citoyen Greive, trop occupé sans doute de l'exécution des grandes mesures de sûreté générale, dont il annonçait être chargé par sa qualité même, n'avait pas le temps d'entrer dans les petits détails.* Les commissaires ont cru devoir prendre sur eux de faire la réforme commandée par l'économie, en attendant d'ailleurs la solution de plusieurs questions dont la nature les attachait encore à leur place.

» Jusque-là différentes circonstances, dont il sera parlé ci-après, avaient occasionné une dépense assez considérable de bouche et de chauffage ; mais les circonstances n'étant plus les mêmes, les commissaires ont jugé devoir rompre le cours de cette dépense. A cet effet, ils ont arrêté les mémoires du boulanger, du boucher et des autres fournisseurs de la maison. Ils ont envoyé à l'administration du district de Versailles le bordereau de cette dépense, montant à la somme de 2,749 fr.

» Cette dépense, dont le citoyen Greive peut rendre compte mieux que personne des causes qui l'ont déterminée, a été plus considérable pendant le cours de sa mission. En général, cette dépense a été faite par les différents commissaires qui se sont succédé, par le juge de paix, son greffier, par les officiers municipaux, dans un temps où le secret des opérations demandait leur permanence continuelle, par les personnes que le citoyen Greive a employées à auner les étoffes, à peser les matières d'or et d'argent, par les prévenus traduits devant la commission, par les gendarmes, huissiers qui les ont accompagnés, enfin par toutes les personnes dont la présence a été reconnue nécessaire.

» Les fonctions des commissaires ont acquis, par l'effet des circonstances, une plus grande latitude. Ils ont appris, par exemple, qu'il existait à Paris, dans la maison de Brissac, un coffre de fer caché entre deux boiseries. A cet effet, ils sont allés plusieurs fois à Paris pour se concerter avec le ministre sur les moyens à employer pour sa découverte. Le ministre a écrit lui-même au comité de surveillance de la Fontaine de Grenelle, pour l'inviter à nommer deux membres pour seconder les commissaires dans leurs recherches. Le citoyen Villette s'est présenté lui-même au comité de cette section, à celui de sûreté générale; mais les formalités à remplir pour la levée des scellés chez Brissac ont arrêté sans doute l'usage de toutes mesures, et le coffre de fer reste encore à découvrir, ou, s'il a été découvert, la commission l'ignore.

» Les commissaires ont aussi, sur la réquisition des citoyens Lacroix et Musset, représentants du peuple à Versailles, fait l'inventaire du vieux linge existant dans la maison de la du Barry, et l'ont envoyé à l'hôpital militaire de Saint-Cyr.

» Ces différentes démarches et opérations ont occupé les commissaires en attendant la réponse à plusieurs questions de la solution desquelles dépendait la continuation ou la cessation de leurs fonctions.

» Une de ces questions était de connaître la manière

dont on disposerait des étoffes précieuses existant dans la maison de la du Barry. Une grande partie de ces étoffes, dont la valeur peut s'élever à 200,000 livres, ne pouvait être vendue qu'à l'étranger. Le ministre, sur les observations des commissaires, avait écrit au comité de salut public : depuis peu, ce comité a chargé l'administration des subsistances d'en faire l'inventaire, et dans ce moment ce travail occupe les commissaires.

» Le rétablissement de l'ordre, des précautions de tout genre, le besoin d'éviter même des dilapidations, le besoin de liquider la succession de la du Barry pour payer les créanciers, toutes ces considérations ont engagé les commissaires à demander qu'il soit procédé promptement à l'inventaire du mobilier de la du Barry, et, depuis le 20 pluviôse, les citoyens Delcros et Lequoy ont été nommés à cet effet par l'administration du district de Versailles.

» En conséquence, les pouvoirs du citoyen Villette, seul commissaire du pouvoir exécutif à Louveciennes, doivent cesser lorsqu'il aura fini, conjointement avec le commissaire des subsistances et ceux du district, l'inventaire des étoffes dont il est spécialement chargé par le ministre.

» Voici la manière dont les membres composant la commission de Louveciennes ont cru devoir rendre compte de leur mission, chacun pour les opérations auxquelles ils ont été présents, nonosbtant les pièces qu'ils joignent à l'appui de leur compte, certifiant le tout sincère et véritable.

» Signé à la minute : Huvé, Villette, Delcros, Houdon, Bicault et Lequoy, secrétaire[1]. »

Outre la commission générale, deux autres devaient s'entendre avec elle, l'une, pour faire passer immédiatement à Versailles tout ce qui pourrait être employé par l'État, l'autre, pour envoyer aussi dans cette ville les objets d'art, afin de les ajouter à ceux déjà très-nombreux provenant des maisons du roi et des princes, que l'on réunissait dans le palais.

La première de ces commissions fit passer au district, en fer, cuivre, linge, literie, harnais, sucre et eau-de-vie, pour la somme de 128,089 fr. Le linge, la literie, le sucre et l'eau-de-vie furent envoyés à la maison de Saint-Cyr, transformée en hôpital militaire. Le reste fut déposé dans les magasins de l'État.

La commission des arts fit choix des objets qui lui parurent dignes d'être conservés. Comme la plupart de ces œuvres d'art sont aujourd'hui dans les musées et dans les palais impériaux, il n'est pas sans intérêt d'en faire connaître l'origine, en donnant la liste dressée alors par la commission. Ces objets sont au nombre de cinquante-cinq.

1° Deux tableaux de Vien;
2° Une gaîne avec chapiteau et base de granit d'Italie;
3° Une Vénus Callipyge (petite proportion);

[1] Archives de Seine-et-Oise.

4° Un Apollon du Belvédère ;

5° Thésée enlevant Hermione ;

6° Une Vestale entretenant le feu sacré, suivie par deux enfants ;

7° Un groupe représentant Louis XV porté par quatre guerriers ;

8° Un petit buste de Louis XV ;

9° Un feu en bronze doré, cerf, sanglier et attributs de chasse ;

10° Un tableau représentant une marine, par Vernet, de huit pieds de haut sur cinq de large.

11° Un autre tableau de même dimension, représentant une ruine, par Robert ;

12° Quatre dessus de porte, par Fragonard ;

13° Une Nymphe en marbre, fuyant, et un Amour la menaçant ;

14° Une Baigneuse, de Falconnet ;

15° Le buste de Louis XV, en marbre, par Pajou ;

16° Une pendule représentant l'Amour porté par les Grâces, en bronze doré d'or moulu ;

17° Deux vases de porcelaine de Sèvres, fond azur ;

18° Deux vases de porcelaine, forme étrusque ;

19° Un baromètre et thermomètre avec cartouches et figures de porcelaine ;

20° Deux vases en marbre blanc et porphyre ;

21° Deux feux dorés d'or moulu, les plus riches ;

22° Deux figures en marbre blanc, proportion de deux pieds ;

23° Deux candélabres à trois branches, représentant deux femmes groupées ;

24° Deux autres, en forme de bouteille ;

25° Un feu doré, en forme de vase;

26° Une table en porcelaine de Sèvres, les peintures d'après Vanloo;

27° Un vase de porphyre;

28° Un feu en forme de cassolettes et pommes de pin;

29° Trois chandeliers à trois branches, en cassolettes;

30° Le buste de la du Barry, par Pajou, sur sa gaîne;

31° Partie d'un *forte-piano;*

32° Deux grands vases de porphyre;

33° Une harpe dans sa robe de taffetas noir;

34° Un tableau représentant la Fuite de l'Amour;

35° La Marchande d'Amours, par Vien;

36° La Cruche cassée, par Greuze;

37° Jupiter et Antiope;

38° Une pastorale, par Boucher, de trente-six pouces de haut sur vingt-huit de large;

39° Un paysage, de Visnose;

40° Une bordure ovale de trois pieds de haut, richement sculptée et dorée;

41° Une autre de deux pieds de haut;

42° Une commode de vieux laque;

43° Une autre plaquée, en porcelaine de Sèvres, à sujets et figures très-jolis;

44° Un tableau représentant la Visitation d'Élisabeth;

45° Un autre représentant la Vierge et l'Enfant Jésus;

46° Un autre, non fini, représentant la du Barry en Bacchante;

47° Un pastel : un Enfant jouant du tambour de basque, d'après Drouet;

48° Un Enfant jouant du triangle, d'après Drouet;

49° Un tableau représentant un enfant tenant une

pomme, peint par Drouet, de vingt pouces de haut sur dix-huit de large;

50° Un tableau : une Femme en lévite blanche;

51° Un autre : Louis XV en habit de revue;

52° Un autre : Louis XV enfant;

53° Une gravure enluminée représentant un paysage;

54° Une estampe représentant la femme Lebrun;

55° Un tableau peint sur toile, par Robert, représentant une esquisse de la messe, de quatorze pouces de haut sur seize de large.

Après les travaux particuliers des diverses commissions, la commission générale fit un relevé de tous les procès-verbaux d'inventaires, enlèvements, reconnaissances et ventes du mobilier ayant eu lieu successivement sous sa direction; elle y ajouta les récépissés de dépôt des différents objets extraits de la maison de madame du Barry, et elle envoya cet immense travail au district de Versailles pour le faire passer au directoire du département de Seine-et-Oise. Ce travail, avec toutes les pièces à l'appui, forme aujourd'hui la plus grande partie des papiers renfermés aux archives de la préfecture de Seine-et-Oise, sous le nom de *madame du Barry*.

Le relevé général est terminé par le bordereau du montant des seuls objets vendus et estimés, lequel s'élève à. . . . . . . . . . . . . . . . . . 707,251 l. 15 s.
Les bijoux, diamants, cristaux, etc.,
   dont le prix n'est pas porté, sont
   évalués au même inventaire. . . 400,000 »

| | | |
|---|---|---|
| Les matières d'or, 89 marcs, 6 onces, peuvent être appréciées au moins | 60,000 l. | » s. |
| Celles d'argent, 1,449 marcs, à 45 livres le marc. . . . . . . . . . . | 65,205 | » |
| Celles de vermeil, 84 marcs, à 50 livres. . . . . . . . . . . . . | 4,200 | » |
| Galons et franges d'or, 34 marcs. . | 2,700 | » |
| Galons d'argent et brûlé, 121 marcs. | 3,600 | » |
| Cuivre, fer, plomb et étain. . . . | 4,000 | » |
| Total général de l'appréciation des effets mobiliers confisqués chez madame du Barry. . . . . . . . | 1,246,956 l. 15 s.[1] | |

Quand madame du Barry fut arrêtée, elle avait encore un grand nombre de dettes, et la municipalité de Louveciennes ne tarda pas à être accablée de mémoires de tous les créanciers. Tous ces mémoires, visés par elle, furent envoyés au district. Il résulte de leur relevé général qu'ils s'élevaient à la somme de 956,124 liv. 13 s. 4 d. — La vérification de ces mémoires fut renvoyée à une commission chargée de mettre la plus grande sévérité dans l'examen de ces dettes. Le gouvernement d'alors dut être satisfait de l'habileté des commissaires, car les mémoires ont été si bien examinés et contrôlés, que presque aucun des créanciers n'a été payé.

Les parents de madame du Barry, auxquels on a vu qu'elle avait fait des pensions viagères, réclamè-

---

[1] Archives de Seine-et-Oise.

rent aussi la continuation de leurs pensions; mais on les supprima toutes, à l'exception de celle de Rançon, le mari de la mère de madame du Barry, qui vint se retirer à Versailles, et y mourut le 25 octobre 1801.

La propriété de Louveciennes avait été vendue le 20 thermidor an III (7 août 1795)[1], et le comte Guillaume, qui s'était remarié[2], était mort à Toulouse, le 2 août 1811, à l'âge de 79 ans. Tout avait disparu. Il ne restait plus, comme souvenir du nom de *du Barry*, que la honte jetée par lui sur les dernières années du règne de Louis XV. Mais à ce souvenir, cependant, venait se mêler celui des souffrances supportées par cette malheureuse femme dans les derniers temps de sa vie, et l'on se prenait de pitié quand on considérait par quelle horrible mort elle avait expié ses quelques années de bonheur!

Ce nom devait recevoir encore une nouvelle humiliation, et il devait la recevoir de ses propres parents, de ses héritiers.

Dans l'acte de mariage de madame du Barry, elle y était dite fille du sieur *Jean-Jacques Gomard de Vaubernier*, intéressé dans les affaires du roi. Aussitôt le retour en France, en 1814, du roi Louis XVIII, les

---

[1] Elle fut adjugée 6,000,000 de francs en assignats, à Jean-Baptiste-Charles-Édouard Delapalme, demeurant aux Vaux-de-Cernay. (Bibliothèque de Versailles.)

[2] Il avait épousé en deuxièmes noces Jeanne-Madeleine Lemoine.

héritiers *Gomard* firent de nombreuses démarches auprès des ministres pour être remis en possession des objets ayant appartenu à madame du Barry, et existant dans les établissements publics. Ils se fondaient, pour appuyer leur demande, sur l'acte de naissance [1] de madame du Barry, annexé à celui de célébration de son mariage à la paroisse de Saint-Laurent, ainsi conçu :

« Extrait des registres de baptême de la paroisse
» de Vaucouleurs, diocèse de Touls, pour l'année
» mil sept cent quarante-*six*.

» Jeanne, fille de *Jean-Jacques Gomard de Vaubernier* et *d'Anne Bécu*, dite *Quantigny*, est née le dix-neuf août mil sept cent quarante-six, a été baptisée le même jour, a eu pour parrain Joseph *de Mange* et pour marraine Jeanne *de Birabin*, qui ont signé avec moi :

» L. Gaon, vicaire de Vaucouleurs ; Joseph de Mange et Jeanne de Birabin.

» Je soussigné, prêtre-curé de la paroisse et ville de Vaucouleurs, diocèse de Touls, certifie à qui il appartient, vu le présent extrait conforme à l'original.

» A Vaucouleurs, ce quatre juillet mil sept cent cinquante-neuf.

» L.-P. Dubois.

[1] Les registres de l'état civil étant à cette époque entre les mains du clergé, les actes de naissance et de baptême ne faisaient qu'un.

» Nous, Claude-François Duparge, licencié ès loix, conseiller du roi, commissaire enquesteur-examinateur en la ville et prévôté de Vaucouleurs, faisant les fonctions de M. le président Prevost, absent, certifions que les écriture et signature ci-dessus sont du sieur Dubois, curé de Vaucouleurs, et que foy y est et doit y être ajoutée. En témoignage de quoi nous avons signé les présentes et scellé de notre cachet. — A Vaucouleurs, ce quatre juillet mil sept cent cinquante-neuf :

» Signé, Duparge, avec paraphe. Approuvé l'écriture, Duparge [1]. »

Après beaucoup de démarches infructueuses, et après avoir présenté au ministre des finances un acte de notoriété constatant que le sieur *Philbert Gomard,* frère de *Gomard de Vaubernier,* père de madame du Barry, étant le plus proche parent de la comtesse à l'heure de sa mort, était son héritier, le même acte établissant leur filiation comme héritiers directs du sieur *Philbert Gomard,* le ministre les autorisa à faire retirer de la préfecture de Seine-et-Oise les papiers de madame du Barry, déposés aux archives lors du séquestre mis sur ses biens en 1793. Ces papiers devaient servir à les diriger dans les réclamations qu'ils faisaient au gouvernement. L'inventaire des papiers ainsi donnés un peu légèrement montre combien de documents intéressants ont été perdus pour les recherches historiques.

[1] Bibliothèque de Versailles.

Inventaire des titres et papiers provenant de madame la comtesse du Barry, condamnée révolutionnairement, et dont les biens ont été séquestrés; lesquels papiers, par suite du séquestre, ont été extraits du domicile de ladite dame, à Louveciennes, transférés à l'administration du ci-devant district de Versailles, et ensuite déposés aux archives de la préfecture de Seine-et-Oise :

1<sup>re</sup> *liasse*. — Composée de pièces relatives aux anciens ouvrages faits au pavillon de Louveciennes, années 1760 et 1770, etc., mémoires de divers fournisseurs et ouvriers, quittances, états de payements et diverses pièces de renseignements.

2<sup>e</sup> *liasse*. — Anciens mémoires de fournisseurs et ouvriers quittancés de 1770 à 1774. Bail passé à madame du Barry par la veuve Duru et consorts, d'une maison située à Versailles, rue de l'Orangerie, le 22 décembre 1768. Bordereau des sommes payées par M<sup>e</sup> Lepot-d'Auteuil, notaire.

3<sup>e</sup> *liasse*. — Autres différents mémoires de marchands, ouvriers et fournisseurs, également quittancés. Dépenses de tout genre à l'hôtel et pavillon de l'avenue de Paris, à Versailles, en 1773. Comptes rendus par M. de Montvallier, intendant de madame la comtesse du Barry, ès années 1773 et 1774.

4<sup>e</sup> *liasse*. — Divers mémoires de marchands, orfévres, bijoutiers, drapiers, modistes, fournisseurs, gagistes, peintres, ouvriers, etc., en 1772 et années suivantes, également quittancés. Inventaires et états d'effets mobiliers, tels que tableaux, statues, pièces d'ornement, etc., étant à Louveciennes, à différentes époques, notamment un inventaire général du mobilier de Louveciennes, fait en 1774.

5ᵉ *liasse*. — Mémoires quittancés d'orfévres, bijoutiers, marchands de meubles et d'étoffes. États de gages payés aux personnes de la maison de madame du Barry, et autres pièces diverses de dépenses, années 1771 et suivantes.

6ᵉ *liasse*. — Pièces relatives à la construction du nouveau pavillon de Louveciennes, en 1771 et 1772. Comptes et mémoires quittancés de divers entrepreneurs, marchands, ouvriers, etc.

7ᵉ *liasse*. — Formée de mémoires et de quittances donnés par des ouvriers, marchands, fournisseurs, pensionnaires et autres personnes attachées à madame du Barry, en diverses années.

8ᵉ *liasse*. — Mémoires acquittés de marchands, ouvriers, fournisseurs, notamment du sieur Aubert, joaillier, du sieur Cozette, entrepreneur de la manufacture royale des Gobelins. Quittances de sommes payées pour pensions et bienfaits accordés par madame du Barry. Ouvrages faits à un hôtel, à Versailles, avenue de Paris, et à une maison à Saint-Vrain.

9ᵉ *liasse*. — Pièces relatives aux locations de baraques, boutiques et appentis établis sur la contrescarpe, à Nantes, concédés à madame du Barry, pour l'usufruit seulement, sa vie durant, par brevet du roi du 23 décembre 1769. Compte du sieur Dardel, régisseur, et du sieur Couillaud de la Pironnière, receveur du produit desdites boutiques, etc. Pièces et plans y relatifs. Baux desdits biens, passés en 1771.

10e *liasse.* — Papiers, mémoires, lettres, relatifs aux dépenses faites à la Maison-Rouge, sise commune de Villiers-sur-Orge. Inventaire d'effets mobiliers garnissant ladite maison. *Lettres et autres pièces de correspondance particulière de madame du Barry, en 1792 et 1793.* Quittances, reçus de l'année 1793. Contrat du 24 octobre 1775, devant Me Deschesnes, notaire à Paris, concernant vente par madame la comtesse du Barry à Monsieur, frère du roi, d'un grand hôtel sis à Versailles, avenue de Paris, moyennant 224,000 liv [1].

Tels sont les papiers remis aux héritiers Gomard. Où sont aujourd'hui ces titres, ces lettres de madame du Barry ? Que sont-ils devenus ? Ils ornent probablement la collection de quelque amateur d'autographes [2].

Malgré toutes leurs demandes, ils n'avaient encore rien recueilli de la succession de madame du Barry, lorsque fut rendue, le 17 avril 1825, la loi d'indemnité des biens des émigrés.

A l'époque de sa mort, madame du Barry ne pos-

---

[1] Archives de Seine-et-Oise.

[2] Une partie de ces papiers se trouve actuellement à la bibliothèque de Versailles.

sédait aucun immeuble, et par conséquent ses héritiers n'avaient rien à réclamer de l'indemnité. Mais l'on se rappela alors le testament de M. de Brissac, et l'on réclama de la famille de Mortemart, héritière du duc, et qui avait une part considérable dans la liquidation du milliard d'indemnité, l'exécution du legs fait au profit de madame du Barry.

Jusque-là, les héritiers Gomard s'étaient seuls présentés. Mais lorsqu'il se fut agi du legs du duc de Brissac, les héritiers *Bécu*, c'est-à-dire ceux du côté maternel, vinrent, non-seulement pour entrer en partage, mais contestèrent même aux *Gomard* leur titre d'héritiers de madame du Barry.

On a vu qu'une fois riche, madame du Barry n'a jamais cessé de faire du bien à sa famille. Elle mit sa mère à l'abri du besoin et fit une pension viagère à Rançon, son beau-père, lorsqu'il fut devenu veuf. Les frères de sa mère reçurent aussi d'elle des pensions viagères, et elle dota leurs filles en leur faisant faire des mariages avantageux. Mais on ne voit nulle part qu'elle se soit jamais intéressée aux *Gomard*. D'où vient cette différence dans la manière d'agir de madame du Barry à l'égard de sa famille ? Le procès qui s'est élevé entre les divers héritiers va nous en donner l'explication.

Les *Gomard* appuyaient leurs prétentions à l'héritage de madame du Barry sur l'acte de naissance déposé à la paroisse de Saint-Laurent, reconnaissant comme père de madame du Barry *Jean-Jacques Go-*

mard *de Vaubernier*. Les *Bécu* attaquèrent cet acte comme faux, et présentèrent un autre acte de naissance, levé par eux sur les registres de l'état civil de la ville de Vaucouleurs, le 25 septembre 1827, constatant que madame du Barry était *fille naturelle de Anne Bécu*, et que, par conséquent, les héritiers *Gomard* n'avaient aucun droit dans cette succession.

De là, procès entre les deux branches et jugement du tribunal civil de première instance de la Seine du 9 janvier 1829, confirmé par arrêt de la cour royale de Paris du 22 février 1830, qui donne gain de cause aux *Bécu* et les reconnaît comme seuls héritiers de madame du Barry.

La cause de ce faux acte de naissance s'explique aisément. Madame du Barry était la maîtresse du roi. Le mariage lui donnait un nom et allait lui permettre d'arriver aux plus grandes faveurs. Mais il fallait un peu flatter la vanité des du Barry, et d'ailleurs Louis XV. n'aurait-il pas eu quelque répugnance à conserver pour maîtresse, quoique comtesse, la bâtarde d'une pauvre fille de campagne?

Il est probable que celui qui joua le rôle le plus important dans la fabrication de cet acte fut cet *abbé Gomard*, aumônier du roi, qu'on a vu déjà figurer à la célébration du mariage de madame du Barry, comme fondé de pouvoir de sa mère et de son beau-père. Depuis longtemps cet abbé était lié avec Rançon et sa femme, et les pamphlets du temps disent qu'il connaissait très-bien le père de madame du Barry : il était, de plus, intime avec Lebel, le valet de chambre de Louis XV, et avec le comte Jean. On peut donc supposer que ce fut lui qui fit placer dans cet acte le nom de son propre frère Jean-Jacques Gomard de Vaubernier, mort depuis longtemps, comme père de *Jeanne Bécu,* et en fit ainsi une fille légitime [1].

Il est curieux, au reste, d'examiner les transformations que l'on fit subir à l'acte primitif que voici :

« Extrait des registres de l'état civil de la ville de Vaucouleurs, déposés aux archives du tribunal de première instance séant à Saint-Mihiel (Meuse).

» Jeanne, fille naturelle d'Anne Béqus, dit Quantiny, est née le dix-neufième aoust de l'an mil sept cent quarante-trois, et a été baptisée le même jour. Elle a eu pour parain Joseph Demange, et pour maraine Jeanne Birabin, qui ont signé avec moy.

» Les signatures sont ainsi apposées sur l'acte :

» Janne Birabine.     L. galon, vic. de Vau.

» Joseph Demange.

Pour copie collationnée sur la seconde minute déposée aux archives.

» Saint-Mihiel, le 25 septembre 1827. Le commis-greffier,

» François. [2] »

[1] Cet abbé Gomard était un pauvre hère qui dut facilement se prêter pour de l'argent au rôle qu'on lui fit jouer dans cette affaire. On voit dans les papiers de madame du Barry, réunis à la bibliothèque de Versailles, qu'aussitôt installée à la cour, elle lui donna de l'argent, le fit habiller par son tailleur, et qu'on le nomma aumônier du roi.

[2] Bibliothèque de Versailles.

D'abord, et c'était la partie essentielle, on donne un père à la fille naturelle; et, comme le nom de *Gomard* tout court est encore bien bourgeois, on y ajoute celui de *Vaubernier*. Puis, comme le parrain et la marraine doivent être à la hauteur du père de l'enfant, on fait du simple Joseph Demange, monsieur Joseph *de Mange* avec une particule, et de Jeanne Birabin, qui, suivant l'usage de la campagne, est appelée la Birabine, et signe comme on est dans l'habitude de l'appeler, on fait madame *de Birabin*. Enfin, comme il paraîtra plus agréable au roi de lui donner pour maîtresse une *demoiselle noble et mineure* qu'une *fille naturelle et majeure,* on retranche trois ans de l'acte primitif, et on fait naître madame du Barry le 19 août 1746, au lieu du 19 août 1743.

Après l'arrêt de la cour royale de Paris, qui frappe de faux l'acte de naissance déposé à l'église de Saint-Laurent, et reconnaît les *Bécu* comme seuls héritiers de madame du Barry, ceux-ci continuèrent à attaquer la famille de Mortemart pour l'exécution du legs de M. de Brissac. Le procès dura jusqu'à la fin de 1833. Enfin les héritiers *Bécu* s'entendirent avec la famille de Mortemart sur la somme à recevoir; mais elle leur profita peu et fut presque entièrement absorbée par les créanciers de madame du Barry et par les frais du procès[1]..

[1] Voir, pour ce procès, le tome XXXII de la *Collection de*

Outre les détails généraux qu'on a pu faire connaître grâce à l'analyse des diverses pièces indiquées dans ce récit, il en est de particuliers à la personne même de madame du Barry, qu'il est bon de rappeler en terminant :

1° Madame du Barry était fille naturelle, et son véritable nom était *Jeanne Bécu.*

2° A l'époque de son mariage on fit un faux acte de naissance, dans lequel on lui donna pour père légitime *Jean-Jacques Gomard de Vaubernier.*

3° C'est donc à tort que, dans toutes les biographies, et dans les plus récents ouvrages sur l'histoire de France, on lui conserve le nom de *Jeanne Gomard de Vaubernier,* et il faut lui rendre son vrai nom de *Jeanne Bécu.*

4° Par suite de l'examen de son véritable acte de naissance, on voit que madame du Barry avait 26 ans quand elle devint la maîtresse du roi Louis XV, et non vingt-trois ans, comme cela semblait résulter du faux acte. Elle est, par conséquent, morte sur l'échafaud à l'âge de cinquante ans.

Quant aux sommes que madame du Barry a coûté à la France pour avoir eu l'honneur d'être la maîtresse du roi, on peut, d'après l'examen de ces mêmes pièces, en faire le relevé suivant :

*Sirey* et la *Gazette des Tribunaux* des 4 juillet, 5, 11 et 27 août 1833.

1° Mobilier donné par le roi à madame du Barry, lors de son mariage. . . . . . . . . .   30,000 l.   »

2° Sommes payées pour madame du Barry, par *Baujon,* banquier de la cour, depuis 1769, première année de sa faveur, jusqu'en 1774, année de la mort de Louis XV. . . . . . . . . .   6,375,559 l. 11 s. 11 d.

3° Pour achat de son hôtel de Versailles, par *Monsieur*, frère du roi, le 24 octobre 1775. .   224,000   »

4° Pour l'échange de 50,000 livres de rente viagère contre 1,250,000 livres, délivrées par le trésor royal par arrêt du roi en avril 1784. . . . . . . . . .   1,250,000   »

5° Madame du Barry jouit de 150,000 livres de rente viagère sur la ville de Paris, les États de Bourgogne et les loges de Nantes, depuis l'année 1769 jusqu'en 1784, ce qui donne un total de. . . . . . . . . . . .   2,400,000   »

6° Depuis l'année 1784 jusqu'en 1793, elle n'a plus que 100,000 livres de rente viagère, ce qui donne un total de. . . . . . .   900,000   »

7° La jouissance du château de Louveciennes et de ses nombreuses dépendances; les diverses dépenses faites à l'ancien château et la construction du pavillon, peuvent s'évaluer à un revenu de 50,000 livres de rente, ce qui fait, depuis 1769 jusqu'en 1793........ 1,250,000 »

Le total général de toutes ces sommes est de...... 12,429,559 l. 11 s. 11 d.!!!

# NOTES.

Les trois lettres suivantes nous ont été communiquées par M. Vatel, avocat à Versailles. Elles nous ont paru assez intéressantes pour être publiées en notes.

---

N° I. — *Lettre de M. de Brissac à madame du Barry.*

Brissac, ce samedi 5 septembre 1789.

Les courriers ne sont pas assez fréquents, madame la comtesse, il est bien vrai; car cette lettre qui partira demain par le Mans, arrivera aussitôt que celle d'hier par la levée; mais c'est un plaisir que de s'entretenir avec vous qu'il ne faut pas laisser échapper. Oui, l'avenir comme le présent est désolant. A moins que la raison, le plus beau de l'apanage de l'homme, ne le cède à l'esprit, l'ambition, la vanité, quel est l'homme qui ne désire pas le bonheur et la liberté pour lui et les autres, à moins qu'il ne soit un forcené? et je vois qu'il y en a trop. Mais des personnes agissantes, assez franchement loyales pour concourir à l'arrangement avantageux de tous, à ce gros de la nation, dont la philosophie parle ainsi que le philosophe, qui par malheur ne connaît ni n'a les moyens de lui faire éprouver ce charme du vrai bonheur qu'il n'est pas permis à tout le monde de connaître, où sont-ils, ces hommes? Bien loin de nous. On ne les écoute pas, ou ils ne parlent pas, ou ils n'existent pas. Que de tristesse toutes ces idées procurent! L'amour sortant, ou fuyant l'esclavage, n'est pas mon emblème, madame la comtesse, quoique ce soit celui de mon âge; il n'en est point, il est vrai, si la beauté et la bonté d'accord partagent un sentiment senti par un cœur digne de celui qu'il a pu toucher. Mais, par parenthèse, j'ai ouï dire du mal de ce tableau, que l'on trouve froid, correct, mais peu piquant. Je l'ai un peu pensé comme le critique; mais les détails et le fini, ainsi que le coloris, en sont beaux et donneront toujours du charme à ce tableau. Pas une dame ne prendra pour elle ces insultes que leur fait l'amour, ou plutôt le peintre qui peut être froid, ou son âge et ses travaux. Je pense qu'il y a eu fort peu de portraits, surtout de madame Lebrun, qui a présenté celui de madame la duchesse d'Orléans. Elle est faite pour être généralement aimée et estimée, et peut paraître en public en quel temps que ce soit. Le Salon est-il beau? Je crois que les campagnards n'auront pas été le voir. D'ailleurs il ne vaut pas la peine depuis longtemps de se déplacer. — Je ne crois pas vous avoir dit que je mangeais de mauvais pain; je le fais venir du Pont-de-Cé, et il est bon, pas très-bien fait, mais mieux qu'ici, où on devrait le manger excellent à cause de la beauté et bonté du grain. Notre froment est un des plus beaux de la France, sans vouloir néanmoins attaquer et celui de Brie, et le bienfait aimable et charmant de vos amies du Pont. Elles vous aiment pour vous-même, parce qu'elles vous connaissent bien, et qu'alors il est difficile de vous refuser le tribut qu'arrache *et beauté, et bonté et douceur, et cette aimable et parfaite égalité d'humeur qui fait le charme d'une société habituelle.* Aussi auraient-elles voulu vous garder, aussi vous y voudraient-elles; *et moi je voudrais également y partager avec vous retraite et solitude, le tout bien tranquille.* C'est ainsi que le trouble fait penser l'homme raisonnable, qui a reconnu que le plus grand bien à faire est la chose la plus difficile, et plus tumultueuse que l'orage, qui ramène si souvent et si promptement un beau jour. Je ne vois pas que nous avancions en besogne. Hélas! pourvu qu'elle soit faite, terminée, je serai content. Je le serai beaucoup aussi, madame la comtesse, quand il me sera permis de vous offrir tous mes hommages, tout mon respect et tous les sentiments que je vous ai toujours offerts avec joie et plaisir.

Vos lettres sont presque toujours sept jours à arriver. Il m'en parvient de Paris à deux jours de date; celles de Versailles éprouvent le même retard. Mille respectueux hommages à mademoiselle votre belle-sœur.

N° 2. — *Lettre de madame du Barry aux administrateurs du district de Versailles.*

Citoyens administrateurs,

La citoyenne de Vaubernier du Barry est très-étonnée qu'après toutes les promesses qu'elle vous a fournies des raisons qui l'ont forcée d'aller en Angleterre, vous l'ayez traitée comme émigrée. — Avant son départ elle vous a communiqué la déclaration qu'elle avait faite à sa municipalité; vous l'avez enregistrée dans vos bureaux. Vous savez que c'est le quatrième voyage qu'elle est obligée de faire, toujours pour le même motif.

Elle espère que vous voudrez bien faire lever les scellés qui ont été apposés chez elle, contre toute justice, puisque la loi n'a jamais défendu de sortir du royaume à ceux que des affaires particulières et pressantes appellent en pays étranger. Toute la France est instruite du vol qui lui a été fait la nuit du 10 au 11 janvier 1791; que ses voleurs ont été arrêtés à Londres; qu'elle y a eu une procédure suivie, dont le dernier jugement n'a été rendu que le 28 février dernier, ainsi que l'atteste le certificat ci-joint.

Louveciennes, ce 27 mars 1793.

---

N° 3. — *Lettre de Lavallery, membre du district de Versailles, à madame du Barry.*

Citoyenne,

Je me ferai représenter le plus tôt possible votre demande, dont le succès ne me paraît pas devoir éprouver de grandes difficultés, vu la notoriété du motif de vos absences, si vous avez eu surtout le soin de joindre à votre mémoire les pièces justificatives, telles que vos passe-ports ou leurs copies certifiées, certificats de résidence, etc. *Soyez convaincue que s'il est des occasions où je désire donner du prix à mon travail, vous avez droit à les faire naître. Votre sexe vous donne le droit de désirer la tran-*

*quillité, et votre amabilité...* Mille pardons, citoyenne, un républicain et un inconnu ne doit parler que la langue des affaires.

Agréez l'assurance de mon respect et de tout l'intérêt que vous avez droit d'inspirer.

LAVALLERY [1].

Versailles, 17 mai (an II de la République).

---

N° 4. — *Récit de la mort de madame du Barry, extrait du journal* LA NOUVELLE MINERVE, *intitulé* SOUVENIRS DE LA RÉVOLUTION.

. . . . . Arrivé au pont au Change, j'y trouvai une assez grande foule rassemblée. Je n'eus pas besoin de demander l'explication de ce rassemblement : elle ne se fit pas attendre. J'entendis au loin des cris déchirants, et aussitôt je vis sortir de la cour du palais de Justice cette fatale charrette que Barrère, dans un de ces accès de gaieté qui lui étaient si familiers, avait appelée *la bière des vivants*. Une femme était sur cette charrette, qui approcha lentement de l'endroit où je m'étais arrêté. Sa figure, son attitude, ses gestes exprimaient le désespoir arrivé au plus haut paroxysme. Alternativement d'un rouge foncé et d'une pâleur effrayante, se débattant au milieu de l'exécuteur et de ses deux aides, qui avaient peine à la maintenir sur son banc, et poussant de ces cris affreux que je disais tout à l'heure, elle invoquait tour à tour leur pitié et celle des assistants. C'était madame du Barry que

[1] Ce même Lavallery se suicida quelques jours après la mort de madame du Barry.

l'on conduisait au supplice. Revenue de Londres cinq ou six jours auparavant pour retirer de son château de Louveciennes des bijoux de prix qu'elle y avait cachés en partant pour l'émigration, elle avait été dénoncée le soir même de son arrivée, par son nègre favori, Zamor, gardien du château en son absence, et traduite au tribunal révolutionnaire [1]. Agée alors de quarante-deux à quarante-trois ans seulement, sa figure, malgré la terreur profonde qui en altérait les traits, était encore remarquablement belle [2]. Entièrement vêtue de blanc, comme Marie-Antoinette qui l'avait quelques semaines auparavant précédée sur la même route, ses cheveux du plus beau noir formaient un contraste pareil à celui que présente le drap funéraire jeté sur un cercueil. Coupés sur la nuque, ainsi que cela se pratique en pareil cas, ceux de devant étaient ramenés à chaque instant sur le front par ses mouvements désordonnés, et lui cachaient une partie du visage. « Au nom du ciel, mes amis, s'écriait-
» elle au milieu des sanglots et des larmes, au nom du
» ciel, sauvez-moi, je n'ai jamais fait de mal à personne ;
» sauvez-moi. »

La frayeur délirante de cette malheureuse femme produisait une telle impression parmi le peuple, qu'aucun de ceux qui étaient venus là pour insulter à ses derniers moments ne se sentit le courage de lui adresser une parole d'injure. Autour d'elle tout semblait stupéfié, et l'on n'entendait d'autres cris que les siens ; mais ces cris

---

[1] On a vu que ce n'est pas tout à fait ainsi que les choses se sont passées, mais c'était la croyance de l'époque.

[2] Nous avons montré qu'elle avait cinquante ans au moment de sa mort.

étaient si perçants qu'ils auraient, je n'en doute pas, dominé ceux de la multitude, si elle en eût proféré. J'ai dit tout à l'heure, je crois, que personne ne s'était senti le courage de l'injurier. Si fait. Un homme, un seul, vêtu avec une certaine recherche, éleva la voix au moment où la charrette passant vis-à-vis de moi, la patiente, toujours s'adressant au peuple, s'écriait : « La vie! la vie! » qu'on me laisse la vie, et je donne tous mes biens à la » nation. » — « Tu ne donnes à la nation que ce qui lui » appartient, dit cet homme, puisque le tribunal vient de » les confisquer, tes biens. » Un charbonnier, qui était placé devant lui, se retourne et lui donne un soufflet. J'en éprouvai un sentiment de plaisir.

On sait que pendant toute la route elle continua à pousser les mêmes cris, et à s'agiter dans des convulsions frénétiques pour fuir la mort qui déjà l'avait saisie; aussi, on sait qu'arrivée à l'échafaud il fallut user de violence pour l'attacher à la fatale planche, et que ses derniers mots furent ceux-ci : « Grâce! grâce! monsieur » le bourreau! Encore une minute, monsieur le bour- » reau! encore... et tout fut dit. »

Jamais la terreur ne fut portée à une si haute expression, et madame du Barry est la seule femme qui ait offert un spectacle aussi déchirant. Toutes les autres femmes victimes de nos discordes civiles ont montré à ce moment suprême autant de calme que de courage, et plus d'une a raffermi le courage de ses compagnons d'infortune.

N° 5. — *Bibliothèque de madame du Barry.*

La bibliothèque de la ville de Versailles renferme cent quarante-deux ouvrages ayant appartenu à madame du Barry, et formant trois cent quatre-vingts volumes. Presque tous ces volumes sont reliés en maroquin rouge, dorés sur tranches et portent sur le plat des deux côtés les armes de la comtesse avec la fameuse devise *Boutez en avant,* qui donna lieu dans le temps à tant de commentaires ironiques. La date de leur impression ne dépasse pas l'année 1774. Plusieurs sont reliés en maroquin vert et portent les mêmes ornements que les rouges. Ils paraissent provenir de cadeaux. Il est bien probable que ces livres faisaient partie de la bibliothèque des appartements de madame du Barry au château de Versailles, où ils sont sans doute restés jusqu'à la révolution. D'autres volumes, beaucoup moins bien reliés que les précédents et portant les armes de la comtesse sur le dos, font aussi partie de cette collection; mais la date de leur impression est postérieure à l'année 1774, et ils proviennent de son habitation de Louveciennes.

Beaucoup de ces ouvrages sont des œuvres littéraires; mais en parcourant leurs titres et en y retrouvant la plupart des productions futiles et licencieuses d'une partie de la littérature du dix-huitième siècle, on pourra juger, sans en être surpris, du goût qui a présidé à la composition de cette bibliothèque.

Presque tous les exemplaires venant de la bibliothèque de madame du Barry, outre leurs jolies reliures, sont surtout remarquables par la beauté de l'exécution typographique. On peut citer sous ce rapport les *Baisers,* de Dorat, charmant exemplaire orné de figures exécutées par Eisen, d'un fini extrême, mais d'une très-grande indécence. Au reste, plusieurs des ouvrages de cette collection, et particulièrement les romans de Crébillon fils, sont accompagnés de gravures fort licencieuses.

Parmi les divers ouvrages dont nous donnons la liste, on en doit particulièrement signaler quatre comme se rapportant à la personne même de madame du Barry, par les dédicaces adulatrices qui lui sont adressées.

Le premier porte pour titre : *le Royalisme, ou Mémoires de du Barry de Saint-Aunet et de Constance de Cézelli, sa femme. Anecdotes héroïques sous Henri IV,* par M. de Limairac. — La plupart des exemplaires de cet ouvrage ne portent aucun nom d'auteur. Dans celui-ci, le nom de l'auteur se trouve non-seulement à la suite du titre, mais encore au bas de l'épître dédicatoire. Cet exemplaire a certainement été offert par l'auteur à la comtesse; le choix de l'exemplaire et sa magnifique reliure en maroquin rouge, toute couverte de dorures, en sont la preuve. Au-dessus de l'épître dédicatoire sont gravées les armes de madame du Barry, et de chaque côté deux levrettes enchaînées. Voici cette épître :

*A madame la comtesse du Barry.*

Madame,

Daignez accueillir avec bonté un hommage public de sentiment et de reconnaissance. Le zèle seul m'a dicté ce petit ouvrage; seul il ose vous l'offrir. Je sens qu'il est capable d'égarer dans une carrière qui demande des talents, mais j'espère, madame, que vos suffrages suppléeront à la médiocrité des miens. Les traits que je développe dans cet essai le rendent digne de paraître sous vos auspices. Ils sont tous puisés *dans votre maison;* ils retracent la fidélité la plus héroïque de deux sujets pour le roi. Trop heureux si vous voulez bien me pardonner une entreprise au-dessus de mes forces, en faveur du motif qui me l'a inspirée.

Je suis avec un profond respect, madame, votre très-humble et très-obéissant serviteur.

DE LIMAIRAC.

Le second est un *Almanach de Flore,* pour 1774. C'est un recueil de quarante-huit fleurs gravées et coloriées. Au-dessous de chaque fleur se trouve une devise et derrière un horoscope. Ces devises et ces horoscopes sont divisés en séries de numéros, applicables à une demoiselle, à un garçon, à une femme mariée, à un homme marié, à une veuve et à un veuf. L'auteur était un capitaine d'infanterie nommé Douin, né à Versailles.

La beauté des dorures de ce petit volume, relié en maroquin rouge, fait présumer que c'est encore un cadeau offert à madame du Barry. Après le titre sont placées deux gravures en rouge. L'une représente un tournesol regardant le soleil avec cette devise.

L'astre est constant,<br>La fleur fidèle;

allégorie se rapportant aux amours du roi et de la comtesse. L'autre offre le portrait de madame du Barry. Au-dessous sont deux flèches croisées avec un cœur et les vers suivants :

> *A la plus belle.*
>
> Je dormais; le Maitre des dieux
> Me dit : « Je sais ce que tu veux;
> » Choisis ou déesse, ou mortelle,
> » Pour lui consacrer tes couplets. »
> Quoi, lui dis-je, une bagatelle!
> « Ne crains rien : je te le permets. »
> Je choisirai donc la plus belle.

Le troisième ouvrage est intitulé *Contes moraux et nouvelles idylles de D... et Salomon Gessner.* — Les contes sont de Diderot, et la traduction des idylles de Gessner est de Meister, qui fut secrétaire de Grimm.

Le traducteur dont le nom ne parut pas sur cette édition ne voulut cependant pas le laisser ignorer de madame du Barry, et dans l'exemplaire qu'il lui adressa, il ajouta une épître dédicatoire signée de lui. Cette épître, écrite par un habile calligraphe, est ainsi conçue :

> De la beauté, les talents et les arts
> Chérissent tous l'aimable empire.
> Que l'églogue au naïf sourire
> Arrête un instant vos regards!
> Comme vous, belle sans parure,
> Elle doit tout aux mains de la nature.
> Comme vous elle a quelquefois,
> Sous l'air d'une simple bergère,
> Charmé les héros et les rois,
> Même les dieux. Apollon, pour lui plaire,
> Vint oublier l'Olympe à l'ombre de ces bois.
> Quel dieu pour vous ne l'oublierait de même,
> Si de l'amour la puissance suprême
> Vous permettait encore un choix?

Je suis avec le plus profond respect, madame, votre très-humble et très-obéissant serviteur.

MEISTER.

Enfin le quatrième est un recueil contenant deux opéras comiques : *les Étrennes de l'Amour* et *le Nouveau Marié*, dont les paroles sont de Cailhava. En envoyant cet exemplaire à madame du Barry, l'auteur écrivit sur la première page les vers suivants :

*A madame la comtesse du Barry.*

Transporté par un songe au haut de l'Empyrée,
J'ai cru voir cette nuit la belle Cythérée,
L'aimable Hébé, le dieu qu'invoquent les amants,
La tendre Volupté, les Grâces, les Talents,
Qui d'un air satisfait parcouraient mon ouvrage.
Un sourire flatteur m'annonçait leur suffrage.
J'ai redouté leur fuite à l'instant du réveil ;
Mais je les vois encor, ce n'est pas un mensonge :
Un seul de vos regards réalise mon songe,
Et j'étais moins heureux dans les bras du sommeil.

Voici maintenant la liste générale des ouvrages ayant appartenu à madame du Barry, et possédés aujourd'hui par la bibliothèque de la ville de Versailles :

*Grammaire générale et raisonnée*, par Cl. Lancelot et Ant. Arnaud, avec des notes par Duclos. Paris, Prault, 1754, 1 vol. in-12.

*Abrégé du Dictionnaire universel français et latin, vulgairement appelé Dictionnaire de Trévoux,* par Berthelin. Paris, les libraires associés, 1762, 3 vol. in-4°.

*Les Œuvres de Clément Marot,* de Cahors, valet de chambre du roi, revues et augmentées de nouveau. La Haye, Moetgens, 1714, 2 vol. in-12.

*Les Œuvres de François Villon,* avec les notes de Clément Marot et les poésies de Jean Marot et de Michel Marot. Paris, Coustelier, 1723, 2 vol. petit in-8°.

*Les Métamorphoses d'Ovide*, traduites en français, avec des remarques et des observations historiques, par l'abbé Banier, nouvelle édition, 2 tomes en 1 volume. Paris, Nyon, 1738, in-4°, avec figures, par Humblot.

*Satires et autres Œuvres de Regnier*, accompagnées de remarques historiques de Cl. Brossette. Nouvelle édition considérablement augmentée, par Lenglet du Fresnoy. Londres, Tonson, 1733, grand in-4°, belle édition dont les pages sont entourées de cadres rouges.

*L'Arcadie de Sannazar*, traduite de l'italien, par Pecquet. Paris, Nyon, 1737, 1 vol. in-12.

*Recueil de traductions* en vers français, contenant le poëme de Pétrone, deux épîtres d'Ovide et le *Pervigilium Veneris*, avec des remarques par le président Bouhier. Paris, compagnie des libraires, 1738, 1 vol. in-12.

*Les Poésies du roi de Navarre*, avec des notes et un glossaire français, précédées de l'histoire des révolutions de la langue française depuis Charlemagne jusqu'à saint Louis, d'un discours sur l'ancienneté des chansons françaises et de quelques autres pièces, par Levesque de la Revallière. Paris, Guérin, 1742, 2 vol. in-12.

*Œuvres de madame et de mademoiselle Deshoulières*, nouvelle édition. Paris, les libraires associés, 1754, 2 vol. in-12.

*La Colombiade, ou la Foi portée au nouveau monde*, poëme, par madame Dubocage. Paris, Desaint, 1756, 1 vol. in-8° orné de jolies vignettes.

*L'Art d'aimer et le remède d'amour*, traduction d'Ovide, par l'abbé de Marolles. Amsterdam, 1757, 1 vol. in-12 avec des figures, par Vanloo et Eisen.

*OEuvres de l'abbé de Chaulieu,* nouvelle édition, par de Saint-Marc. Paris, David, 1757, 2 vol. in-12.

*Le Conte du Tonneau,* par le fameux docteur Swift, traduit de l'anglais. La Haye, H. Scheurleer, 1757, suivi du *Traité des dissensions entre les nobles et le peuple dans les républiques d'Athènes et de Rome,* etc. *L'Art de ramper en poésie et l'Art du mensonge politique,* par le même, 3 vol. in-12.

*OEuvres de M. le marquis de Ximenez, ancien mestre de camp de cavalerie,* nouvelle édition. Paris, 1772. — Ce volume contient encore : *Amalazonte,* tragédie du même auteur. Paris, Jarry, 1758, 1 vol. in-8°, relié en maroquin vert avec de nombreuses dorures; c'est probablement un cadeau.

*L'Univers perdu et reconquis par l'Amour,* suivi d'*Iphis et Amarante, ou l'Amour vengé,* par de Carné. Amsterdam, 1758, 1 vol. in-8°.

*Poésies de Haller,* traduites de l'allemand, par Tscharner, édition retouchée et augmentée. Berne, soc. typog., 1760, 2 vol. in-12.

*Poésie du philosophe de Sans-Souci,* nouvelle édition. Sans-Souci, 1760, 2 vol. in-12.

*Le Trésor du Parnasse, ou le plus joli des recueils,* par Couret de Villeneuve et Berenger. Londres, 1762, 6 vol. in-12.

*La Farce de maistre Pierre Pathelin, avec son Testament à quatre personnages.* Paris, Durand, 1762, 1 vol. petit in-8°.

*OEuvres diverses de Desmahis.* Genève, 1763, 1 vol. in-12.

*Le Hasard du coin du feu,* dialogue moral par Crébillon fils. La Haye, 1763, 1 vol. in-12.

*L'Iliade d'Homère,* traduite en vers, avec des remarques, par de Rochefort. Paris, Saillant, 1766, 2 vol. in-8°.

*La Pharsale de Lucain,* traduite en français par Marmontel. Paris, Merlin, 1766, 2 vol. in-8°, avec des figures, par Gravelot.

*Roman comique,* par Scarron, nouvelle édition. Amsterdam, comp. des libraires, 1766, 3 vol. in-12.

*Traité de la prosodie française,* par l'abbé d'Olivet. Paris, Barbou, 1767. — Dans le même volume se trouve : *Remarques sur Racine,* par l'abbé d'Olivet. Paris, Barbou, 1766, 1 vol. in-8°.

*Œuvres complètes de M. le c. de B...* (le cardinal de Bernis), dernière édition. Londres, 1767, deux tomes dans 1 volume in-12.

*Œuvres de S. Gessner,* traduites de l'allemand, par Huber. Zurich, Orel, 1768, 2 vol. in-12.

*Essais de Montaigne,* avec les notes de Coste, nouvelle édition. Londres, Nourse, 1769, 10 vol. in-12.

*Le Messie,* poëme en dix chants, traduit de l'allemand, de Klopstock, par d'Antelmy, Junker et autres. Paris, Vincent, 1769, 2 vol. in-12.

*Narcisse dans l'île de Vénus,* poëme en quatre chants, par Malfilâtre. Paris, Lejay, 1769, 1 vol. in-8° orné d'un frontispice par Eisen, et de figures par Saint-Aubin.

*La Peinture,* poëme en trois chants, par Lemierre. Paris, Jay, 1769, 1 vol. in-4°. — Au frontispice est un portrait du grand Corneille. Les figures sont de Cochin.

*Les Nuits d'Young,* suivies des œuvres diverses du même auteur, traduites de l'anglais par Letourneur, deuxième édition. Paris, Lejay, 1769, 4 vol. in-8° avec figures par Eisen.

*Les Grâces*, précédées d'une dissertation par l'abbé Massieu, et suivies d'un discours par le P. André ; recueil publié par de Querlon. Paris, Prault, 1769, 1 vol. in-8° avec figures, de Boucher et de Moreau jeune.

*Les Quatre parties du jour*, poëme traduit de l'allemand de Zacharie, par Muller. Paris, Musier, 1769, 1 vol. in-8° avec de charmantes figures par Eisen.

*Les Éléments*, poëme par Delavergue. La Haye, Gosse, 1770, 1 vol. in-8°.

*La Récréation des honnêtes gens, ou Opuscules en vers*, par M. de la M.... Amsterdam et Paris, Fétil, 1770, 1 vol. in-8°, relié en maroquin vert.

*Les Baisers*, précédés du *Mois de mai*, poëme par Dorat. La Haye et Paris, Lambert, 1770, 1 vol. in-8°.

*Jérusalem délivrée*, poëme héroïque du Tasse, traduit en français par Mirabaud. Paris, Barrois, 1771, 2 vol. in-12.

*Le Bonheur*, poëme en six chants avec des fragments de quelques épîtres, ouvrages posthumes d'Helvétius. Londres, 1772 ; précédé d'une *Vie d'Helvétius*, par Saint-Lambert, 1 vol. in-8°, relié en maroquin vert. Les armes de la comtesse sont sur le plat avec la devise *Boutez en avant* au-dessus.

*Contes moraux et Nouvelles idylles* de D... (Diderot) et Salomon Gessner, traduites par Meister. Zurich, 1773, 1 vol. in-4°.

*Almanach des trois règnes*, en huit parties : première partie, *Almanach de Flore*, 1774, gravé et orné de plus de cinquante planches en taille-douce, dessinées et coloriées d'après nature avec le plus grand soin, contenant quarante-huit devises et autant d'horoscopes pour tous les états et tous les âges. Les paroles sont de Douin, capitaine d'infanterie; les fleurs dessinées et gravées par Chevalier, lieutenant d'infanterie; le texte gravé par Drouet, ancien soldat d'infanterie. Versailles, Blaizot, 1774, 1 vol. in-24.

*Les Comédies de M. Marivaux*, jouées sur le théâtre de l'hôtel de Bourgogne par les comédiens ordinaires du roi. Paris, Briasson, 1732, 2 vol. in-12.

*Recherches sur les théâtres de France depuis l'année 1161 jusqu'à présent*, par de Beauchamps. Paris, Prault, 1735, 3 vol. in-8°.

*Réflexions historiques et critiques sur les différents théâtres de l'Europe, avec les pensées sur la déclamation*, par Louis Riccoboni. Paris, Guérin, 1738, 1 vol. in-8°.

*Tragédies-opéras* de l'abbé Metastasio, traduites en français par M. C.-P. Richelet. Vienne, 1751, 12 vol. in-12.

*OEuvres de théâtre* de MM. Brueys et Palaprat. Paris, Briasson, 1755, 5 vol. in-12.

*Choix de petites pièces du théâtre anglais* par Dodsley et Gay, traduites des originaux par Patu. Paris, Prault, 1756, 2 vol. in-12.

*OEuvres dramatiques* de Néricault-Destouches, nouvelle édition. Paris, Prault, 1758, 10 vol. in-12.

*OEuvres* d'Alexis Piron, avec figures en taille-douce d'après les dessins de Cochin. Paris, Duchesne, 1758, 3 vol. in-12.

*Le Théâtre* de Baron. Paris, les libraires associés, 1759, 3 vol. in-12.

*Les OEuvres de théâtre* de Dancourt, nouvelle édition. Paris, les libraires associés, 1760, 12 vol. in-12.

*Le Prix de la beauté, ou les Couronnes*, pastorale en trois actes et un prologue, avec des divertissements sur des airs choisis et nouveaux, par Goudot. Paris, Delormel, 1760, 1 vol. in-4°.

*Œuvres* de M. Nivelle de la Chaussée, nouvelle édition, publiée par Sablier. Paris, Prault, 1762, 2 vol. 12.

Recueil contenant : 1° *les Étrennes de l'Amour*, comédie-ballet en un acte; 2° *le Nouveau Marié*, opéra-comique en un acte par Cailhava. Paris, Lejay et Duchesne, 1769-1770, 1 vol. in-8°.

*Fables allemandes et contes français en vers*, avec un *Essai sur la Fable*, par du Coudray. Paris, Jarry, 1770, 1 vol. in-8°.

*Les Chefs-d'œuvre* de Pierre et de Thomas Corneille, nouvelle édition, avec *les Commentaires* de Voltaire. Paris, libraires associés, 1771, 3 vol. in-12.

*Théâtre des Grecs* par le P. Brumoy, nouvelle édition enrichie de très-belles gravures et augmentée de la traduction entière des pièces grecques dont il n'existe que des extraits dans toutes les éditions précédentes, et de comparaisons, d'observations et de remarques nouvelles, par MM. de Rochefort et Dutheil. Paris, Cussac, 1785, 13 vol. in-4°, reliés en maroquin rouge, avec armes sur le dos.

*Les Aventures de Télémaque, fils d'Ulysse,* par François de Salignac de la Motte-Fénelon, nouvelle édition. Paris, Estienne, 1730, deux tomes en 1 volume in-4°, édition médiocre, ornée de figures par Coypel, Souville, Cazes et Humblot.

*Le Marquis de Chavigny,* par Boursault. Paris, Nyon, 1739, 1 vol. in-12.

*Le Prince de Condé,* par Boursault. Paris, Nyon, 1739. Dans le même volume : *Ne pas croire ce qu'on voit,* histoire espagnole par Boursault. Paris, Lebreton, 1739, 1 vol. in-12.

*OEuvres de Maître François Rabelais,* avec des remarques historiques et critiques de le Duchat, nouvelle édition ornée de figures, par Picart. Amsterdam, J. Bernard, 1741, 3 vol. in-4°.

*Tanzaï et Neadarné,* histoire japonaise, par Crébillon fils. Pékin, 1743, 2 vol. in-18, avec figures licencieuses.

*Amours de Théagène et de Chariclée,* histoire éthiopique. Londres, 2 vol. petit in-8°, avec figures ; dont quelques-unes sont assez licencieuses.

*Les Malheurs de l'Amour,* par la marquise de Tencin et Pont-de-Vesle. Amsterdam et Paris, Prault, 1746, deux parties en 1 vol. in-12.

*Lettres de la marquise de M\*\*\* au comte de R\*\*\*,* par Crébillon fils. La Haye, Scheurser, 1746, 1 vol. in-12.

*Histoire amoureuse des Gaules,* par le comte de Bussi-Rabutin, 1754, 5 vol. in-12.

*Mémoires et OEuvres de madame Staal.* Londres, 1755, 4 vol. in-12.

*Histoire d'Émilie Montayne,* par l'auteur de *Julie Mondeville* (*Mistriss Brooke*), traduite de l'anglais, par Robinet, 4 tomes en 2 vol. in-12.

*Mémoires et Aventures d'un homme de qualité qui s'est retiré du monde,* par l'abbé Prévost. Amsterdam, Arkstée, 1759, 3 vol. in-12.

*Mémoires du comte de Grammont,* par le comte A. Hamilton, 1760, 2 vol. in-12.

*Les Amours d'Ismène et d'Isménias*, par M. de Beauchamps. La Haye, 1743. — Dans le même volume se trouve : *Acajou et Zirphile*, conte, par Duclos, Minutie, 1761, 1 vol. in-12, avec figures.

*Amélie*, roman de Fiedling, traduit de l'anglais, par madame Riccoboni. Paris, Brocas, 1762, 3 vol. in-12.

*Lettres de milady Julliette Catesby à milady Henriette Campley, son amie*, par madame Riccoboni. Amsterdam, 1762, 1 vol. in-12.

*Histoire de miss Jenny*, écrite et envoyée par elle à milady comtesse de Roscomond, par madame Riccoboni. Paris, Brocas, 1764, 2 vol. in-12.

*La Nouvelle Héloïse, ou Lettres de deux amants habitants d'une petite ville au pied des Alpes*, recueillies et publiées par Jean-Jacques Rousseau, nouvelle édition. Neufchâtel et Paris, Duchesne, 1764, 4 vol. in-12 avec figures, par Gravelot.

*Contes moraux*, par Marmontel. Paris, Merlin, 1765, 3 vol. in-12, avec le portrait de l'auteur, par Cochin, et ornés de figures par Gravelot.

*Histoire de M. le marquis de Cressy*, par madame Riccoboni. Paris, Humblot, 1766, 1 vol. 12.

*Contes de Guillaume Vadé*, 1768, 1 vol. in-8°.

*Histoire d'Hippolyte, comte de Douglas*, par madame d'Aulnoy. Amsterdam, Lhonoré, 1769, deux tomes en 1 vol. in-12.

*Téléphe*, en douze livres. Londres et Paris, Pissot, 1784, par Pechméja, 1 vol. in-8°, relié en maroquin rouge, les armes sur le dos.

*Voltariana, ou Éloges amphigouriques* de F.-M. Arouet, sieur de Voltaire, discutés et décidés pour sa réception à l'Académie française, par Travenol et Mannory. Paris, 1748, 1 vol. in-8°.

*Lettres de Rousseau, sur différents sujets de littérature.* Genève, Barillot, 1750, 5 vol. in-12.

*Essai historique et philosophique sur le goût,* par Cartaud de la Vilate. Londres, 1751, 1 vol. in-12.

*Considérations sur les ouvrages d'esprit,* par Chicaneau de Neuville. Amsterdam, 1758, 1 vol. in-12.

*Le Chef-d'œuvre d'un inconnu,* poëme heureusement découvert et mis au jour, avec des remarques savantes et recherchées, par le docteur Chrysostome Matanasius, par Saint-Hyacinthe, aidé de S'gravesande, Sallengre, Prosper Marchand et autres. On trouve de plus une Dissertation sur Homère et sur Chapelain, par Van Effen; deux Lettres sur des Antiques; la préface de Cervantes, sur l'histoire de don Quichotte de la Manche; la déification d'Aristarchus Masso, et plusieurs autres choses non moins agréables qu'instructives, neuvième édition. Lausanne, Bousquet, 1758, 2 vol. in-12.

*Pensées de Pascal sur la religion et sur quelques autres sujets.* Paris, Desprez, 1761, 1 vol. in-12.

*Recueil de Lettres* de madame la marquise de Sévigné à madame la comtesse de Grignan, sa fille. Paris, Compagnie des libraires, 1763, 8 vol. in-12.

*Lettres secrètes de M. de Voltaire,* publiées par L.-B. Robinet. Genève, 1765, 1 vol. in-8°.

*Pensées de milord Bolingbroke,* sur différents sujets d'histoire, de philosophie, de morale, etc., recueillies par Prault. Paris, Prault, 1771, 1 vol. in-12.

*Les Loisirs d'un ministre, ou Essais dans le goût de ceux de Montagne,* composés en 1736, par le marquis d'Argenson. Liége, Plomteux, 1787, 2 vol. in-8°, reliés en veau vert avec armes sur le dos.

*Œuvres du Philosophe de Sans-Souci,* au Donjon du Château, 1750, 3 vol. in-8°.

*Œuvres de Saint-Évremont,* avec la vie de l'auteur, par des Maileaux, 1753, 11 vol. in-12.

*Œuvres de madame la marquise de Lambert.* Paris, Ganeau, 1761, 2 vol. in-12.

*Œuvres diverses de J. J. Rousseau.* Neufchâtel, 1764, 8 vol. in-12. Le premier volume est orné d'un frontispice par Gravelot, et d'un portrait de J. J. Rousseau par Delatour.

*Plaidoyer* pour et contre J. J. Rousseau et le docteur D. Hume, l'historien anglais, avec des anecdotes intéressantes relatives au sujet; ouvrage moral et critique, pour servir de suite aux œuvres de ces deux grands hommes, par Bergerat. Paris, Dufour, 1768, 1 vol. in-12.

*Les Œuvres de l'abbé de Saint-Réal,* nouvelle édition. Libraires associés, 8 vol. in-12.

*Œuvres posthumes de Frédéric II,* roi de Prusse. Berlin, Woss et Decker, 1788, 15 vol. in-8°, reliés en maroquin fauve avec armes sur le dos.

*Divers Éloges,* par Thomas. Paris, Regnard, 1763-1773, 1 vol. in-8°.

*La Muse historique, ou Recueil de Lettres en vers,* contenant les nouvelles du temps, écrites à S. A. marquise de Longueville, par le sieur Loret. Paris, Ch. Chenault, de 1650 à 1664, 5 vol. in-fol. — Les lettres du 1er janvier 1665 au 28 mars de la même année sont manuscrites, et copiées par de la Rue, en 1771.

*Anecdotes ecclésiastiques*, tirées de l'*Histoire du royaume de Naples*, de Giannone, par Jacques Vernet. Amsterdam, Catuffe, 1753, 1 vol. petit in-8°.

*Abrégé chronologique de l'Histoire des Juifs*, par Charbuy. Paris, Chaubert, 1 vol. in-8°.

*Lettres sur l'Égypte*, par Savary. Paris, Onfroy, 1785, 3 vol. in-8°, avec armes sur le dos.

*Histoire ancienne des peuples de l'Europe*, par le comte de Buat. Paris, Desaint, 1772, 12 vol. in-12, avec armes sur le dos.

*Mémoires de la cour de France*, pour les années 1688 et 1689, par madame la comtesse de la Fayette. Amsterdam, Bernard, 1731, 1 vol. in-12.

*Histoire de la vie et du règne de Louis XIV*, par Bruzen de la Martinière. La Haye, Venduren, 1740, 2 vol. in-4°.

*Histoire de madame de Luz*, anecdote du règne de Henri IV, par Duclos. La Haye, de Hondt, 1744, deux parties en 1 vol. in-12. Histoire plus que galante.

*Histoire politique du siècle*, par Maubert de Goùvest. Londres, 1754, 2 vol. in-12.

*Histoire du règne de Louis XIII*, par le P. Griffet. Paris, Libraires associés, 1758, 2 vol. in-4°.

*Les Amours de Henri IV, roi de France*, avec ses lettres galantes à la duchesse de Beaufort et à la marquise de Verneuil. Amsterdam, 1765, deux parties en 1 vol. in-12.

*Dictionnaire géographique et portatif de la France*, par le P. Dominique Magnan. Paris, Desaint, 1765, 4 vol. in-8°.

*Les Soirées helvétiennes, alsaciennes et francomtoises*, par le marquis de Pezay. Amsterdam, Paris, Delalain, 1771, 1 vol. in-8°.

*Usages et Mœurs des Français,* par Poullin de Lumina. Lyon, Berthaud, 1769, 1 vol. in-12.

*Le Royalisme, ou Mémoires de du Barry de Saint-Aunez et de Constance de Cézelli, sa femme,* anecdotes héroïques sous Henri IV, par de Limairac. Paris, Valade, 1770, 1 vol. in-8°.

*Histoire de la vie privée des Français, depuis l'origine de la nation jusqu'à nos jours,* par Legrand d'Aussy. Paris, Pierres, 1782, 3 vol. in-8°, reliés en maroquin rouge, armes sur le dos.

*Lettres du baron de Busbec,* ambassadeur de Ferdinand I$^{er}$, roi des Romains, auprès de Soliman II, empereur des Turcs, etc., traduites en français, avec des notes historiques et géographiques, par l'abbé Defoy. Paris, Bauche, 1748, 3 vol. in-12.

*Histoire abrégée de la vie d'Éléonore-Marie, archiduchesse d'Autriche,* etc., par N. Frizon. Nancy, Cusson, 1725, 1 vol. in-8°.

*Les Fastes du royaume de Pologne et de l'empire de Russie,* par Constant Dorville. Paris, Costard, 1769, 2 vol. in-8°.

*Histoire de l'Afrique et de l'Espagne sous la domination des Arabes,* par Cardonne. Paris, Saillant, 1765, 3 vol. in-12.

*Histoire philosophique et politique des établissements et du commerce des Européens dans les deux Indes,* par Guillaume-Thomas Raynal. Neufchâtel, Libraires associés, 1783, 10 vol. in-8°, reliés en maroquin vert, armes sur le dos.

*Monuments de la mythologie et de la poésie des Celtes, et particulièrement des anciens Scandinaves,* pour servir de supplément et de preuves à l'introduction à l'histoire du Danemark, par Mallet. Copenhague, Philibert, 1756, 1 vol. in-4°.

*Histoire de l'Académie française*, par Pellisson et d'Olivet, troisième édition. Paris, Coignard, 1743, 2 vol. in-12.

*Tablettes dramatiques*, contenant l'abrégé de l'histoire du théâtre français, l'établissement des théâtres à Paris, un dictionnaire des pièces et l'abrégé de l'histoire des auteurs et des acteurs, par le chevalier de Mouy. Paris, Jarry, 1752, 1 vol. petit in-8°.

*Histoire et commerce des Antilles anglaises*, par Butel-Dumont, 1 vol. in-12.

*Correspondance secrète, politique et littéraire, ou Mémoires pour servir à l'histoire des cours, des sociétés et de la littérature en France, depuis la mort de Louis XV*, 1789, 1790, par Métra et autres, 14 vol. in-12, reliés en veau vert, les armes sur le dos. On est d'autant plus étonné de trouver cet ouvage parmi les livres de madame du Barry, qu'elle y est fort maltraitée.

*Dictionnaire de littérature*, par l'abbé Sabatier de Castres. Paris, Vincent, 1770, 3 vol. in-8°.

*Recueil d'anecdotes*, par madame de Laisse. Amsterdam, 1773, 1 vol. in-12.

*Principes du droit politique*, par Burlamaqui. Amsterdam, Châtelain, 1751, deux tomes en 1 vol. petit in-8°.

*Le Droit public de France éclairci par les monuments de l'antiquité*, par Bousquet. Paris, Desaint et Saillant, 1756, 1 vol. in-4°.

*De l'autorité du clergé et du pouvoir du magistrat politique sur l'exercice des fonctions du ministère ecclésiastique*, par Richer. Amsterdam, Arkstée, 1767, 2 vol. in-12.

*Constitution de l'Angleterre, ou État du gouvernement anglais*, comparé avec la forme républicaine et avec les autres monarchies de l'Europe, par Delolme. Genève,

Barde, 1787, 2 vol. in-8°, reliés en veau marbré vert, avec armes sur le dos.

L'*Alcoran de Mahomet*, traduit de l'arabe par André du Ryer, sieur de la Garde Malézair, nouvelle édition, revue, corrigée et augmentée des observations historiques et critiques sur le mahométisme, ou traduction du discours préliminaire mis à la tête de la version anglaise de l'Alcoran, publiée par Georges Sale. Amsterdam, Arkstée, 1770, 2 vol. in-12.

*Réflexions, sentences et maximes morales*, mises en nouvel ordre, avec des notes pratiques et historiques, par Amelot de la Houssaye, nouvelle édition, augmentée de maximes chrétiennes. Paris, Ganeau, 1754, 1 vol. in-12.

*Émile, ou de l'Éducation*, par J. J. Rousseau. Amsterdam, Néaulme, 1762, 4 vol. in-12.

*Réflexions politiques sur les finances et le commerce*, par Dutot. La Haye, Vaillant, 1754, 2 vol. in-12.

*Essai politique sur le commerce*, par Melon, nouvelle édition, 1761, 1 vol. in-12.

*Annales politiques* de feu M. Charles-Irénée Castel, abbé de Saint-Pierre, nouvelle édition. Lyon, Duplais, 1767, 2 vol. in-12.

*Essai philosophique*, concernant l'entendement humain, par Locke, traduit de l'anglais par Coste. Amsterdam, aux dépens de la Compagnie, 1758, 4 vol. in-12.

*De la recherche de la vérité*, par Mallebranche. Paris, 1762, 4 vol. in-12.

*Histoire du ciel* considéré selon les idées des poëtes, des philosophes et de Moïse, par Noël Planche. Paris, Estienne, 1739, 2 vol. in-12.

*Considérations sur la constitution de la marine militaire de France*, par de Secondat. Londres, 1756, 1 vol. in-12.

*Rouge végétal à l'usage des dames*, avec une lettre à M***, sur les maladies des yeux causées par l'usage du rouge et du blanc, par le docteur Deshais-Gendron. Paris, 1760, 1 vol. in-12.

---

N° 6. — *Liste des dossiers concernant madame du Barry, déposés à la bibliothèque publique de la ville de Versailles :*

1° Dossier renfermant toutes les pièces regardant particulièrement madame *du Barry*.

2° Procès entre les héritiers *du Barry*, dans lequel est établie la preuve que madame *du Barry* est fille naturelle d'*Anne Bécu*.

3° Autre dossier, dans lequel on trouve une foule de renseignements sur tout ce qui regarde madame *du Barry*.

4° Dossier concernant le vol des diamants de madame *du Barry*, et les dépôts d'argent faits par elle en Angleterre.

5° Dossier *Cossé-Brissac*.

6° Dossier de *Rancon de Montrabe*, beau-père de madame *du Barry*.

7° Dossier contenant les états des dettes, oppositions et significations existant au trésor public, sur la comtesse *du Barry*.

8° Procès des héritiers de madame *du Barry*. — Mémoires imprimés.

9°, 10°, 11°, 12°. Dossiers des divers procès intentés par les héritiers de madame *du Barry*, contre MM. *Rohan-Chabot, de Chabrillan, de Mondragon*.

13° Dossier concernant le comte *Guillaume du Barry*, mari de la comtesse. — Son second mariage avec *Madeleine Lemoine*. — Sa mort.

14° et 15° Papiers concernant les parents de madame *du Barry*.

FIN.

# TABLE DES MATIÈRES.

Introduction. . . . . . . . . . . . . . . . . . . . . 1

I. — Le château de Versailles sous Louis XIII et la journée des Dupes (1627-1630). . . . . . .1

II. — La naissance du duc de Bourgogne (1682). . 30

III. — Récit de la grande opération faite au roi Louis XIV (1686). . . . . . . . . . . . . 57

IV. — Mort de Louvois (1691). . . . . . . . . . . 74

V. — L'appartement de madame de Maintenon (1686-1715). . . . . . . . . . . . . . . 85

VI. — L'ancienne machine de Marly ou de Ville et Rennequin. . . . . . . . . . . . . . . . 115

Pièces justificatives. . . . . . . . . . . . . 138

VII. — Détails inédits sur la mort de Louis XIV (1715). 200

VIII. — Relevé des dépenses de madame de Pompadour. . . . . . . . . . . . . . . . . . . 209

IX. — Le Parc aux cerfs sous Louis XV (1755-1771). 229

X. — Madame du Barry (1768-1793). . . . . . . 243

Notes. . . . . . . . . . . . . . . . . . . . . 349

www.ingramcontent.com/pod-product-compliance
Lightning Source LLC
Chambersburg PA
CBHW052035230426
43671CB00011B/1665